insel taschenbuch 4710

Tatjana Kruse

Manche mögen's tot

Zwei taffe Schwestern, eine unauffindbare Leiche und ein liebeskranker Kommissar – es geht turbulent zu in Konnys und Kriemhilds neuestem Fall …

Konny und Kriemhild beobachten, wie der mächtigste Mann ihres Heimatortes eine Frau umbringt. Der bekommt das mit und will auch Kriemhild aus dem Weg schaffen. Doch Kriemhild überlebt und beschließt, sich totzustellen, um auf eigene Faust den Mörder zu überführen. Denn mangels Leiche ist die Polizei nicht geneigt, gegen einen so prominenten Mitbürger zu ermitteln.

Während Kriemhild heimlich nachts nach Beweisen sucht, hat Konny alle Hände voll damit zu tun, die Beerdigung ihrer vermeintlich toten Schwester zu arrangieren und alle Hinweise auf deren fortgesetzte Existenz – und davon gibt es viele, weil Kriemhild nur bedingt als Geist taugt – zu beseitigen …

Tatjana Kruse, Jahrgangsgewächs aus süddeutscher Hanglage, wuchs in einem reinen Frauenhaushalt auf. Zudem befand sich dieser Frauenhaushalt in einem Kleinstadthotel, das von ihrer Mutter geleitet wurde. Es war nur eine Frage der Zeit, bis Tatjana Kruse das literarisch aufarbeitete. Mittlerweile ist sie von Beruf Kriminalschriftstellerin. Mehr unter www.tatjanakruse.de.

Im insel taschenbuch sind außerdem erschienen: *Der Gärtner war's nicht* (it 4565); *Meerjungfrauen morden besser* (it 4655).

TATJANA KRUSE

MANCHE MÖGEN'S TOT

Die K&K-Schwestern ermitteln

INSEL VERLAG

2. Auflage 2021

Erste Auflage 2019
insel taschenbuch 4710
Originalausgabe

Vertrieb durch den Suhrkamp Taschenbuch Verlag
Umschlag: zero-media.net, München
Umschlagabbildungen: FinePic®, München
Satz: Satz-Offizin Hümmer GmbH, Waldbüttelbrunn
Druck: CPI books GmbH, Leck
Printed in Germany
ISBN 978-3-458-36410-8

Inhaltsverzeichnis

Tag eins

Tot, toter, am tötesten 13
Konnys Kummerkastenkolumne 21
Melodien für Millionen – es tschilpt, es zirpt, es zwitschert 23
In unserer beliebten Reihe »Singvögel der Heimat« heute: die Stockente (*Anas platyrhynchos*) aus der Familie der Anatidae 32
Sonate für zwei Laubbläser und eine Kettensäge 38
Erwachsensein ist, wie seine Mama im Kaufhaus zu verlieren. Nur für immer. 49
Schutzengel – aus guten Gründen ein Ausbildungsberuf mit Prüfungsordnung 52
Geh mit Problemen um wie ein Hund: Wenn du es nicht fressen und nicht damit spielen kannst, dann pinkele es an und geh weiter! 58
Als *verrückt* zu gelten ist eine natürliche Begleiterscheinung von *hammergeil* zu sein 72
Wie man sich bettet, so liegt man. Gilt auch für Särge. 78
Total abgebrüht! Kann auf Tee ebenso zutreffen wie auf Kinder … 84
Wer immer alle Regeln befolgt, verpasst den ganzen Spaß! 88
Ein Geist, der nicht spukt, hat seine Berufung verfehlt 100

Tag zwei

Konnys Kummerkastenkolumne 109
Ich MAG Kinder! Gut durch und mit viel Soße. (W.C. Fields) 111
Die rechte und die linke Klaue des Teufels 118
Prosecco kaltstellen ist ja auch irgendwie kochen … 130
Schlafende Mörder soll man nicht wecken! 138
Die Realität wird überschätzt – sie ist doch höchstens zu zehn Prozent real 150
Nachts sind alle Katzen grau. Nur der Graupapagei biolumineszierт. 164

Tag drei

Konnys Kummerkastenkolumne 173
Wer die Geister ruft … 175
Ungebetene Gäste: Gleich erschlagen oder vorher noch was zu trinken anbieten? Was sagt Knigge? 184
Erektion, aber am Mittelfinger … 192
Viele Köche verderben die Köchin 200
Essen Sie, worauf immer Sie Appetit haben, und wenn Ihnen jemand deshalb Vorhaltungen macht, dann essen Sie den auch! 207
Triumphzug. Nur ohne Triumph. Und ohne Zug. 214

Tag vier

Konnys Kummerkastenkolumne 223
Who do you call? GHOSTBUSTERS! (Ray Parker Jr.) 225
Ich hoffe, der Kerl, der die Autokorrektur erfunden hat, schmort in der *Hallo*! 235
Das Ende ist nah – lasst uns schnapseln und fröhlich sein 241
Wer Parapsychologen sät, wird Ektoplasma ernten 250
Drei Muskeltiere gegen die Zombie-Apokalypse 256

Tag fünf

Konnys Kummerkastenkolumne 265
Kriemhilds Trauerfeier: Willkommen zu Völlerei und Leberschmerz 267
Grüß Gott, ich bin Ihr Mörder! 277
Komm mit ins Abenteuerland 284
Konnys Kummerkastenkolumne 289

Tag sechs und alle Tage danach 291

Danksagungen 300
Es »spuken«: 301

Für Dan Brown. Aus Gründen.

Tag eins

Tot, toter, am tötesten

Die Binse, dass es nie so schlimm kommt, wie man befürchtet, ist frech gelogen.
Dachte Kriemhild, als sie die Kugeln auf sich zufliegen sah …
Natürlich kann man abgefeuerte Pistolenkugeln im Flug nicht wirklich sehen. Dafür sind sie viel zu schnell. Aber in diesen Momenten zwischen Leben und Tod verlangsamt sich die Zeit. Wie in einem Matrix-Film. Nicht nur auf der Leinwand, auch in der süddeutschen Provinz.
In dieser verlangsamten Zeit sah Kriemhild sich selbst, wie sie an diesem Morgen in ihrem grauen Staubmantel die Pension, die sie mit ihrer Schwester führte, verlassen hatte.

Alle anderen schliefen noch. Die Sonne ging gerade auf. Eine Amsel zwitscherte, ein Schaf blökte, die vorüberfahrende Zeitungsfrau rief einen Morgengruß. Jeder andere hätte das für pure Idylle gehalten.
Nicht so Kriemhild.
Kriemhild fand die Sonne, die gerade so über die Hügel auf der anderen Talseite lugte, zu grell. Die Amsel und das Schaf waren ihrer Meinung nach vermutlich auf Speed, weil sie so enthemmt klangen wie Death-Metal-Leadsänger auf dem Wacken Open Air. Und die Tageszeitungen vorn an der Auffahrt aus einer fahrenden Rostlaube zu werfen, wie es die Zeitungsfrau tat, während sie »Guten Morgen« oder »Ihr könnt mich alle mal« rief (aufgrund der Entfernung konnte man das nicht recht verstehen), erschien Kriemhild wie ein Fehdehandschuh, den man ihr ins Gesicht knallte.

Es gibt Menschen, die die Welt rosarot sehen. Oder doch mehrheitlich bunt. In Kriemhild waren diese Wahrnehmungsfarbskalen nicht angelegt. Für sie war alles grau. Es entsprach nicht ihrem Naturell, heiter zu sein. Das stieß manch einem sauer auf, aber wenn man sie erst einmal näher kannte oder sie auch einfach nur so sein ließ, wie sie war, dann wurde einem klar, dass in ihrem hageren Bohnenstangenkörper ein gutes Herz schlug.

Sie hatte es nicht leicht gehabt. Nie viel Geld, dafür viele Schicksalsschläge in ihrem über sechzigjährigen Leben. Weil sie immer filterlos die Wahrheit sagte – oder das, was sie dafür hielt –, war ihr Freundeskreis eher klein zu nennen. Sie erfüllte ihre Pflichten; ohne zu murren, aber auch ohne Spaß. Kriemhild verstand nicht, warum der eine oder die andere sie bemitleidete. So war das Leben eben. Man kam auf die Welt, dann ging es auf und ab wie in einer Achterbahn (bei manchen mehr ab als auf, aber sei's drum), und am Ende starb man.

Das hieß nicht, dass Kriemhild unfähig war, die kleinen Freuden des Lebens zu genießen. An diesem Morgen hatte sie beispielsweise ausgiebig heiß geduscht – ein Luxus, der vor der jüngsten Rundumsanierung der Pension nicht garantiert war, weil die Warmwasserversorgung ein Eigenleben geführt hatte. Und jetzt wollte sie in den Wald und Pilze sammeln. Weil sie das an ihre Kindheit erinnerte, in der sie mit ihrem bärbeißigen Opa »in die Pilze« gegangen war. Stundenlang hatte er vor sich hin gebrummt, wem er alles einen Fliegenpilz vorsetzen würde, wenn er denn einen fände (er fand nie einen), während Klein-Kriemhild durchs Unterholz hüpfte. Seitdem weckte das Pilzsammeln stets Glücksgefühle in ihr. Auch wenn sie nicht mehr hüpfte.

Von der Pension zum Wald war es fußläufig, und nur knapp zwei Kilometer weiter begann schon die Schleifbachklinge, die hinunter ins Tal führte. Geomorphologen verstehen unter einer *Klinge* kurze, schmale, meist sehr Gefälle-starke Kerbtäler, die durch Wasser- oder Schutterosion entstanden sind. Für Nicht-Geologen waren die Klingen, von denen es in der Nähe der Pension mehrere gab, echte Wohlfühlparadiese, in denen man begriff, warum die Japaner von *Shirin Yoku* sprachen, dem Waldbaden. Zumal der Bach ständig neben einem dahinplätscherte. Man erfasste tief innerlich, warum Hildegard von Bingen einst gesagt hatte, die Ewigkeit habe eine Farbe und die sei Grün. Weniger spirituelle Menschen fanden solche bewaldete Klingen einfach herrlich zum Wandern.

Natürlich nicht im Morgengrauen, mehr so tagsüber. Folglich war die Schleifbachklinge menschenleer. Und auch die Fauna schlief noch in ihren Nachtverstecken. Nur die Flora war allüberall, sie konnte ja nicht anders.

Kriemhild wusste aus Erfahrung, an welchen Hängen man die besten Pilze fand. Pfifferlinge, um genau zu sein. Sie liebte den Geschmack von Eierschwämmen, wie man sie auch nannte. Und die gelben Hütchen. Einfach entzückend. Ja, die kleinen Freuden schätzte Kriemhild durchaus. Und von denen gab es so unendlich viel mehr als von den großen Freuden. Die Geburt eines Kindes, Erstbesteigungen, Preisverleihungen, einen Seelenverwandten, mit dem man an einem exotischen Ort händchenhaltend in den Sonnenuntergang schaute – das waren doch alles nur punktuelle Highlights, exzeptionelle Momentaufnahmen. Die kleinen Freuden – wie eine heiße Dusche oder ein Teller mit selbstgesammelten

Pilzen – waren planbarer, müheloser zu erreichen und kamen sehr viel häufiger daher. Will heißen, Kriemhild war glücklich.

Ihr Korb war bereits nach kurzer Zeit gut gefüllt, und sie war auf dem unwirtlichen, schmalen Pfad trotz knorriger Wurzeln und abgebrochener Äste stolperfrei fast schon unten im Tal angekommen, als sie im goldenen Sonnenlicht das Äquivalent des heiligen Grals aufblitzen sah.

Die Klinge lag im Westen und somit voll im Morgenlicht. Ab Mittag wäre es hier zappenduster, und das Pilzesammeln nur noch mit Taschenlampe möglich. Jetzt aber erstrahlte ein wahrer Pilzprotz zwischen zwei Buchen. Kriemhild strahlte ebenfalls. Was für ein Fund! Sie verließ den Weg, kämpfte sich durch das Gestrüpp bis zu Mister Pfifferling und zögerte nur ganz kurz, bevor sie sich vorbeugte und ihn mit einem raschen Schnitt ihres Messers ihrer Sammlung einverleibte.

Und in genau dieser Position – aus der Hüfte nach vorn geknickt, mit baumelndem Pilzkorb und leise ächzend – hörte sie den Schuss.

Kriemhild richtete sich abrupt auf.

War sie in eine Jagd hineingeraten? Sie hatte in der Lokalzeitung gelesen, dass Wildschweine in den hiesigen Wäldern zu einer wahren Plage geworden waren. Aber dann hätte man doch zum Halali geblasen? Oder Warnschilder auf den Wegen aufgestellt. Wobei Kriemhild sich zutraute, so ein Schild auch einfach mal *nicht* zu sehen.

Eine Frau schrie.

Ein weiterer Schuss fiel.

Dann Stille.

Kriemhild neigte nicht zu spontanen Reaktionen. Egal, wie dicke es kam, sie blieb ruhig und machte einen Schritt nach dem anderen. Bildlich und ganz konkret. In diesem Fall führten sie ihre Schritte hangabwärts zum Ausgang der Klinge, von wo Schüsse und Schrei gekommen waren.
Dort unten ergoss sich das plätschernde Rinnsal, das nur nach starken Regenfällen oder zur Schneeschmelze zu einem ausgewachsenen Bach anwuchs, in den Fluss. Es gab dort auch einen Parkplatz für die Wanderer.
Und auf diesem Parkplatz stand eine dunkle Luxuslimousine, hinter der ein stattlicher Mann in diesem Moment relativ rhythmusfrei einen einbeinigen Stepptanz aufführte, während er etwas Schweres in den Armen hielt.
Auf den zweiten Blick wurde Kriemhild klar, dass er versuchte, mit dem Fuß den Sensor zu aktivieren, der den Kofferraumdeckel der Limousine automatisch anheben würde. Doch was der Mann in den Armen hielt, war kein Etwas – sondern eine Frau.
Zierlich.
Blond.
Eindeutig tot.
Er ging nicht sehr behutsam mit der Leiche um, und wäre die Leiche keine Leiche, hätte sie einen Ton von sich gegeben, als der Kofferraumdeckel aufglitt und der Mann sie so grob in den Wagen wuchtete, dass ihr Kopf schwer und mit einem weithin vernehmbaren Knacken gegen den Kofferraumdeckel prallte. Bestimmt hatte er ihr gerade auch noch das Genick gebrochen.
Kriemhild blieb reglos stehen und schluckte schwer. Ihre – unter normalen Umständen fast schon übermenschlich zu

nennende – Selbstbeherrschung stieß nun doch an ihre Grenzen. Was tun?
Heutzutage böte sich an, das Ganze mit der Handykamera zu filmen.
Kriemhild hatte natürlich ein Handy. Nur eben nicht dabei. Und selbst wenn sie es eingesteckt hätte, es war ein uraltes Motorola-Teil, mit dem man nur telefonieren und Textnachrichten ohne Emojis schicken konnte. Sie hätte damit wenigstens einen Notruf absetzen können. Aber das konnte sie immer noch – sobald sie nach Hause kam. Sie durfte nur nicht entdeckt werden. Was kein Problem werden dürfte: Kriemhild stand regloser als Lots Weib nach der Verwandlung in eine Salzsäule. Und in ihrem grauen Staubmantel wurde sie praktisch eins mit dem sie umgebenden Wald.
Es hätte alles so schön sein können.
Nicht für die Frauenleiche, versteht sich.
Aber zumindest für Kriemhild.
Für den Bruchteil einer Sekunde visualisierte sie, wie sie das Nummernschild des Wagens im Wegfahren ausmachen würde, und wie dank ihrer Geistesgegenwart und Gefasstheit dieser Täter zeitnah dingfest gemacht werden konnte. Pflichterfüllung war für Kriemhild das größte Glück. Und die Erfüllung einer staatsbürgerlichen Pflicht war gewissermaßen das Sahnehäubchen auf der heißen Glücksschokolade.
Doch dann kam alles anders.
Sie verlagerte ihr Gewicht – nur ein klitzekleines bisschen, damit sie das Nummernschild besser sehen konnte, wenn der Mann sich hinter das Steuer seines Wagens setzte und losfuhr. Kriemhild, sehr groß, aber auch sehr hager, wog nicht viel. Wie viel genau, wusste sie nicht, weil sie sich nie auf eine Waage

stellte, aber es konnte wirklich nicht viel sein. Dennoch genug, um den Zweig unter ihrem linken Schnürschuh zum Knacken zu bringen.

In der morgendlich stillen Klinge schien es ein besonders lautes Knacken. Fast schon obszön nachhallend.

Der Mann sah auf.

In diesem Augenblick wurde Kriemhild klar, dass sie sich das Kennzeichen nicht einprägen musste.

Sie kannte das Gesicht. Es gehörte einer Persönlichkeit des öffentlichen Lebens – einem honorigen Mitglied des Gemeinderates, Vereinsfunktionär, Kunstmäzen, Serviceclubpräsident, Golfspieler. In allen Fotogalerien der örtlichen Tageszeitung immer an vorderster Front mit dabei. Und er hieß … ihre kleinen grauen Zellen ratterten … er hieß Giesing. Kurt Giesing.

Umgekehrt würde er Kriemhild ganz sicher nicht erkennen. Sie spielte in der Öffentlichkeit keine Rolle, lebte ihr Leben hinter den Kulissen. Er könnte sich allerdings ihre Gesichtszüge einprägen.

Aber das hatte er nicht vor. Er war ein Mann der Tat und wollte die Angelegenheit sofort bereinigen. Also zog er seine Waffe und schoss. Zweimal.

Peng! Peng!

Als Kriemhild an diesem Morgen aufgestanden war, hatte sie mit einem unangenehmen Tag gerechnet. Es war Bettenwechsel in der Pension – immer stressig –, und es war ihr Hochzeitstag. Vor über dreißig Jahren hatte sie den bärbeißigen Hochseeschifffahrtskapitän, den sie immer nur »Kommodore« nannte, geheiratet und mit ihm, wie sie geglaubt hatte, eine ordentliche Ehe geführt. Nicht hollywoodkitschig glücklich, aber bodenständig zufrieden. Selbst nach seinem Tod war die Ehe für sie nicht vorbei gewesen: Sie hatte die Asche des Kommodore in eine marineblaue Urne gefüllt und ihn immer an ihrer Seite behalten. Bis sie vor kurzem äußerst schmerzhaft lernen musste, dass er sie die letzten Ehejahre über betrogen hatte. Mit einer Gabi. In echt und – an Bord auf langen Fahrten – als naturgetreu nachgebildete Silikonversion. Die Verbitterung darüber begleitete sie alle Tage, aber an ihrem Hochzeitstag würde sie besonders brodelnd aufkochen, kein Zweifel möglich.

Kurzum, Kriemhild war beim Aufwachen sicher gewesen, dass es kein guter Tag werden würde.
Aber als die Kugeln nun auf sie zuflogen, war klar: Dieser Tag würde nicht nur nicht gut, er würde zweifellos richtig, richtig schlecht werden. Und möglicherweise sogar tödlich.
Kriemhild atmete – typisch für sie – genervt aus.
Und da traf die erste Kugel auch schon ihr Ziel …

Konnys Kummerkastenkolumne

Liebe Kummerkasten-Konny,
ich bin seit vielen Jahren – vielleicht zu vielen?!? – verheiratet, und mein Mann gibt mittlerweile dem Sportprogramm im Fernsehen allem anderen den Vorzug. Er lümmelt in Schnarchhaltung auf der Couch, anstatt mit mir draußen in der Welt aktiv das Leben zu genießen, solange wir noch körperlich fit sind. Endlich sind die Kinder aus dem Haus – und nun das. Soll es das etwa gewesen sein?
Ich bin kurz davor, mich allein ins Leben zu stürzen und meinen Muffel auf der Couch zurückzulassen!

N.-I. L.

Liebe Nil,
zu gern würde ich kämpferisch rufen: *Horrido, ziehen Sie hinaus in die Welt und erleben Sie wilde Abenteuer!* Soll der Muffel doch sehen, wo er bleibt. Aber im Laufe eines langen Lebens hat man sich an ihn gewöhnt, und Abenteuer sind doppelt so schön, wenn man sie mit jemandem teilen kann. Geben Sie ihm noch eine Chance. Es bringt gar nichts, wenn Sie eine Kehrtwende von ihm verlangen – von der Couch direkt auf die Piste funktioniert nicht und führt nur zu Muskelfaserrissen. Fangen Sie klein an: ein gemeinsamer Sonntagsspaziergang durch den Park zur Tanke, weil Sie »vergessen« haben, Bier zu kaufen. Statt der Safari in Kenia ein Wochenende in der Lüneburger Heide. Stellen Sie eine Tischtennisplatte in den Garten, weil er das als Junge so gern gespielt hat.

Verwandeln Sie ihn sanft und Babyschritt für Babyschritt in einen etwas aktiveren Partner. Wenn alles nicht fruchtet, können Sie ihn immer noch auf der Couch zurücklassen, bis er eins mit dem Teil wird. Aber legen Sie einen Plastikschutz unter, falls er »suppt« …

Ihre Konny

Melodien für Millionen – es tschilpt, es zirpt, es zwitschert

Heiter erhob sich die Morgensonne über die Pension von Konny und Kriemhild. Sie wusste es nicht besser.
Von außen schien alles friedlich, nachgerade bukolisch.
Die gerade frisch rundumsanierte Jugendstilvilla, die umgebaute Scheune mit zusätzlichen Gästezimmern, das herrliche Gartengrundstück der Pension mit den von Gärtner Hirsch liebevoll arrangierten Blumenbeeten, die mümmelnden Schafe auf der Wiese von Bauer und Bäuerin Schober gleich nebenan – Idylle pur.
Doch Konny schreckte abrupt auf.
Ein dumpfes Unwohlsein machte sich für einen Moment in ihr breit. Oder war es nur die Amsel, die sie aus ihrer Tiefenkonzentration gerissen hatte? Fröhlich zwitschernd saß der schwarze Vogel auf dem Fenstersims und wippte mit seinem aufgeplusterten Leib, dass es ein wenig so aussah, als würde er zu seinem eigenen Gesang abtanzen.
Du bist so dumm, dachte Konny, *wenn* ich *fliegen könnte, wäre ich jetzt am Meer und nicht hier in der süddeutschen Provinz.*
Zu Konnys Entschuldigung sei gesagt, dass es ja oft so ist, dass man das, was man kennt, nicht so zu schätzen weiß wie das, was weit weg ist.
Konny war jetzt sechzig plus. Also, laut Geburtsurkunde. Innerlich fühlte sie sich keinen Tag älter als 39. An schlechten Tagen wie 46. Dennoch ließ sich nicht leugnen, dass sich die Motivation, warum sie morgens das Bett verließ, verändert hatte. Früher waren es Abenteuerlust und beruflicher Ehr-

geiz gewesen. Oder auch nur der Wunsch, das Weite zu suchen, bevor der Kerl neben ihr, den sie am Vorabend aufgerissen hatte, aufwachte. Mittlerweile motivierte sie meist ihre Blase zum Aufstehen.

Und wenn sie schon stand, konnte sie sich auch gleich ihren Laptop krallen und zurück ins noch warme Bett schlüpfen, um dort ihre tägliche Kolumne zu tippen. Nach Jahrzehnten als investigative Journalistin schrieb sie mittlerweile nur noch für eine Online-Frauen-Zeitung eine Kummerkasten-Kolumne über das lustvolle Älterwerden.

Konny riss sich zusammen, verdrängte das ungute Gefühl, dass etwas Schlimmes passiert sein könnte, und überflog noch einmal ihren Text. An diesem Morgen waren ihr die Worte nur so aus den Fingerspitzen geflossen. Im Halbschlaf funktionierte sie erwiesenermaßen am besten. Nur an der Stelle, wo der tote Gatte *suppt*, geriet sie ins Stocken. Das würde die Chefredakteurin zweifelsohne rauskürzen. Aber egal. Konny hasste Drumrumgeschwafel. Sie wollte mit den Frauen, die ihre Kolumne begeistert verfolgten, Klartext reden.

Das Tirilieren der Amsel, die sich immer noch die Vogelseele aus dem Federleib zwitscherte, fasste Konny als Bestätigung auf: Sie drückte auf *senden* und klappte ihren Laptop zu. Ihr Tagewerk war somit getan. Sie war ja jetzt eine wohlhabende Frau.

Konny räkelte sich genüsslich. Insoweit das möglich war, wenn man mit einem Bein und eigentlich der kompletten linken Körperhälfte aus dem Bett hing und die Gefahr bestand, dass schon die kleinste falsche Bewegung ausreichen würde, damit man im Seidenpyjama über das Laken flutschte und auf dem Bettvorleger landete.

Den Großteil des Bettes hatte nämlich der Mann in ihrem Leben mit Beschlag belegt.
Er hieß Amenhotep und war ein Kater.
Tiere können uns ja so viel beibringen. Amenhotep beispielsweise hatte seinem Frauchen beigebracht, dass sie längst nicht so viel Platz im Bett brauchte, wie sie immer gedacht hatte. Alle fünfe – vier haarlose Beine und einen ebenso haarlosen Schwanz – weit von sich gestreckt, ruhte der Nacktkater mitten auf dem Bett und ließ sich von der Amsel auf dem Fenstersims nicht im Geringsten stören. Oder dadurch, dass Konny nun endgültig aufstand und sich dem Tag stellte.
Mit Kissenknautschfalten im Gesicht (unelastische Haut – noch so eine der ›Freuden‹ des Alters), wild zerzauster Lockenmähne und nur im Bademantel über dem roten Seidenpyjama schlurfte Konny – vorbei am Zimmer ihrer Schwester, dessen Tür offen stand und den Blick auf ein frisch gemachtes Bett freigab – nach unten ins Erdgeschoss. Sie fühlte sich sicher vor fremden Blicken, denn die wenigen Gäste der Pension waren in der umgebauten Scheune untergebracht.
Es war kurz nach sieben Uhr. Frühstück gab es erst ab acht, noch herrschten Ruhe und Frieden und Stille.
Sie öffnete die Haustür und ließ sie offen. Das war ein Automatismus. Damit die Gäste aus den Scheunenzimmern auch ohne Schlüsselkarte ins Haupthaus gelangten. Hier draußen auf dem Land war die Welt noch in Ordnung. Außerdem hatten sie jetzt ihre lebende Alarmanlage.
»ELENDES PACK, ELENDES!«
Nicht nur ein Fluch, sondern ein Fluch in dreistelliger Dezibelhöhe direkt neben ihrem Ohr.

Obwohl Konny damit gerechnet hatte, schnappte sie automatisch nach Luft und hielt sich am Türgriff fest.

»KLAR ZUM ENTERN!«

Etwas landete auf Konnys Schultern und bohrte sich mit scharfen Krallen in ihr Fleisch.

»Ich muss dringend ein Vorhängeschloss kaufen.«

Chuck Norris, Graupapagei unbestimmten Alters, knabberte an Konnys Ohrläppchen. Mit seinem Schnabel könnte er ihr, wenn er wollte, das komplette Ohr mit einem Happs abbeißen. Aber er wollte nicht. Hoffte Konny. Der Vogel war nicht nur stimmgewaltig, sondern auch klug. Er hatte zum Beispiel gelernt, die Tür seiner Voliere im Büro zu öffnen.

Sie fragte sich, warum ihre Schwester, die ja offenbar auch schon wach war, ihn nicht wieder eingesperrt hatte. Es war in höchstem Maße unklug, ihn ohne Aufsicht freizulassen, denn wenn er nicht fluchte, nagte er. Den Hang zur künstlerischen Neugestaltung seiner Umgebung teilte er mit Amenhotep. Aus der Tür zum Büro hatten der Kater mit seinen Krallen und der Papagei mit seinem Schnabel bereits eine formidable Skulptur geschaffen, die obenherum zwar noch aussah wie eine Tür, aber unten – in Reichweite von Schnabel und Krallen – wie eine Relieflandkarte der Schweiz.

»Kriemhild?«, rief Konny.

Ihre Schwester litt an seniler Bettflucht und war bestimmt schon im Haushalt zugange. Wobei Kriemhild schon immer eine Frühaufsteherin gewesen war. Völlig unverständlich für Nachteule Konny. Wie konnten Zwillinge nur so verschieden sein? Nun ja, sie waren nicht eineiig, das erklärte manches.

Konny drehte, mit dem wippenden Chuck Norris auf der Schulter, eine Runde durchs Erdgeschoss der Villa: von der Rezeption ins Esszimmer mit Blick auf die Auffahrt, dann in die Küche, von dort in den Flur mit der Hintertür zum Garten, durch das ehemalige Zimmer des Gärtners, das jetzt als Salon mit kleiner Bibliothek diente, und zurück ins Büro.

Keine Kriemhild.

»Aua!«

Wenn man zu schnell in die Kurve ging, krallte sich Chuck fester in seine Sitzstange. In diesem Fall war die Sitzstange Konnys Schlüsselbein. Nicht zum ersten Mal dachte Konny, dass sie dem Papagei dringend eine Krallenmaniküre zukommen lassen mussten. Schon ihren Seidenpyjamas zuliebe. An deren Lochmuster im Schulterbereich trugen nämlich nicht Motten die Schuld, sondern Papageienkrallen.

»Möchtest du ein Palmöl-Muffin?«, gurrte Konny.

Bestechung war das Erziehungsmittel ihrer Wahl. Und auf diese speziellen Leckereien, die zwar Muffin hießen, aber Kekse waren, fuhr der Papagei voll ab.

»MAST- UND SCHOTENBRUCH!«

Chuck war noch nicht lange Familienmitglied. Konny und Kriemhild hatten ihn bei ihrem letzten Abenteuer in Hamburg adoptiert. Der Graupapagei hatte eigentlich dem ehemaligen Smutje des Kommodore gehört und sein bisheriges Leben weitgehend an Bord eines Frachtschiffes verbracht. Deswegen war seine Ausdrucksweise eher maritimer Natur. Und sein Benehmen auch. Mit Amenhotep verstand er sich erstaunlicherweise sehr gut, und an den wechselnden Gästen war er immer freundlich interessiert, trotzdem verbrachte er seine Tage – und vor allem Nächte – normalerweise in seiner großzügigen Zimmervoliere im Büro hinter der neuen Rezeptionstheke.

»Hier. Für dich.«

Konny warf drei Palmöl-Muffins in die Voliere und hielt den Arm an die Eingangsklappe. Chuck Norris – so hatte ihn der Smutje getauft und auf einen anderen Namen hörte er nicht – kraxelte an ihrem Arm entlang zur offenen Klappe und hüpfte hinein.

»SAUBANDE!«, kreischte er, als sie hinter ihm die Volierentür schloss und zusätzlich mit einem Stück Schnur verknotete, dann widmete er sich hingebungsvoll seinem Luxus-Frühstück.

Das mit der *Saubande* meinte Chuck Norris nicht so. Er mochte Konny lieber als Kriemhild, aber er beherrschte nun mal nichts anderes als derbe Flüche.

Kriemhild, die eigentlich Lehrerin war, ohne je in ihrem Beruf gearbeitet zu haben, weil sie in ihrer ruppigen Art mit Kindern genauso wenig konnte wie mit Erwachsenen, war in der Papageienerziehung streng und konsequent. Leckereien gab es, wenn überhaupt, nur zur Belohnung. Konny war da völlig anders. Sie warf mit Leckereien freizügig um sich. Nicht nur bei Papageien. Auch bei Männern …

Während Kriemhild nach der Ausbildung in Hamburg ihren Hochseeschifffahrtskapitän geheiratet hatte, war Konny wie ein Schmetterling von Kerl zu Kerl geflattert – und irgendwann als alte Jungfer mit einem Kater neben sich im Bett aufgewacht. Ihr letzter Freund war Klaus gewesen. Mäßig erfolgreicher Musikmanager, den sie schon im Studium kennengelernt und nach Jahrzehnten wiedergetroffen hatte. Seine herausragendste Charaktereigenschaft war seine Unzuverlässigkeit gewesen. Wobei er sich selbst nicht für unzuverlässig, sondern für spontan hielt.

Erst neulich hatte er wieder angerufen. »Du willst dir das mit der Trennung wirklich nicht nochmal überlegen? Ich sag's dir gleich, so jemanden wie mich wirst du nie wieder finden!«
»Das ist der Plan!«, hatte Konny gesagt und aufgelegt. Lieber würde sie sich eigenhändig und ohne Narkose die libidinösen Hirnbereiche herausoperieren, als einen Kerl zurückzunehmen, der sie auf einer Hochzeit hatte stehen lassen. Gut, nicht ihrer eigenen. Aber trotzdem!
Nur weil sie ihren Kolumnenleserinnen immer tipptopp Ratschläge erteilte, hieß das noch lange nicht, dass sie selbst mit ihrem Leben klarkam. Männer waren ihre Achillesferse. Besser gesagt, der tief vergrabene Wunsch, doch noch ein romantisches Happyend à la ›glücklich bis an ihr Lebensende‹ zu erleben. Deswegen war sie wie ein Trüffelschwein immer schnuppernd auf der Suche und sah in jedem halbwegs in Frage kommenden Mann einen potenziellen Kandidaten für einen gemeinsamen Lebensabend, Seite an Seite auf der Hollywoodschaukel im Garten sitzend, wie Philemon und Baucis.
Das war zumindest Kriemhilds Einschätzung. Und womöglich lag sie damit gar nicht mal so verkehrt, musste sich Konny eingestehen.
»Kriemhild?«, rief Konny aus dem Bürofenster ins Freie.
Keine Antwort.
»KRIEMHILD!«
An der Treppe, die in den Keller führte, rief sie noch einmal nach ihrer Schwester. Kriemhild war für die Verpflegung zuständig. Vielleicht holte sie gerade Eingemachtes oder Tiefgefrorenes aus den Vorratsräumen? Aber nein.
Es blieb still.

Eben noch entspannt und heiter, war Konny jetzt genervt. Auch so ein Zeichen der Alterung – dieses Angefressensein, wenn feste Abläufe durcheinandergewirbelt wurden. Normalerweise setzte Kriemhild immer schon den Kaffee auf, bevor Konny nach unten kam. Und Konny brauchte jetzt dringend eine Tasse Kaffee. Besser zwei.

Sie marschierte in Richtung Küche und wünschte sich nicht zum ersten Mal, dass endlich jemand eine vollautomatische Kaffeemaschine erfand, deren Sensorsystem schon am Gang ihrer Besitzerin erkannte, in welcher Stärke sie den Kaffee brühen musste …

In der Küche, dem Reich von Kriemhild, gab es aber auch nach der Rundumsanierung der Pension keinen funkelnden Hightech-Kaffeebereiter aus Italien, der auf Knopfdruck wahlweise Espresso, Latte macchiato oder eine Pizza Calzone produzierte, sondern nur eine ganz altmodische Kaffeemaschine mit Filter.

Konny musste also selbst Hand anlegen. Als sie allerdings die Dose mit dem Kaffee öffnete, war nur noch ein winziger Rest darin. Das war jetzt ein Problem, das den Dilemmata griechischer Tragödien in nichts nachstand. Das Kaffeepulver reichte gerade mal für maximal acht Tassen, aber da Konny morgens immer besonders starken Kaffee brauchte, eher für vier Tassen.

Lächerliche vier Tassen. Zwei davon für Konny zum Wachwerden. Blieben summa summarum noch zwei übrig.

Sie hatten aber Gäste, die in einer Stunde im Esszimmer stehen und ihren Morgenkaffee verlangen würden.

Was tun?

Auf den Morgenkaffee verzichten? Den Rest strecken?

Es war nicht wirklich eine schwere Entscheidung für Konny, den Kaffee-Junkie.
Sie brauchte den Kaffee für sich.
Nach ihr die Sintflut.
Beziehungsweise die Kaffeelosigkeit.
Wobei … im Schrank gab es noch eine Packung Entkoffeinierten.
Hm. Jemand entkoffeinierten Kaffee als Kaffee mit Koffein anzudrehen, stand natürlich auf einer Stufe mit Neugeborenen-Stationen, in denen absichtlich Babys vertauscht wurden. Aber erst kam die Kaffeesucht, dann die Moral. Und wenn sie einen Klecks Zahnpasta in den Filter gab, könnte sie den Gästen ihren koffeinlosen Kaffee als »Mint Flavored Tanzanian Club Blend« schmackhaft machen …

In unserer beliebten Reihe »Singvögel der Heimat« heute: die Stockente (*Anas platyrhynchos*) aus der Familie der Anatidae

Lambert Kaiser schnipste gegen den Bürzel der Gummiente. Prompt schoss sie los. Das Schaumkrönchen auf Lamberts Scheitel wackelte zufrieden.

Die Badewanne war sein Reich. Hier war sein Name Programm, hier war er Kaiser und König und *Aquaman* in Personalunion.

Sein Dasein wurde in dieser Sekunde nur dadurch getrübt, dass er seinen Instagram-Account checken wollte, aber sein Handy wegen des langen Einweichens seinen schrumpeligen Fingerabdruck nicht mehr erkannte. Probleme der Neuzeit …

Dann eben nicht. Er legte das Handy auf den Hocker neben der Wanne, schloss die Augen und wollte sich müßigen Tagträumen hingeben.

Doch plötzlich klopfte es dreimal zart gegen die Tür.

»Da ist ein Tier in unserer Dusche. Könnten Sie bitte einmal vorbeischauen?« Die Frauenstimme klang entschuldigend.

Ein ›Tier‹? Hatte sich ein Waschbär des Gästezimmers bemächtigt? Oder hatte sich ein Python durchs Kanalsystem nach oben geschlängelt? »Selbstverständlich! Ich komme sofort.«

»Danke, Herr Kaiser.«

Lambert seufzte.

Das war der Nachteil, wenn man als Concierge auf Zeit beziehungsweise als ›temporärer Inhouse-Mann für alles‹ direkt neben den Gästen wohnte. Er hievte sich aus seinem wunderbaren Schaumbad und griff nach dem Handtuch.

Lambert hatte immer schon ins Hotelgewerbe einsteigen wollen, schon als er mit sieben Jahren zum ersten Mal in der Lobby eines Fünf-Sterne-Hotels eine heiße Schokolade bekommen hatte – aus der Not heraus, weil draußen ein schlimmer Wolkenbruch tobte. Ihm war, als sei er in einem Märchenfilm gelandet: Alles funkelte und strahlte, und die Menschen, die dort arbeiteten, trugen elegante Uniformen und vermittelten ihm und seiner Mutter – die für jedermann ersichtlich nicht in diese Welt gehörten: Seine Mutter war alleinerziehend, seit sein Erzeuger kurz nach der Zeugung die Biege gemacht hatte – das Gefühl, willkommen zu sein. Von da an kannte er nur ein Ziel, nämlich Concierge in genau so einem Luxushotel zu werden.

Mit Ende zwanzig war er am Ziel seiner Träume angelangt. Nach einem Hospitality-Management-Studium hatte er – dank seiner exzellenten Noten, seines Sprachtalents, seiner interkulturellen Kompetenz und seiner sympathischen Art – tatsächlich eine Anstellung in einer der großen Luxusketten bekommen, hatte sich in Berlin, London, Paris und Rom hochgearbeitet und wurde – Tusch! – nach einer exorbitant anspruchsvollen Prüfung sogar schlüsseltragendes Mitglied im *Clefs d'Or*, der Vereinigung der besten Concierges der Welt. Und vor zwei Monaten hatte man ihm innerhalb der Luxuskette dann die Stelle als Chefconcierge in der Niederlassung in Singapur angeboten. Erstklassige Klientel, phantastische Location. Und das in seinem Alter! Im Grund kam das einem Wunder gleich. Wenn da nur nicht seine Angststörung gewesen wäre …

Viele Menschen litten ja unter Flugangst. Es gab Therapien. Und Tabletten. Aber an Lambert Kaiser scheiterten die Experten. Bei seinem letzten Versuch, ein Flugzeug zu besteigen, hatte er – trotz Sedierung und der Begleitung durch seinen Therapeuten – in der Gangway einen spektakulären Panikanfall bekommen und musste von fünf Sicherheitskräften überwältigt werden. Nach Berlin, London, Paris und Rom hatte er problemlos mit dem Zug fahren können. Er hatte sogar gegoogelt, ob man die 10 265 Kilometer nach Singapur mit dem Zug zurücklegen konnte. Ja, konnte man. Von Berlin nach Moskau, mit der Transsibirischen Eisenbahn weiter nach Peking, von da aus nach Hanoi und über Bangkok nach Kuala Lumpur. Von dort fuhren Busse. Es war verrückt, aber machbar. Wenn man sehr viel Zeit hatte. Doch die hatte er nicht. Der dortige Chefconcierge war nach einem leichten Schlaganfall in den Vorruhestand getreten und musste sofort ersetzt werden.

Kurz hatte Lambert noch überlegt, ob ihn sein alter Schulfreund Michi, der Arzt geworden war, nicht in Vollnarkose sedieren konnte, um ihn anschließend im Rollstuhl an Bord zu schieben, wo er erst wieder aufwachte, wenn der Flieger in Singapur landete. Michi wies das aber kategorisch zurück. Kurzum, Lambert musste das Stellenangebot ablehnen.

Wegen einer komplett idiotischen Angststörung! Wie peinlich war das denn? Sein »Versagen« brachte ihn so dermaßen aus der Spur, dass er kündigte und sich ein halbes Jahr in seinem alten Jugendzimmer unter dem Dach seiner Mutter in Selbstmitleid suhlte.

Bis sie ihm ein Ultimatum stellte. »Lambert, du wirst zum Jahreswechsel dreißig. Reiß dich zusammen!«

»Mama, so eine Angststörung ist nichts, was man mit ein bisschen gutem Willen einfach ablegt. Das ist eine Krankheit«, bockte er. Womit er inhaltlich natürlich recht hatte.

»Dann lass dich heilen.« Seine Mutter blieb hart.

»Mama …«

»Lambert Marcel Kaiser, du hievst jetzt deinen Hintern aus dem Bett und suchst dir einen Job. Und wenn es bei Aldi an der Kasse ist. Verstanden?«

Es dauerte dann noch ein paar Tage, aber irgendwann schob sie ihm die Kleinanzeige entgegen, die sie aus der Zeitung ausgeschnitten hatte.

> *Bed-&-Breakfast-Pension sucht befristet eine/n kompetente/n Mitarbeiter/in mit Erfahrung im Hotelgewerbe. Zuschriften unter …*

Er hatte auf diese altmodische Art der Mitarbeitersuche nur geantwortet, um seine Mutter ruhigzustellen. Und war dann auch nur aus ebendiesem Grund zum Vorstellungsgespräch gefahren.

Wie sich herausstellte, gehörte die Pension zwei älteren Schwestern – Konny und Kriemhild –, die unterschiedlicher gar nicht sein konnten: eine klein und drall und fröhlich, die andere groß und hager und äußerlich wie innerlich kantig. Sie hatten die Villa wohl von einer Tante geerbt und vor kurzem aufwändig sanieren lassen. Und weil sie vom Hotelgewerbe keinen blassen Schimmer hatten, suchten sie jemand, der ihnen diesen Schimmer in Ansätzen beibrachte. Für ein exorbitant gutes Gehalt.

Lambert würde dieses Vorstellungsgespräch nie vergessen. Er

saß in der Küche, bei Kaffee und Kuchen, auf seinem Schoß ein Nacktkater, auf seiner Schulter ein Graupapagei. Ihm gegenüber die Schwestern und der einzige Angestellte der Pension, ein greiser Gärtner mit einer Sprachstörung. Völlig irre. Es kam sowas von gar nicht in Frage, dass er in diesem Haus arbeiten würde. Nicht für alles Geld der Welt.

Aber nun trocknete er sich hier in aller Herrgottsfrühe in seinem Badezimmer ab, um gleich darauf – mit einem Pömpel bewaffnet – den Duschabfluss in einem der Gästezimmer im oberen Stock der umgebauten Scheune freizumachen. Bestimmt war es gar kein Tier, sondern ein Büschel Haare. Und das ihm, der er beinahe an einem der Hotel-Hotspots dieser Erde Chefconcierge geworden wäre. Dabei trug er die goldenen Schlüssel am Revers, die höchste Auszeichnung für die Crème de la Crème seines Berufszweiges. Das sollte natürlich nicht heißen, dass er sich für Handarbeit zu schade war. Er konnte nur nicht mit Pömpeln. Auch nicht mit Hammer oder Bohrer. Handwerklich war er eine Null. Früher musste er nur das Facility Management anrufen und gut. Die Jungs von der Hausmeisterei hatten oft wilde Geschichten darüber zu erzählen gewusst, was man alles in den verstopften Abflüssen der Gäste fand: Damenbinden, dritte Zähne, einen Döner …

Lambert tupfte sich einen Rest Schaum hinter dem Ohr ab. Trotz allem breitete sich jetzt ein Lächeln über seinem Gesicht aus.

Was für jeden anderen in seiner Lage vermutlich der pure Horror gewesen wäre, war für ihn genau das Richtige. Fliegen überforderte ihn, Pömpeln reizte ihn dagegen als Herausforderung, die er meistern konnte.

Es ließ sich nicht leugnen. Wenn man schon aufgrund seiner Angststörung einen absolut unadäquaten Job annehmen musste, dann war das hier zumindest schräges Abenteuer pur …

Sonate für zwei Laubbläser und eine Kettensäge

Konny leerte ihre dritte Tasse Kaffee auf ex. Mittlerweile war ihre schlechte Laune zu einer ausgewachsenen Nach-Menopausen-Depri mutiert. Sie kannte das – dieser Zustand kam und ging. Manchmal blieb er aber auch, so wie jetzt. Daran war natürlich Kriemhild schuld: Nur noch fünfzehn Minuten bis zum offiziellen Frühstücksbeginn, und sie war immer noch nicht aufgetaucht.

Konny brummte in sich hinein. Auf niemand war mehr Verlass. Auf ihre Schwester nicht, und auf Männer schon gar nicht.

Sie wollte Klaus nicht zurückhaben, echt nicht, aber weit und breit war kein neuer Kandidat in Sicht. Es stimmte zwar nicht, dass es für Frauen in ihrem Alter keine (guten) Männer mehr gab, aber zugegebenermaßen lag es in der Natur der Sache, dass die Anzahl potenzieller Beute überschaubarer war als vor zwanzig Jahren. In ihrem Mail-Eingangsfach fand sie mittlerweile ständig Werbung für Online-Plattformen wie *Silber Singles – die Liebe finden mit über 50*. Zusammen mit Spam für Erwachsenenwindeln und Treppenlifte. Das hatte alles einen Hauch von Verzweiflung und sorgte nicht gerade dafür, dass sie sich weiterhin sexy und begehrenswert fühlte.

An diesem Morgen kam sie, allein in der Küche, zu dem Schluss, dass sie bis ans Ende aller Tage unverpartnert bleiben würde. Davon war statistisch gesehen auszugehen.

Eine großartige Möglichkeit, Liebesleben und Kolumnistinnenkarriere im Gleichgewicht zu halten, war ja, wenn man keines von beiden hatte. Aber scheiß aufs Verlieben – zwanzig Tassen Kaffee brachten ihr Herz auch zum Rasen.

Apropos Kaffee.

Konny füllte ihre Tasse erneut auf. Damit war der Kaffeevorrat aufgebraucht. Egal. Dachte sie ungefähr fünf Sekunden lang, dann hörte sie Chuck Norris fluchen. »BEIM KLABAUTERMANN!«

Graupapageien waren als Alarmanlage mindestens so effizient wie Rottweiler oder Gänse. Und wenn Chuck den Klabautermann-Fluch anbrachte, wusste man, dass er Lambert gesehen hatte. Chuck liebte Lambert.

Letzterer würde jetzt allerdings kaffeelos wach werden müssen.

»Guten Morgen!« Lambert trat in die Küche, winkte mit dem Pömpel in seiner Hand und strahlte über alle vier Backen.

Konny hatte ihn noch nie schlecht gelaunt erlebt. Sie wusste natürlich, dass er privat unter seiner Angststörung litt und sich eigentlich woanders hinwünschte, in ein Fünf-Sterne-Hotel, sein natürliches Habitat. Aber sobald er seine Arbeit hier in der Pension antrat, war er ganz Profi und ließ niemanden merken, was in ihm vorging.

Konny nahm sich ein Beispiel und riss sich zusammen. »Guten Morgen, Lambert. Lassen Sie mich raten … Pömpel ist das neue In-Accessoire für den modischen Mann von Welt?«

»Sehr richtig! Allerdings in den Farben Mauve oder Flieder. Reicht das Budget für die Anschaffung eines farblich adäquaten Pömpels?«

Das war das Schöne an Lambert: Man konnte herrlich mit

ihm herumalbern. Obwohl er quasi noch ein Kind war. Über dreißig Jahre jünger. Selbst in ihrer größten Verzweiflung konnte Konny in ihm nicht den Mann sehen, nur den Buben. Er genoss Welpenschutz.

Konnys schlechtes Gewissen wuchs an. »Sie freuen sich bestimmt gerade auf eine schöne Tasse Kaffee?«

»Und wie!« Lambert stellte den Pömpel in die Spüle, ging zur Kaffeemaschine und wechselte den Filter aus. »Sie erraten nie, was ich gerade aus dem Abfluss der Dusche in Zimmer drei gefischt habe.«

»Wenn es etwas Ekliges ist, will ich es nicht wissen.« Konny war fest davon überzeugt, dass es eklig sein musste. Abflussrohre waren erwiesenermaßen kein Hort von blumigen Düften oder herzerfreuenden Überraschungen. Im Idealfall waren sie leer.

»Nicht eklig, höchstens für Arachnophobiker wie die Senftlebens.« Lambert zwinkerte ihr zu. »Eigentlich war es nicht einmal eine Spinne, nur ein Weberknecht.«

»Und dafür haben die Gäste Sie noch vor Dienstantritt belästigt?«

»Ich als Concierge bin rund um die Uhr für meine Gäste da. Ich als Privatperson frage mich aber schon, wie man vor Spinnen Angst haben kann. Die sind doch viel kleiner als wir Menschen.«

Konny, die selbst ein gesundes Misstrauen gegenüber Spinnen hatte, meinte: »Das sind Handgranaten und Giftspritzen und Ebola-Viren auch, dennoch können sie uns das Leben kosten.«

Er grinste. »Dieser Weberknecht wird jedenfalls niemanden mehr in Lebensgefahr bringen.«

»Haben Sie ihn die Toilette hinuntergespült?«
»Aber nein, ich habe ihn auf meinem Pömpel wie auf einer Sänfte in den Gartenschuppen getragen, wo er ein neues Leben anfangen kann. Den Senftlebens habe ich natürlich versichert, ich würde ihn vom Angesicht der Erde ausradieren.«
Konny betrachtete Lambert mütterlich-wohlwollend. So ein lieber Junge. Und so effizient. Er hatte nicht verdient, was jetzt auf ihn zukam.
Lambert öffnete die Kaffeedose. Die leer war.
»Es tut mir so leid. Ich wollte einen Rest lassen …« Frech gelogen. »… aber dann war ich doch zu schwach. Diese vermaledeite Kaffeesucht.«
Lambert blieb Profi. An seiner Stelle wäre Konny gewalttätig geworden. »Haben wir noch irgendwo Kaffee?«
»Nur entkoffeinierten.« Konny legte die Stirn in Falten. »Das ist alles Kriemhilds Schuld. Sie sollte sich längst um das Frühstück kümmern!«
»Ihre Schwester ist nicht da?« Lambert, der großzügig koffeinlosen Fake-Kaffee in den Filter der Kaffeemaschine häufte, sah zu der Küchenuhr über der Tür. Sie war das einzige Relikt aus der Zeit vor der Sanierung. Ihre herausragendste Eigenschaft war, dass sie nicht funktionierte. Also wanderte sein Blick weiter zu seiner Armbanduhr. »Viertel vor acht.«
»Furchtbar, die ersten Gäste kommen bestimmt gleich.« Es gab immer einen, der zu früh erschien und dann mit Messer und Gabel in der Hand ungeduldig darauf wartete, dass es losging.
»Vielleicht ist Kriemhild zum Einkaufen gefahren. Der Supermarkt im Gewerbegebiet öffnet um sieben.«

Konny war skeptisch. Sie brauchten einen Plan B. »Können Sie Frühstück kochen?«, fragte Konny.

»Nun ja …« Lambert konnte ebenso wenig kochen wie Konny. Aber noch war Preußen nicht verloren. Frühstück kochte man ja nicht, man stellte es einfach nur auf den Tisch. »Ich suche rasch alles zusammen. Wären Sie so freundlich, in der Zwischenzeit den Esszimmertisch einzudecken?«

Sie hatten derzeit nur fünf Gäste – das Ehepaar Senftleben mit dem Weberknecht im Abfluss, zwei Freundinnen, die zum Wandern gekommen waren und von denen eine Gelbhaar hieß, und den Klarinettisten Marvin Hopp.

Konny, die nun ausreichend koffeiniert war, schoss wie ein Springteufelchen vom Küchenstuhl hoch. »Packen wir's an.«

Während Lambert den Kühlschrank einsah, häufte sie Tassen, Teller, Servietten und Besteck auf ein Tablett und ging damit ins Esszimmer.

Wo bereits eine der beiden Frauen saß. Entweder Frau Gelbhaar oder deren Freundin – Konny hatte keine Ahnung.

»Guten Morgen«, bellte die Gästin unfreundlich. Es war also die Dominantere der beiden, die Frau Gelbhaar, wie Konny sich erinnerte, weil Gelb ihre Lieblingsfarbe war.

Die beiden Mittzwanziger nutzten die Pension als Basislager für ihre Wanderungen quer durch Wald und Flur. Für Konny sahen alle jungen Frauen irgendwie gleich aus. Lange, glatte Haare und glatte Gesichter, in die das Leben noch keine Individualfurchen gezogen hatte. Sie konnte sie nur am Verhalten unterscheiden. Das hier war definitiv Frau Gelbhaar.

Sie sah dezidiert auf ihre Armbanduhr.

»Ich weiß, wir sind ein wenig spät dran. Aber das Frühstück ist gleich fertig.« Konny lächelte entschuldigend.

Frau Gelbhaar erwiderte darauf nichts, betrachtete Konny nur kritisch und auch etwas entsetzt. Was zweifellos darin begründet lag, dass Konny immer noch ungekämmt und knautschfaltig war, und dieser Anblick auf unvorbereitete Seelen durchaus traumatisierend wirken konnte.

In der Pension saßen alle Gäste an einem riesigen Eichentisch. Das förderte die Kommunikation. Die Größe des Esszimmers hätte auch kein anderes Konzept zugelassen. Da die Leute meistens zeitversetzt frühstückten, wenn überhaupt, und ohnehin maximal zwanzig Gäste in der Pension nächtigen konnten, war das im Normalfall auch gar kein Problem.

»Haben Sie gut geschlafen?« Konny konnte Stille nur schwer aushalten.

»Zu kurz«, schnaubte die junge Frau. »Es ist uns unbegreiflich, wie Sie einen Musiker als Gast akzeptieren können. Er hat gestern bis tief in die Nacht auf seiner Flöte geblasen.«

Konny fand nicht zum ersten Mal, dass die nachwachsende Generation (in diesem Fall ja schon die Enkel-Generation) sehr viel konservativer und lebensunfroher war als sie damals. Und offenbar auch musikalisch ungebildeter.

»Herr Hopp spielt Klarinette. Auf sehr hohem Niveau«, meinte Konny und verteilte das Geschirr. »Soviel ich weiß, ist er Mitglied in einem Symphonieorchester.«

Er übte jeden Tag, aber nur zwischen acht und zwölf sowie zwischen fünfzehn und zwanzig Uhr. Für manche Menschen – normalerweise allerdings nur jene, die sich jenseits der sechzig befanden – war acht Uhr abends natürlich das neue Mitternacht, da wurde Musik durchaus schon mal als nicht schön empfunden, weil mit Geräusch verbunden.

»Hat er nach zwanzig Uhr gespielt?«
»Nein, aber wir hätten trotzdem gern ein ruhigeres Zimmer«, insistierte Frau Gelbhaar.
»Ich spreche mit Herrn Kaiser, was sich machen lässt«, versprach Konny, bereits fest entschlossen, dieses Versprechen zu brechen.
In den zwei Monaten, die Lambert Kaiser bei ihnen war und ihnen beibrachte, wie man eine Pension professionell führte, hatte sie schon mitbekommen, dass für ihn das Wohl des Gastes immer an erster Stelle stand. Er würde den Mädels fraglos ein Zimmer im Haupthaus anbieten, wo man die Hopp'schen Klarinettentöne allenfalls als zarte Brise mitbekam, und das auch nur, wenn man den Kopf aus dem Fenster hielt. Aber für Konny – und viel mehr noch für Kriemhild – war die Pension in Wirklichkeit keine Pension, sondern ihr Zuhause, in das sie Gäste aufnahmen. Zahlende Gäste, aber trotzdem Hausgäste. Die sich gefälligst zu benehmen hatten. Und die – laut Benjamin Franklin – nach drei Tagen wie ein Fisch vom Kopf her zu stinken begannen und dann am besten abreisen sollten.
»Gut so.« Die junge Frau nickte. Sie hatte nichts anderes erwartet.
In diesem Moment kam Lambert mit einem zweiten Tablett, auf dem sich diverse Marmeladengläser, Honig und ein Teller mit Wurst- und Käse-Aufschnitt befanden. »Guten Morgen, Frau Gelbhaar.« Lambert konnte die Mädels auseinanderhalten, auch wenn sie nichts sagten. War ja klar.
»Für mich bitte ein Spiegelei. Over easy. Und für meine Freundin ein Sechs-Minuten-Ei.«
»Sehr gern, Frau Gelbhaar.«

»Und für unser Lunch-Paket bitte je einen Apfel und zwei Sandwiches mit Salat, Schinken und Tomaten. Die Mayonnaise bitte extra, sonst feuchten die Brotscheiben durch.«

»Lunch-Pakete?« Konny stutzte.

»Lunch-Pakete. Die hatte ich bei Ihrer Schwester vorbestellt. Sie versicherte mir, dass das kein Problem sein würde.« Frau Gelbhaar sah sich prüfend auf dem Tisch um. »Es fehlt noch Brot. Und Müsli. Bitte das ohne Rosinen. Und warme Milch, wenn das geht.«

Dass die jungen Wanderinnen zum Erlaufen der bezaubernd schönen Landschaft rund um die Pension eine Stärkung brauchten, leuchtete bei näherem Nachdenken ein. Konny konnte sich auch gut vorstellen, dass Kriemhild ein Lunch-Paket zugesagt hatte. Auf ihre Kochkünste war Kriemhild stolz, und wer sie dafür lobte, konnte alles von ihr bekommen. Das viel größere Problem waren aber die Eierspeisen.

»Was war *over easy* gleich nochmal?«, fragte Konny flüsternd, als sie und Lambert wieder in der Küche standen.

»Von beiden Seiten angebraten.« Lambert stellte eine Pfanne auf den Gasherd. »Ich versuch's. Aber ich glaube, das ist schwierig. Jetzt wäre es hilfreich, wenn Ihre Schwester kommen könnte. Wo, sagten Sie, ist sie?«

Konny hatte gar nichts gesagt. Weil sie es nicht wusste.

»VERLAUSTE PIRATENBANDE!«, kreischte da Chuck Norris aus dem Büro auf der anderen Seite des Flures.

Es war also jemand im Anmarsch. Aber dieser Jemand war nicht Kriemhild, sondern Herr Senftleben. Erkenntlich am Netzhemd. Vermutlich hielt er sich für Bruce Willis, der sich in seinen Filmen ja immer gern bis aufs Netzhemd auszog, weil das – wie Drehbuchautoren offenbar glaubten – gegen

Kugeln immunisierte. »Zwei Schwarztee«, rief er statt einer Begrüßung. »Für mich Assam, für meine Frau Earl Grey.«

So langsam kam Leben in die Bude. Was auch den Herrn des Hauses anlockte. Mit hoch erhobenem Nacktschwanz stolzierte Amenhotep in die Küche. Konny hatte zur Einweihung der Pension seinerzeit extra einen felllosen Mäusejäger besorgt, weil Katzenallergiker auf Nacktkatzen nicht reagierten. Als Pensionskater hatte Amenhotep sich bewährt, als Killer von Nagetieren jedoch nicht. Wie sich herausstellte, jagte Amenhotep nur, wenn er Lust dazu verspürte, und generell niemals, um sich sein Futter selbst zu erlegen. Dafür hatte er seine menschlichen Serviersklaven. Vor Frühstücksappetit ungeduldig maunzend, rieb er sich an Konnys Pyjamahosenbein.

Lambert setzte die Milch auf den Herd. »Wir haben keine Eier im Kühlschrank. Ich laufe rasch zu Schobers nach nebenan.«

Bauer und Bäuerin Schober, Landwirte in siebter Generation, führten den kleinen Hof, der fußläufig zur Pension lag. Sie belieferten die Schwestern mit Eiern, Kartoffeln und Gemüse.

»Ist gut«, sagte Konny, ging in die Hocke und öffnete eine Thunfischdose für ihren Liebling.

Amenhotep starrte angewidert in seinen Napf. Das hatte nichts zu bedeuten. Angewidert dreinzuschauen war sein natürlicher Gesichtsausdruck. Gleich darauf verspeiste er genussvoll sein Frühstück.

»Unmöglich ist das«, sagte Konny, weniger zu Amenhotep, der ohnehin nicht zuhörte, mehr zu sich selbst. Damit meinte sie natürlich ihre Schwester. Sie hatten ganz klare Zuständigkeiten: Konny regelte die Anmeldungen und die Gästebetreu-

ung, Kriemhild führte den Haushalt und kochte. Unentschuldigt zu fehlen, war ein Unding.
Und sah Kriemhild auch überhaupt nicht ähnlich.
Während Konny Kriemhilds Rezeptbuch neben den Herd legte, in der Hoffnung, darin ein Kapitel mit der Überschrift *Kinderleichte Eierspeisen für absolute Anfänger* zu finden, tauchte zum ersten Mal seit dem unguten Gefühl nach dem Aufwachen eine böse Ahnung in ihr auf. War möglicherweise etwas nicht in Ordnung?
Unwillkürlich musste sie an Herrn Hirsch, ihren Gärtner, denken. Als er damals seinen Schlaganfall erlitten hatte, war er ungefähr in ihrem Alter gewesen. Körperlich hatte er sich davon hervorragend erholt, aber seitdem war er Aphasiker mit gestörtem Sprachzentrum. Die Sprachbefehle seines Gehirns kamen in seinem Kehlkopf verdreht an – wenn er Laubbläser meinte, sagte er Kettensäge. Oder Erbseneintopf.
Die Ärzte waren zuversichtlich und meinten, es würde sich geben. Irgendwann dieser Tage sollte er auch in eine Reha-Klinik im Bayrischen, die sich auf Aphasie spezialisiert hatte. War das schon diese Woche? Oder nächste?
Konny riss sich zusammen. Ihre Schwester war jetzt wichtiger. Ob Kriemhild einen Schlaganfall erlitten hatte und irgendwo hilflos ihrer Rettung harrte?
Konny erhob sich, um oben im Badezimmer nachzusehen. Wobei ihr ein Ächzer entfleuchte. Auch wenn sie sich innerlich für ›um die vierzig‹ hielt und einen sexy Pyjama über einem String-Tanga trug, wusste ihr Körper genau, wie alt er war.
Sie trug rasch den Kaffee, der mittlerweile durchgelaufen war, ins Esszimmer, rief Frau Gelbhaar »Der Rest kommt gleich!« zu und trat in den Flur.

An der Treppe blieb sie stehen.

Nicht, weil Chuck Norris, die gefiederte Alarmanlage, lauthals »HART BACKBORD!« rief, sondern weil sie am anderen Ende des Flurs – vor der geöffneten Hintertür – matschige Fußabtritte ausmachen konnte.

Konny raffte unwillkürlich den Bademantel über ihrer Brust zusammen. Zaghaft ging sie auf die Schlammspuren zu.

Sie führten in den Salon.

Ganz früher, vor der Sanierung der Pension und vor seiner Verehelichung, hatte Herr Hirsch in diesem Zimmer gewohnt. Jetzt war es eine Art Bibliothek im englischen Stil, mit viel Leder und dunklem Holz. Gleichzeitig diente es als Raucherzimmer der Pension.

Konny trat ein und blieb abrupt stehen. Das Bild vor ihr erinnerte an eine Pietà.

Bauer Schober, ein vierschrötiger Kerl in Saft und Kraft, sah besorgt auf den reglosen Leib herab, den er in seinen Armen hielt.

Den Leib ihrer Schwester Kriemhild. Totenbleich wie weißer Marmor.

Die Szene schien in der Zeit eingefroren. Ein Stillleben des Entsetzens. Die einzige Bewegung lieferte das Blut, das von Kriemhilds Körper auf den Boden tropfte …

Erwachsensein ist, wie seine Mama im Kaufhaus zu verlieren. Nur für immer.

»Kriemhild!«

Während Bauer Schober ihre Schwester vorsichtig auf dem abgesteppten bordeauxroten Ledersofa ablegte, nahm Konny Kriemhilds Gesicht in beide Hände. Aber das Gesicht blieb wächsern und kalt und erwachte nicht zum Leben. »O Gott!«

»Ich hab sie drüben in der Klinge gefunden. Eigentlich hat unser Hammel sie gefunden. Der ist uns durchgegangen. Ich bin ihm nach, und dabei sind wir über Ihre Schwester gestolpert.« Bauer Schober wischte sich mit der schwieligen Hand den Schweiß von der Stirn. Kriemhild war ein Leichtgewicht, aber sie zwei Kilometer bergauf zu tragen, war nicht ohne gewesen.

Konny versuchte, tief durchzuatmen. Und die Ruhe zu bewahren. Oder sie zumindest nicht weiter zu verlieren. Sie analysierte die Ist-Situation.

Kriemhild blutete profus am Kopf und noch profuser am Bein.

Das war doch ein gutes Zeichen, oder? Tote bluten nicht!

Andererseits schien es wirklich sehr viel Blut zu sein. Führte nicht bereits der Verlust von einem Liter zum Tod? Schon war der Ansatz von Gefasstheit wieder perdu.

Konny schluchzte auf. Bei allem Geschwisterzoff – ein Leben ohne ihre Zwillingsschwester war für sie unvorstellbar.

»Was ist passiert?« Lambert stürmte mit einem Karton Eier in den Salon. Er erfasste die Situation mit einem Blick, stellte

die Eier ab, lief durch das angrenzende Badezimmer ins Büro hinüber und holte den Erste-Hilfe-Koffer.
Nie war Konny dankbarer für seine Anwesenheit gewesen als in diesem Augenblick. Sehr besonnen und kompetent inspizierte Lambert Kriemhilds Wunden. »Das am Kopf ist nur ganz oberflächlich. Aber am Kopf blutet man immer besonders stark.«
»Ist es schon über einen Liter? Stirbt sie gleich am Blutverlust? Oder am Schock?« Konny krallte sich in das Revers ihres Morgenmantels. Sie spürte, wie sich die Schleusen ihrer Tränenkanäle öffneten.
»Sie ist blass, aber ich kann keinen kalten Schweiß feststellen.« Lambert zögerte. »Aus den Wunden selbst tritt gar nicht viel Blut aus. Ich verstehe nicht ganz, warum sie so blutüberströmt aussieht.«
»Vielleicht ist sie schon ausgeblutet?« Konny liefen die Tränen nur so über die Wangen.
Lambert öffnete den zerfetzten Staubmantel und schob Kriemhilds Kleid behutsam nach oben. »Ja, hier … im Oberschenkel klafft ein Riss. Aber es ist allem Anschein nach nur eine Fleischwunde. Ich verbinde das mal eben, bis der Arzt kommt.« Lambert sah auf. »Sie haben doch schon den Notdienst verständigt?«
Konny schaute zu Bauer Schober. Der schüttelte den Kopf. »Im Wald ist kein Empfang.«
Konnys Handy lag oben in ihrem Zimmer. »Ich rufe die 112 vom Büro aus an«, sagte sie und legte ihre Hand an Kriemhilds Wange. »Stirb nicht, hörst du? Hilfe ist unterwegs!«
In diesem Moment krallte sich eine dürre, aber erstaunlich kräftige Hand um ihr Handgelenk. »Keinen Arzt, keine Polizei!«, krächzte Kriemhild.

Lambert und Schober zuckten zusammen.
»Kriemhild, du lebst!« Konny strahlte auf. Sie beugte sich vor, vergrub ihr Gesicht in der Halsgrube ihrer Schwester und küsste sie. »Du lebst!«, wiederholte sie unendlich dankbar.
Draußen im Flur brüllte jemand: »Silvesterfeuerwerk!«
Es war aber nicht Chuck Norris, es war Gärtner Hirsch.
Der gleich darauf einen Feuerlöscher in die Küche hielt und wild drauflos löschte.
Jetzt erst fiel Konny, Lambert und Bauer Schober auf, wie bestialisch es stank.
Nach verbrannter Milch.
Und brennendem Papier.
Konny fiel wieder ein, dass sie Kriemhilds Kochbuch neben den Herd gelegt hatte. Womöglich einen Tick zu nahe an die Gasflamme …

Schutzengel – aus guten Gründen ein Ausbildungsberuf mit Prüfungsordnung

Aus Milch Holzkohle zu machen, ist auch nicht jedem gegeben.

Konny besaß diese Gabe. »Ich habe die Milch vergessen«, konstatierte sie das Offensichtliche. »Und … äh … das Kochbuch womöglich zu nah an die Gasflamme gelegt.«

Lambert erstversorgte Kriemhild, Bauer Schober lief durch das Erdgeschoss und öffnete alle Fenster, Gärtner Hirsch stellte den Feuerlöscher ab.

»Un. Ver. Ant. Wort. Lich.«, erklärte Frau Gelbhaar. Herr Senftleben stand neben ihr und schüttelte nur stumm den Kopf.

Konny hatte keine Kraft, um ihm und der Gelbhaar – die in Wirklichkeit eine ungefärbte Rothaarige war – zu erklären, welche höhere Gewalt sie von der Aufsicht über den Milchtopf abgehalten hatte. Im Grunde war es ja sogar die Schuld der Gelbhaar: Warum verlangte sie auch warme Milch zum Frühstück!

»Ich gehe jetzt auf mein Zimmer, bevor sich der Gestank in meine Kleider frisst«, sagte Frau Gelbhaar.

»Wir müssen dann ja wohl in die Stadt zum Frühstücken«, meinte Herr Senftleben. »Sie ersetzen uns die Ausgaben doch sicher?«

»Natürlich.« Konny würde in diesem Moment zu allem Ja und Amen sagen. Hauptsache, sie hatte erst mal Ruhe vor ihren Gästen. »Danke, Herr Hirsch. Sie sind der Beste. Ich kümmere mich jetzt um Kriemhild.«

»Bratwurst«, sagte Herr Hirsch. Weil er Aphasiker war, gingen

Menschen, die sich damit nicht auskannten, gern davon aus, dass er im Kopf nicht ganz richtig sein konnte. War er aber. »Schlittenfahren«, erklärte er noch, als er den Schrank unter der Spüle öffnete und Putzsachen herausholte. Die Küche war bei ihm in guten Händen.

Konny eilte zurück in den Salon. Lambert Kaiser hatte inzwischen Kriemhilds Wunden mit einem Antiseptikum gereinigt, ein Pflaster auf ihre Schläfe geklebt und einen Druckverband am Oberschenkel angelegt. Kriemhild schien allmählich zu sich zu kommen.

Amenhotep hatte auf der Lehne des Sofas eine Beobachterposition eingenommen, wippte mit dem Schwanz und genoss – augenscheinlich völlig unbesorgt – die Panik seiner Hominiden.

Lambert ging zu dem Globus in der Ecke und klappte ihn auf. Eine Batterie an Alkoholika kam zum Vorschein. Großzügig goss er ein Glas Weinbrand ein. »Hier, das wird Ihnen guttun.«

Er setzte das Glas an Kriemhilds Lippen. Sie nahm einen Schluck und hustete. »Er hat sie erschossen! Er hat seine Frau erschossen. Und dann mich.«

Bei jedem anderen hätte Konny, die ausgebildete Journalistin, darauf hingewiesen, dass erschießen final war und man nicht von seiner eigenen Erschießung sprechen kann. Es musste ›auf mich geschossen‹ heißen. Aber das verkniff sie sich in diesem Moment. Weil es Wichtigeres gab. Und weil Kriemhild sichtlich zu ihrer alten Form zurückfand und nicht auszuschließen war, dass sie nach ihr schlagen würde.

»Wer?«, fragte sie deshalb nur.

Auch Lambert spitzte die Ohren.

»Kurt Giesing!«

»Nein!« Konny schlug sich die Hand vor den Mund. »Ausgeschlossen!«

»Ich habe es mit eigenen Augen gesehen!«

Noch so ein Ausdruck. Mit wessen Augen sonst? Konny, berufsbedingt eine fanatische Grammatikpolizistin vor dem Herrn, musste sich sehr zusammenreißen.

»Wer ist Kurt Giesing?« Lambert stammte nicht aus der Gegend.

»Nur der mit Abstand angesehenste und bekannteste Society-Repräsentant weit und breit.« Konny musterte Kriemhild nachdenklich.

Es war nicht das erste Mal, dass jemand auf Kriemhild geschossen hatte. Erst vor kurzem hatte sie sich bei einem abenteuerlichen Trip nach Hamburg eine Kugel eingefangen. Auch damals war es nur ein Streifschuss gewesen. Kriemhilds Schutzengel war Weltklasse. Aber bestimmt urlaubsreif. Wenn er nicht sogar schon einen Antrag auf Vorruhestand ausgefüllt hatte …

Jedenfalls, angeschossen zu werden, hatte nicht länger den Reiz des Neuen, und deshalb war auszuschließen, dass Kriemhild schockbedingt halluzinierte. Wenn sie Giesing gesehen hatte, dann hatte sie Giesing gesehen.

»Und er hat wirklich …?« Lambert sprach nicht weiter.

Zum einen, weil Kriemhild ihren Todesblick auf ihn richtete, der allen zuteilwurde, die an ihr zweifelten, zum anderen, weil sie ja fraglos angeschossen worden war, und das untermauerte ihre Aussage.

»Er hat sie erschossen. Einfach so.« Kriemhild wollte angesichts dieser Unbegreiflichkeit den Kopf schütteln, aber ein stechender Schmerz hielt sie davon ab. Also formte sie nur mit der rechten Hand eine Pistole und feuerte eine Luftkugel gegen die Tapete.

Konny beugte sich vor und bühnenflüsterte: »Es ging ja schon länger das Gerücht, dass er nebenher etwas am Laufen haben sollte ...«

»Eine Geliebte?« Lambert hob die Augenbrauen.

»Nein, ein Wettbüro für illegale Hunderennen.« Konny schnaubte und guckte streng. »Natürlich eine Geliebte!«

Lambert schürzte die Lippen und nickte bedächtig. Als ob er sich in diesen Dingen auskannte. Tat er aber nicht. Er war schüchtern, was das andere Geschlecht betraf, und seit er sich mit aller Kraft seiner Berufung zum Concierge widmete, blieb zudem kaum Zeit für Amouröses. Seine einzige Langzeitbeziehung – mit Monika, der er stets absolut treu gewesen war, bis sie ihm eines Tages erklärte, er sei ihr zu langweilig – lag schon drei Jahre zurück.

»Aber warum hat er seine Frau im Wald erschossen? Warum nicht bequem zu Hause?«, sinnierte Konny. »Und was genau hast du eigentlich im Wald gemacht? Wieso hast du dich nicht ums Frühstück gekümmert?« Der schlimmste Schock war vorüber. Sie konnte ihre Schwester schon wieder vorwurfsvoll anschauen. Und ihr Vorhaltungen machen.

»Ich war Pilze sammeln. Dann hörte ich die Schüsse, und als ich nachsehen wollte, was los ist, bin ich auf einen Zweig getreten. Das Knacken hat mich verraten.«

»Sie sollten nicht so viel reden.« Lambert legte beruhigend die Hand auf Kriemhilds Schulter. »Wir rufen jetzt die Polizei.«

»Warum rufen, wenn einfaches Fingerschnippen genügt?«

Kommissarin Klum stand im Türrahmen, den sie beinahe komplett ausfüllte.
Frau Klum war ihrer Namensvetterin so gar nicht ähnlich. Sie war stämmig und grobschlächtig und hielt Bekleidung für ein notwendiges Übel, dem sie lustlos nachkam. Meist trug sie Gummistiefel zu Regenmantel und Schlapphut. Auch wenn es nicht regnete. Vor allem dann, wenn es nicht regnete.
Kurz nach der Eröffnung der Pension war ein Gast zu Tode gekommen. Mit dem Aufsitzrasenmäher überfahren, weswegen die Polizei in Person von Kommissarin Klum den Gärtner in Verdacht hatte. Später stellte sich nicht nur heraus, dass der feingliedrige, stets elegante Herr Hirsch, der lange Jahre eine Bankfiliale geleitet hatte und erst nach seinem Schlaganfall als Gärtner bei den Schwestern anfing, unschuldig war, sondern auch, dass aus ihm, dem Feingeist, und Frau Klum, der menschlichen Dampfwalze – aus für die Umwelt völlig unerfindlichen Gründen –, ein Paar geworden war. Kurz darauf hatten sie geheiratet und strotzten seitdem beide vor Glück.
Offenbar hatte Frau Klum ihren Mann an diesem Morgen zur Pension gebracht.
»Was ist passiert?« Sie trat an das Sofa heran und begutachtete die bandagierte Kriemhild.
»Ich habe gesehen, wie Kurt Giesing in der Schleifbachklinge seine Frau erschossen hat.« Kriemhild nahm noch einen Schluck Weinbrand.
Kommissarin Klum zuckte mit keiner Wimper.
»Kurt Giesing? *Der* Kurt Giesing?«
Sie klang skeptisch. Giesing war nicht nur berühmt, sondern auch ein Wohltäter – er und seine Frau spendeten regelmäßig für gute Zwecke und hatten, bevor Frau Giesing an einer Licht-

allergie erkrankte, ihr Gesicht auch immer wieder werbewirksam in die Kameras gehalten, um mediale Aufmerksamkeit für ausgewählte Notstände zu wecken. Da konnte man auch gleich behaupten, der Weihnachtsmann habe die Weihnachtsfrau mit einem Elf erschlagen. Und überhaupt, sollte jemand wie Giesing eine Straftat begehen wollen, dann würde er sich die Hände nicht selbst schmutzig machen, sondern jemand dafür anheuern. Oder?

»*Der* Kurt Giesing?«, wiederholte Frau Klum deshalb.

Kriemhild nickte. Und stöhnte.

»Hat seine Frau erschossen?« Frau Klum wollte auf Nummer sicher gehen.

»Ja doch!« Kriemhild wurde patzig, wenn man ihr nicht glaubte. »Mit einer Pistole. Oder einem Revolver. Ich kenne den Unterschied nicht, aber es war eine Handfeuerwaffe. Er hat zwei Schüsse abgegeben.«

Frau Klum öffnete den Mund, aber Kriemhild schnitt ihr das Wort ab.

»Ich weiß, was ich gesehen habe. Er trug einen graubraunen Fischgrätanzug, sie einen weiten, langärmeligen Kaftan mit einem wilden Blumenmuster. Es war eiskalter Mord!« Kriemhild atmete hörbar aus und trank den Rest ihres Weinbrands auf ex.

»Wollen Sie nichts unternehmen? Ihn zur Fahndung ausschreiben? Oder sowas?«, fragte Lambert.

Frau Klum seufzte. »Sowas.«

Geh mit Problemen um wie ein Hund: Wenn du es nicht fressen und nicht damit spielen kannst, dann pinkele es an und geh weiter!

Während Kommissarin Klum telefonierte, sprintete Konny auf ihr Zimmer und zog sich an.

Im Gegensatz zu ihrer Zwillingsschwester liebte Konny es körperbetont und bunt. Wobei ihr Körper anders als der von Kriemhild klein und drall war. Sie hüllte ihn am liebsten in hautenge Slinky-Kleider, die nur wenig der Phantasie überließen. So auch jetzt. Von wegen ›altersgerecht kleiden‹. Da pellte Konny sich ein Ei drauf.

In ihrem knallgrünen Kleid eilte sie – wie ein südamerikanischer Tropenfrosch – gleich darauf wieder die Treppe hinunter.

»KLAR ZUM ENTERN!«, kreischte Chuck Norris, der es hasste, wenn irgendwo die Post abging, er aber nicht dabei sein durfte.

Kriemhild lag noch immer auf dem Ledersofa. Mittlerweile ruhte Amenhotep auf ihrem Schoß und ließ sich sogar streicheln. Ein Beweis, dass ihm Mitgefühl doch nicht gänzlich fremd war? Oder einfach nur der bequemste verfügbare Platz, um sein Frühstück zu verdauen? Konny tippte bei aller Liebe auf Letzteres.

»Ich bringe dich jetzt ins Krankenhaus«, erklärte sie.

»Ich will erst hören, dass sie Giesing geschnappt haben!«, bockte Kriemhild.

»Du tickst doch nicht richtig – du musst dringend ärztlich

versorgt werden! Was, wenn sich die Wunde entzündet? Oder du wegen Blutarmut kollabierst?«

»Pipifax! Das ist kein Blut, das ist schwarzer Johannisbeersaft. Hatte ich dabei. Ich nehme immer was zu trinken mit, wenn ich in den Wald gehe. Du kannst gerne dran lecken.«

Sie richtete sich vorsichtig auf und schob ihren Oberschenkel unter der Decke hervor, um ihn ihrer Schwester hinzuhalten. Konny zuckte zurück.

»Der Giesing schießt scheiße.« Kriemhild legte sich wieder ab. »Die Flasche ist zerbrochen, als ich hingefallen bin, deswegen glaubte er, dass ich sehr viel mehr bluten würde, als es wirklich der Fall war. Das war mein Glück.«

»Aber …«, fing Konny an.

»Kein Aber. Wir warten!«

Wer mit Kriemhild streiten wollte, konnte auch gleich versuchen, wie Sisyphos einen Felsbrocken den K2 hinaufzurollen. Besser, man ließ ihr ihren Willen.

Um sich abzulenken, tigerte Konny durch das Erdgeschoss. Lambert kam gerade aus dem Nebengebäude zurück, wo er den Gästen mitgeteilt hatte, dass das Haupthaus heute geschlossen blieb und sie außerhalb frühstücken mussten. Natürlich würden ihnen die Auslagen ersetzt. Weder die Senftlebens noch Herr Hopp hatten sich beschwert, nur Frau Gelbhaar und ihre Freundin hatten unzufrieden geguckt.

»Sie bereiten uns also kein Lunch-Paket zu?«, hatte Frau Gelbhaar gefragt.

Lambert hatte den Kopf geschüttelt.

Der Blick der beiden jungen Frauen hatte daraufhin keinen Zweifel daran gelassen, dass sie der Pension bei TripAdvisor und Yelp nur einen Stern geben würden …

Nun ging er zum Besenschrank in der Küche, um Herrn Hirsch beim Saubermachen zu helfen. Der hatte den Schaumteppich bereits weggekärchert und schrubbte gerade den Herd sauber. Nur der Gestank nach verbrannter Milch hing noch in der Luft. Und würde sich auch so schnell nicht wegwedeln lassen.

Kommissarin Klum stand im Esszimmer vor dem weit geöffneten Panoramafenster und telefonierte. Sie stieß nur hin und wieder ein »Aha« oder »Hm« aus und blieb ansonsten stumm.

Konny wollte neben ihr stehen bleiben, wurde aber mit einer zackigen Kopfbewegung verscheucht.

Also kehrte sie zu Kriemhild in den Salon zurück und setzte sich.

Die Minuten verstrichen in Zeitlupe. Bauer Schober war schon längst wieder in aller Seelenruhe losgezogen, um seinen Hammel einzufangen: Tiere wurden geboren, Tiere wurden gemästet, Tiere wurden geschlachtet, Nachbarinnen wurden angeschossen – ihn brachte nichts aus der Fassung. Das war eben der Kreislauf des Lebens. Aber so ein Hammel war gutes Geld wert. Bauer Schobers Prioritäten waren mithin klar gesetzt. Man hörte in der Ferne protestierendes Blöken – offenbar brachte er den widerstrebenden Hammel gerade zurück zur Herde.

Lambert wischte mit dem Mopp die Schlammspuren im Flur auf.

Amenhotep lag immer noch auf Kriemhilds Schoß und schnurrte.

Konny hatte die Beine übereinandergeschlagen und wackelte nervös mit dem rechten Fuß. Die Spannung war kaum auszuhalten.

Gefühlte Ewigkeiten später kam Kommissarin Klum in den Salon. Lambert und Herr Hirsch lugten durch die offene Tür.

»Ich habe einen Streifenwagen zur Villa der Giesings geschickt«, berichtete Frau Klum, die trotz Eheschließung mit Herrn Hirsch ihren Nachnamen behalten hatte.

»Und?« Konnys rechter Stöckelschuh hatte sich von ihrer Ferse gelöst und klackte nervig, wenn sie mit dem Fuß wackelte, was sie ununterbrochen tat. Kriemhild schlug ihrer Schwester gegen die Wade.

»Die Beamten haben geklingelt. Im Haus trafen sie auf Herrn Giesing und Philipp Wohlfahrt vom Autohaus Wohlfahrt. Die beiden sind seit der Schulzeit befreundet. Giesing hatte gestern Abend eine Pokerrunde bei sich im Haus, und Wohlfahrt ist über Nacht geblieben. Er hat ausgesagt, dass Giesing seit dem Vorabend bis zum Eintreffen der Streifenbeamten das Haus zu keinem Zeitpunkt verlassen habe.«

»WAS?« Kriemhild richtete sich abrupt auf.

Amenhotep, der nicht damit gerechnet hatte, rutschte von ihrem Schoß. Er landete zwar butterweich auf dem knöcheldicken Teppich, aber sein empörtes Maunzen ließ ahnen, dass er sich Kriemhild so bald nicht wieder mit Mitgefühl nähern würde. Auch dann nicht, wenn sie von ganzen Maschinengewehrsalven durchlöchert werden sollte.

»Woher will dieser Wohlfahrt das wissen?« Kriemhild schlug empört mit der Faust auf das Ledersofa ein. »Giesing kann sich doch heimlich rausgeschlichen haben!«

»Während er seine Frau geschultert hatte, um sie fernab von zu Hause auf einem Waldparkplatz zu erschießen?« Frau Klum war Profi, ihr Pokerface zeigte nicht den Hauch von Skepsis.

Aber ihre Wortwahl sprach Bände. »Herr Wohlfahrt gab an, dass sie während des Kartenspiels ordentlich gebechert hätten. Deswegen seien er und sein Freund Giesing in loco am Pokertisch eingeschlafen.«

Kriemhild warf empört die Arme in die Luft. »Haben die Beamten seinen Wagen auf Schlammspritzer untersucht?«

»In der Tat, das haben sie. Das Fahrzeug von Herrn Giesing stand vor der Villa und war sauber. Aber nicht so porentief rein, als sei es gerade aus einer Autowaschanlage gekommen. Zudem war der Unterboden trocken. Der Wagen kann also seit Einsetzen des Nieselregens gestern Abend nicht bewegt worden sein.«

»Und es war *sein* Wagen? Nicht der von diesem …«

»Wohlfahrt. Nein, die Beamten haben bei der Meldestelle nachgefragt. Das Kennzeichen stimmte überein.«

»Frau Giesing haben die Beamten nicht zufällig angetroffen?«, fragte Konny und hielt den Atem an.

»Wie sollen sie Frau Giesing antreffen können, wo sie doch tot ist!«, fauchte Kriemhild.

Kommissarin Klum ging auf den Sarkasmus in diesem Zwischenruf nachvollziehbarerweise nicht ein, sondern beschränkte sich auf die Inhaltsebene. Die vielen Fortbildungsseminare in Psychologie und Umgang mit Zeugen zahlten sich aus. »Die beiden Beamten waren von mir angewiesen worden, mit Frau Giesing zu sprechen, aber Herr Giesing wollte das nicht gestatten.«

»Aha!«, rief Kriemhild.

»Herr Giesing meinte, dass die Lichtallergie seiner Frau das nicht zulasse und er ohne Einverständnis des behandelnden Arztes keine Ausnahme machen wolle.« Frau Klum seufzte.

»Warum auch – er und Herr Wohlfahrt haben bezeugt, dass es ihr gut geht.«
Es war stadtbekannt, dass Frau Giesing wegen einer Lichtallergie nicht nur das Haus nicht mehr verließ, sondern auch keinen Besuch empfing.
Konny entwich der angehaltene Atem. Sie musste sich sehr zusammenreißen, um dabei kein Quietsch-Geräusch zu fabrizieren wie ein Luftballon.
Kriemhild ließ nicht locker. »Haben Sie Ihren Beamten denn nicht gesagt, dass die Leiche im Kofferraum seines Wagens liegt? Haben die beiden dort nachgesehen?« Wenn sie sich in etwas verbiss, kam der Pitbull in ihr durch.
»Die Beamten waren aufgrund der Gesamtsituation sicher, dass kein Verbrechen vorliegt, und haben deswegen nicht darum gebeten, einen Blick in den Wagen zu werfen. Ohne Durchsuchungsbefehl lässt sich das sowieso nicht durchsetzen«, sagte Frau Klum. »Herr Giesing war ohnehin – und verständlicherweise – schon sehr empört. Er verlangte zu wissen, wie die Behörden dazu kommen, ihm als gestandenem Verantwortungsträger ein Verbrechen zuzutrauen, noch dazu einen Mord, nur weil eine spinnerte Alte so etwas behauptet.«
»Ha!«, rief Konny und sprang auf. »Woher wusste er, dass eine alte Frau ihn gesehen haben will? Das ist doch ein Indiz!«
»Ja.« Frau Klum nickte. »Das wäre es, wenn die Beamten es ihm vorher nicht gesagt hätten. Sie mussten ja begründen, warum sie bei ihm vorstellig geworden sind.«
Konny setzte sich wieder.
»Ich weiß, was ich gesehen habe!«, erklärte Kriemhild und verschränkte die Arme.

»Ich glaube Ihnen.« Kommissarin Klum öffnete Kriemhild ein Hintertürchen. »Vielleicht haben Sie sich in der Aufregung einfach nur in der Identität des Täters vertan?«
»Das habe ich nicht!« Kriemhild knallte das metaphorische Hintertürchen wieder zu.
Frau Klum zuckte mit den Schultern. »Na schön. Ich habe die Beamten gebeten, auf dem Parkplatz am Ausgang der Schleifbachklinge nach Spuren zu suchen. Sie geben Bescheid.«
»Ich glaube, wir könnten jetzt alle einen Weinbrand vertragen.« Lambert ging zum Globus.
»Am helllichten Vormittag? Nein, danke. Außerdem muss ich jetzt ins Büro und Ihren Fall aktenkundig machen.« Frau Klum drückte ihrem Mann einen Kuss auf die Wange. »Bis später, Schatz. Ich hole dich heute Nachmittag ab und bringe dann gleich deinen Koffer mit. Ach, ich werde dich vermissen.« Es gab noch ein Küsschen für ihn.
»Sachertorte mit Sahnehäubchen«, gurrte Herr Hirsch. Die Frauen in seinem Leben waren gemeinschaftlich zuversichtlich, dass sich seine Sprachstörung bessern würde. Immerhin kamen zwar immer noch verquere Wörter aus seiner Kehle, aber sie entsprachen zumindest den Gefühlen, die er zum Ausdruck bringen wollte.
»Ich liebe dich auch«, sagte Frau Klum und ging.
»Sie fahren heute schon in die Reha?« Konny sah zu Herrn Hirsch.
»Einschreiben Eilzustellung«, bestätigte er und hob vier Finger. So viele Wochen würde sich Konny um den Garten kümmern müssen.
Lambert stand noch unschlüssig neben dem Globus. »Also kein Weinbrand?«

Kriemhild hob ihr Glas.

»Nicht für dich. Du kommst jetzt ins Krankenhaus.« Konny erhob sich und wollte die Decke zurückschlagen, die Lambert über Kriemhild gelegt hatte, damit sie in ihrem Schockzustand nicht auskühlte.

»Wage es nicht, mich anzufassen«, herrschte Kriemhild. »Ich bin ja nicht blind. Ich sehe, dass mir keiner glaubt.«

»Aber wir glauben dir doch!«, versicherte Konny.

»Sie wurden angeschossen, das sieht jeder.« Lambert nickte.

»Schließfachschlüssel«, erklärte auch Herr Hirsch. Als er noch Filialleiter der Bank gewesen war, vor seinem Schlaganfall, war für ihn die Sicherheit seiner Schließfächer noch absoluter als das Gesetz der Schwerkraft.

»Es könnte doch wirklich sein, dass du dich im Eifer des Gefechts vertan hast.« Konny wackelte mit den Augenbrauen. »Alte Männer sind wie junge Frauen – die sehen sich alle irgendwie ähnlich.«

Herr Hirsch brummte.

»Ich habe mich nicht vertan! Das Bild ist mir auf ewig in die Netzhaut eingebrannt – dieser Giesing mit seinem Kinngrübchen, wie er mit rauchendem Colt auf seine tote Frau starrt, wie er sie dann in den Kofferraum wuchtet, wie er mich bemerkt, wie er auf mich zukommt, wie er schießt, wie er denkt, ich würde ausbluten, und mich einfach liegen lässt …« Kriemhild neigte nicht zu Gefühlsausbrüchen, aber jetzt merkte man ihr die Anspannung doch an.

Konny setzte sich wieder.

»Ich glaube dir. Und die Gerechtigkeit wird ihren Lauf nehmen, ganz bestimmt.« Sie hob die Hand, als ob sie Kriemhild die Schulter tätscheln wollte, aber der Blick ihrer Schwester ließ sie die Hand umgehend wieder einfahren.

»Zahnfee!«, erklärte Herr Hirsch und lachte unfroh auf. Er hatte es noch nicht verdaut, dass man ihn damals für einen Mörder gehalten hatte, nur weil der Aufsitzrasenmäher, mit dem der Pensionsgast plattgefahren worden war, ihm gehörte. Nach einem langen, absolut gesetzestreuen Leben war er gewissermaßen mir nichts, dir nichts zum Staatsfeind Nummer eins geworden. Hätten Konny und Kriemhild sich nicht standhaft geweigert, an seine Schuld zu glauben, und auf eigene Faust Ermittlungen angestellt, würde er jetzt womöglich einsitzen. Nicht, dass die Bemühungen der beiden Schnüffelschwestern wirklich etwas gebracht hatten, aber er wusste, dass man der Gerechtigkeit nicht einfach ihren Lauf lassen durfte – sonst konnte es durchaus sein, dass sie großflächig an einem vorbeirollte …

»Herr Hirsch hat recht. Wer daran glaubt, dass am Ende ganz von allein das Gute siegt, der glaubt auch an die Zahnfee.« Kriemhilds Augenbrauen fuhren zu einer Frida-Kahlo-Monobraue zusammen. »Das Wort von Giesing steht gegen meines. Und er weiß doch jetzt, dass ich ihn erkannt habe, sonst wäre die Polizei nicht so schnell bei ihm aufgetaucht. Der wird alles daransetzen, mich aus dem Weg zu räumen, so viel steht fest!«

Konny wollte automatisch widersprechen, weil sie das immer tat, aber es ließ sich nicht leugnen, dass Kriemhild nicht ganz unrecht hatte.

»Sie müssen sich trotzdem im Krankenhaus untersuchen lassen«, warf Lambert ein. »Vor allem die Wunde am Bein sollte sich ein Arzt ansehen. Und dann müssen die Verletzungen ja auch amtlich festgehalten werden.«

Konny nickte. »Was Herr Kaiser sagt.«
»Osterhase.« Herr Hirsch verschränkte die Arme und presste die Lippen aufeinander.
»Genau!« Kriemhild schlug die karierte Wolldecke zur Seite und versuchte, aufzustehen. Was ihr mit schmerzverzerrtem Gesicht auch gelang. »Ich gehe nicht ins Krankenhaus. Ich habe einen Plan.«
Konny schwante Schlimmes. Kriemhild machte versuchsweise ein paar Schritte, blieb dann aber stehen, weil es gar zu sehr schmerzte. Sie atmete schwer aus. »Ich zweifele keine Sekunde daran, dass er versuchen wird, mich zum Schweigen zu bringen! Darum kann es nur eine Lösung geben – ich muss sterben.«
Lambert, Konny und Herr Hirsch schauten perplex. Erst in Richtung Kriemhild, dann sahen sie sich gegenseitig an.
»Wie bitte?«, fragte Lambert.
»Wir lassen verlautbaren, dass ich meinen Verletzungen erlegen bin. Ich stelle mich tot! Und heute Nacht steige ich in die Villa der Giesings ein und sehe selber nach. Jede Wette, dass er diesen Wohlfahrt gekauft hat und mit ihm zusammen versuchen wird, seine tote Frau zu entsorgen.« Kriemhilds Augenbrauenbalken wackelte entschlossen über ihrer Nase, dass es so aussah, als tanze eine haarige Raupe auf ihrem Gesicht Salsa. »Möglicherweise ist auch seine Geliebte eingeweiht. Womöglich hat sie den Mord sogar geplant – hinter jedem großen Mann steht ja bekanntlich eine Frau, die ihm sagt, was er zu tun hat.« Ihre Wangen wurden vor Begeisterung ganz rot. Die Totenblässe von vorhin war vergessen. »Wenn dieses Trio aus der Hölle glaubt, dass ich tot bin, kann ich in aller Seelenruhe in die Villa einsteigen und nach Beweisen suchen.«

Kriemhild reckte das Kinn nach oben. Wenn sie sich jetzt noch die Decke wie ein Cape über die Schultern warf, würde sie aussehen wie Wonder Woman.

»Die Bahn fährt!«, erklärte Herr Hirsch mit einem längst überholten Werbespruch aus seiner Jugend und nickte.

»Ich weiß nicht recht«, hielt Konny dagegen.

»Dafür weiß ich umso rechter!«, erklärte Lambert, in seiner Erregung grammatikalisch unkorrekt. Er sprach ja nicht oft Tacheles, dafür war er viel zu wohlerzogen und diplomatisch und professionell, aber jetzt konnte er nicht anders. »Das ist doch Unsinn! Und hochgefährlich! Ich muss mein Veto einlegen!«

Lambert Kaiser hatte in seinem jungen Leben schon so einiges erlebt, aber das toppte alles. Sich tot stellen? In das Haus eines mutmaßlichen Mörders einsteigen? Schlief er möglicherweise noch und träumte das hier alles? Er kniff sich unauffällig in den Unterarm. Aua.

Kriemhild sah ihn nur mitleidig an. »Sie wollen Ihr Veto einlegen?« Als wolle man einen Tsunami stoppen, indem man seine Handfläche hob.

»Das geht doch nicht. Das ist Unsinn. Und gefährlich«, formulierte Lambert seine Bedenken aus. Weil er das wirklich dachte. Und weil er die Schwestern noch nicht lange genug kannte, um zu wissen, wie sie tickten. Und dass man sie von ihren Ideen nicht abbringen konnte. Zumindest nicht mit laut artikulierten Bedenken. Allenfalls mit roher Gewalt. »Außerdem ist unbefugtes Betreten strafbar«, setzte er noch hinzu.

Kriemhild schnaubte. »Raten Sie mal, was mich das kümmert? Außerdem sollen Sie ja nicht mitkommen, lassen Sie das ruhig mich machen. Sorgen Sie nur für die Verbreitung der frohen Kunde meines Ablebens.«

»Aber ... wenn Sie das tatsächlich durchziehen ... dafür könnten Sie ins Gefängnis kommen.«

»Ja und?«

Kriemhild war alt und somit grundsätzlich – mittlerweile auch rekordverdächtig – reizbar. Giesing hatte sie mit seinem Mordversuch nachhaltig verärgert. Man sollte aber alte Leute nicht verärgern: Je älter sie werden, desto weniger schreckt sie nämlich die Aussicht auf eine lebenslange Gefängnisstrafe. Die paar Jahre sitzen sie doch auf einer Pobacke ab.

»Gut, dann helfen Sie mir eben nicht. Halten Sie einfach nur den Mund.«

Kriemhild drehte sich zu ihrer Schwester. »Du guckst auch so skeptisch ...«

»Ich bin nicht dafür verantwortlich, was mein Gesicht macht, wenn du redest«, sagte Konny, weil sie ihrer Schwester schon aus Prinzip Kontra gab, selbst wenn sie mit ihr in allen Punkten übereinstimmte. Das war so ein Zwillingsdings, das konnte man Außenstehenden nicht erklären. »Aber natürlich bin ich mit von der Partie. Du bist gar nicht in der Verfassung, allein das Haus zu verlassen. Und außerdem ...« Sie stand auf und reckte das Kinn. »... niemand schießt auf meine Schwester und kommt damit durch!«

Kriemhild warf ihr einen beinahe liebevollen Blick zu. »Dann ist es abgemacht.«

Konny, Kriemhild und Herr Hirsch nickten einander zu, Lambert sah schicksalsergeben zur Decke.

»Herr Hirsch«, mahnte Kriemhild. »Kein Wort davon zu Ihrer Frau, verstanden? Sie würde unseren Plan bestimmt vereiteln.

Verstehen Sie mich nicht miss, sie ist großartig, aber ihr fehlt die nötige Kreativität, um auch mal neben der Spur zu agieren.«

»Sie muss sich an die Gesetze halten, damit die Ergebnisse ihrer Ermittlungen vor Gericht standhalten«, warf Lambert ein.

»Pillepalle«, meinte Kriemhild. »Keine Silbe gegenüber Frau Klum, klar?«

Herr Hirsch nickte. Konny und Lambert ebenfalls.

»Also gut, als Erstes müssen wir die Traueranzeige schalten. Und wir brauchen einen Sarg!« Kriemhild ließ sich auf das Sofa fallen.

Gleich darauf katapultierte sie sich wieder auf die Beine und beugte sich mit schmerzverzerrtem Gesicht zur Seite.

Konny erschrak. Sollte ihre Schwester nicht doch sofort in die Notaufnahme? War womöglich eine Arterie durch die Kugel angekratzt worden und riss nun durch die Erschütterungen auf?

»Kriemhild, was ist?« Konny streckte die Arme aus, um ihre Schwester aufzufangen, falls plötzliches Ausbluten ihr die Besinnung rauben sollte. Auch wenn weder unter dem Pflaster noch unter dem Druckverband Blut zu sehen war.

Kriemhild stöhnte. »Ich bin auf die Johannisbeersaftflasche gefallen, als die Kugeln mich erwischten, und ich glaube, dabei habe ich mir ein paar Glassplitter eingefangen. Kann mal jemand eine Pinzette besorgen und sie mir rausholen?«

»Wo rausholen?« Konny legte den Kopf schräg.

»Aus meiner Hinterbacke.« Kriemhild zeigte nach Süden.

Lambert und Herr Hirsch liefen los. Lambert nach links, Herr Hirsch nach rechts. Es war nicht auszumachen, ob sie eilfertig eine Pinzette holen wollten oder einfach nur in wilder Panik vor der Aussicht flohen, dass sie sich an Kriemhilds verlängerter Rückseite zu schaffen machen sollten …

Als *verrückt* zu gelten ist eine natürliche Begleiterscheinung von *hammergeil* zu sein

»INFERNALISCHE NIXENFÜRZE!«, beschwerte sich Chuck Norris und wippte protestierend auf seiner Sitzstange. Er hasste es, in seiner – wenn auch großzügigen – Zimmervoliere eingesperrt zu sein, wenn draußen die Musik spielte. Oder die Post abging. Also quasi immer.
Das Büro der Pension war zur Schaltzentrale des perfiden Plans geworden, Kriemhild vor der Welt für tot zu erklären.
»Das macht preislich sicher einen Unterschied, oder?« Lambert verließ mit dem schnurlosen Telefon das Büro, weil man nicht über den fluchenden Chuck Norris hinweg kommunizieren konnte. Und er telefonierte gerade mit dem ortsansässigen Bestatter. »Ich muss kurz bei ... der hinterbliebenen Schwester nachfragen. Nur noch einmal zur Sicherheit: Sofort lieferbar sind der Sarg aus Zellulose mit dem Motiv Mohnblume für 150 Euro, der Kiefernholzsarg für 300 und der spezialangefertigte Massivholzsarg aus Mahagoni mit umlaufender Griffleiste für 4400 Euro?«
»Mahagoni«, rief Kriemhild durch die offene Tür des Salons in den Flur hinaus. Man konnte über die Pension sagen, was man wollte, aber die Akustik war exzellent. Ein Kritiker würde sie möglicherweise als hellhörig bezeichnen. Aber *Kritiker* war bekanntermaßen nur die beschönigende Umschreibung für einen notorischen Nörgler. »Definitiv Mahagoni. Ich lege mich doch nicht in einen Pappsarg!«
»Du legst dich doch sowieso nicht in den Sarg, er ist doch nur

Show!«, erklärte Konny, die ihrer Schwester gerade den dritten Glassplitter aus der Hinterbacke zupfte.

»Selbstverständlich lege ich mich in den Sarg«, nölte Kriemhild. »Eben weil er nur Show ist. Aber wir liefern eine gute Show. Damit täuschen wir jeden.«

Lambert hielt die Hand über den Hörer, damit der Bestatter das nicht mitbekam.

»Gibt es so einen Sarg nicht auch billiger aus zweiter Hand?«, rief Konny Lambert zu.

Der zählte auf zehn. Das war seine übliche Taktik, wenn Hotelgäste mal wieder mit einer völlig absurden Anfrage an ihn herantraten. »Särge sind üblicherweise nicht zur Wiederverwendung gedacht«, antwortete er dann.

»Ich. Will. Mahagoni.« Kriemhild blieb hart.

Sie hielt sich für eine vom Schicksal arg gebeutelte Frau. Und die diversen Streifschüsse waren bei weitem nicht das Schlimmste.

Ihr Mann hatte sie nicht nur jahrelang mit einer ehemaligen Stripperin und späteren Yogalehrerin betrogen, nein, er hatte gegen Ende seiner aktiven Zeit als Hochseeschifffahrtskapitän auch illegal die Fracht einer gesunkenen Yacht gehoben und zu Geld gemacht. Da die Fracht aus Diamanten bestand, war daraus eine erkleckliche Summe an Geld geworden.

Kriemhild hatte immer regelkonform gelebt – überquerte Straßen nur bei Grün, gab bei der Steuererklärung alle Einnahmen an –, aber die Tatsache, dass der Kommodore nicht nur sie und die See, sondern auch noch diese Gabi geliebt hatte, machte etwas mit ihr. Kurzum, als Konny und sie das Geld fanden, das der Kommodore zur Seite geschafft hatte, behielten sie es einfach, rundumsanierten damit ihre Pension und stellten einen jungen Mann ein, der ihnen zeigte, wie sie ihr Gästehaus wirtschaftlich führen konnten, damit sie im Alter abgesichert waren. Es blieb sogar noch was übrig. Und dieser Rest würde jetzt in eine angemessene Trauerfeier mit Mahagonisarg fließen! Da ließ Kriemhild nicht mit sich reden. War das nicht der Traum eines jeden Menschen? Bei der eigenen Trauerfeier dabei zu sein, die Verzweiflung der trauernden Freunde zu sehen, zu hören, was der Pfarrer an Wunderbarem über einen zu sagen hatte?

»Und ich will eine Trauerfeier in der Aussegnungshalle! Mit Blumen und allem Pipapo!«

Konny richtete sich auf. Die Splitterentfernung mit anschließender Antiseptikumbehandlung war ohnedies abgeschlossen. »Spinnst du? Du bist doch nur bis morgen tot!«

»Dann bin ich eben noch ein bisschen länger tot.« Kriemhild zog den Schottenrock herunter.

»Weißt du, was das kostet?« Verkehrte Welt, sonst war eher Konny diejenige, die das Geld – wenn sie es hatte – mit beiden Händen unter die Leute brachte.

»Ich wurde angeschossen. Ich habe mir das verdient!«

»GUMMIBEINIGE SÜSSWASSERMATROSEN!«, vermeldete Chuck Norris, der draußen den Klarinettisten Hopp erspäht hatte. Der stieg gerade aus seinem Kleinwagen, mit einer riesigen Tüte einer Fast-Food-Kette.

Lambert lief zur Haustür, um Hopp gegebenenfalls den Zutritt zum Haus zu verwehren, aber Hopp hob nur die Tüte und wedelte fröhlich damit. Es sollte mehr Gäste wie ihn geben, die eine gelegentliche Unbill im Alltagsablauf mit stoischer Gelassenheit, ja sogar Heiterkeit ertrugen.

Lambert kehrte zum Salon zurück. »Ja, ich bin noch dran ...« Er sah zu den Schwestern.

Kriemhild rieb sich die Kehrseite und rief: »Mahagoni, sage ich. Und Trauerfeier. Und eine halbseitige Anzeige in der Tageszeitung, damit zur Trauerfeier auch Leute kommen!«

Konny rollte mit den Augen, sagte aber nichts.

»Wird sofort erledigt!« Lambert nahm die Hand vom Hörer, ging in den Flur und gab die Wünsche seiner Chefin an den Bestatter weiter.

Herr Hirsch kam mit einem Gehstock aus den Tiefen des Kellers. Den hatte er in der ersten Zeit nach dem Schlaganfall gebraucht und später dort unten gelagert. Jetzt reichte er ihn der malträtierten Kriemhild mit den Worten: »Im Wind. Drachen.«

Kriemhild schloss daraus, dass er ihr den Stock überlassen wollte, damit sie trotz schmerzendem Bein immer gut vorankam. Es war ein solider Herrengehstock aus Buche, schwarz lackiert und mit Gummipuffer. Da Herr Hirsch und sie ungefähr die gleiche Größe hatten, war die Länge auch genau richtig.

»Danke, Herr Hirsch, sehr freundlich. Genau das, was ich jetzt brauche.« Sie machte ein paar Probeschritte.

Der Gärtner strahlte.

»Sagen Sie mal, Herr Hirsch, sind Sie früher nicht Numismatiker gewesen?«

Er nickte. Als er noch gesund war, hatte er sich nicht nur tagsüber mit Geld beschäftigt, sondern auch nach Feierabend. Alte Münzen waren seine Leidenschaft.

»Und sind Sie nicht hin und wieder mit so einem Metalldetektorendings unterwegs gewesen, um entlang des Limes römische Münzen zu finden?«

Er nickte heftiger. Seine größte Entdeckung war ein ganzer Sack mit Münzen aus der Regentschaft von Flavius Victor gewesen. Der Landesheimatminister hatte ihm damals sogar einen Finderlohn und eine Urkunde überreicht.

»Dürfen wir in Ihrer Abwesenheit mit Ihrem Detektor in der Schleifbachklinge nach den Patronenhülsen suchen?«, bat Kriemhild. »Mein Korb mit den Pilzen liegt noch dort. Das ist die Stelle, an der wir suchen müssen.«

»Warum das denn? Du hast offene Wunden am Körper! Niemand zweifelt, dass auf dich geschossen wurde.« Konny schürzte die Lippen.

Kriemhild, die während der harmonischsten Zeit ihrer Ehe – nachdem der Kommodore gestorben war und sie ihn nach der Einäscherung in einer marineblauen Urne zu sich nach Hause holte – ihrem Mann jeden Abend vor dem Schlafengehen von ihrem Tag erzählte und ihm anschließend aus einem guten Buch vorgelesen hatte, kannte sich mit dem Procedere in Kriminalromanen aus. »Es könnten sich Fingerabdrücke auf den Hülsen finden lassen! Das wäre der Beweis, dass es tatsächlich Giesing war!«

»Volldampf voraus!«, sagte Herr Hirsch und hob den rechten Daumen nach oben.

Kriemhild und Konny bedachten ihn mit einem glücklichen Lächeln. Das war jetzt schon ganz nah dran an der Wiederherstellung seines Sprachzentrums. Der Arzt hatte immer prophezeit, dass die Aphasie eines Tages verschwinden würde. Sie hatten das Gefühl, dass ihr Gärtner auf dem allerbesten Weg dahin war.

Aber wo Licht ist, ist auch Schatten.

Konny und Kriemhild sahen es gleichzeitig durch das Panoramafenster über die Schulter von Herrn Hirsch hinweg. Am Ende der langgestreckten Auffahrt zur Pension, dort wo der Weg auf die Landstraße traf, fuhr ein Wagen extrem langsam vorbei, als ob der Fahrer etwas genauer unter die Lupe nehmen wollte.

Es war eine schwarze Luxuslimousine …

Wie man sich bettet, so liegt man. Gilt auch für Särge.

»Humpelstilzchen, willst du auch eine Tasse Kaffee?«

Konny war eben aus der Stadt zurückgekommen. Sie hatte Kaffee gekauft und die Traueranzeige für ihre Schwester aufgegeben. Die Dame in der Anzeigenabteilung der Tageszeitung war sehr einfühlsam gewesen und hatte eine wirklich ansprechende Vorlage ausgewählt. Neben einem Foto von Kriemhild und der Zeichnung einer schwarzen Rose war nun zu lesen, dass ›ein Licht viel zu früh erloschen ist‹ und dass die Trauerfeier am Freitag stattfinden würde. ›Von Blumen und Kränzen bitten wir abzusehen.‹

Wäre das Foto nicht ausgerechnet das Führerscheinbild gewesen, auf dem Kriemhild aussah wie eine zur Fahndung ausgeschriebene Gewaltverbrecherin, wäre die Anzeige nachgerade perfekt zu nennen gewesen. Aber Konny wollte ein Foto, auf dem Kriemhild sich ähnlich sah, damit Giesing sie erkannte und sie auch wirklich für tot hielt.

»Wie hast du mich gerade genannt?« Kriemhild kam am Stock in die Küche.

»Humpelstilzchen. Aus offensichtlichen Gründen. Was ist jetzt – Kaffee?«

»Du weißt genau, dass ich nach sechzehn Uhr keinen Kaffee mehr trinken kann, sonst stehe ich heute Nacht im Bett.« Kriemhild drehte sich wieder um. »Außerdem kommt gerade mein Sarg an ...«

»... und da willst du dabei sein? Spinnst du?« Konny stemmte die Arme auf die Hüften.

Kriemhild hielt inne. Ihr dämmerte, dass das eventuell nicht ihre beste Idee war. In einer Kleinstadt wusste man nie, wer wen kannte. Der Bestatter mochte der beste Freund von Giesing sein. Und außerdem würde er sehr erstaunt sein, wenn er morgen beim Frühstück Kriemhilds Todesanzeige in der Zeitung entdeckte.

»Hat dich schon wer gesehen?« Konny ging zur Küchentür.

»Nein.«

»Dann bleibst du jetzt hier drin und setzt Kaffee für mich auf. Ich sorge dafür, dass niemand versehentlich in die Küche stolpert.«

Konny ließ ihre schmollende Schwester zurück und ging zur Haustür. Der Bestatter öffnete genau in dem Moment die Ladetür des Leichenwagens, als Lambert aus dem Wald zurückkam, den Metalldetektor von Herrn Hirsch in der einen, den Korb mit Pilzen in der anderen Hand.

Konny sah ihn fragend an.

Lambert schüttelte verneinend den Kopf.

Der Bestatter wuchtete mit zwei Assistenten den bestellten Mahagonisarg aus dem Leichenwagen.

»Was ....?« Konnys Unterkiefer klappte auf. *Ist das für eine Monstrosität?*, hatte sie noch hinzufügen wollen, aber die Worte waren in ihr versackt wie in Treibsand. Das war doch kein Sarg, das war ein Panzer.

Auch Lambert sprangen beinahe die Augen aus dem Kopf.

»Ja, der Sarg ist in der Tat von beeindruckender Größe«, bestätigte der Bestatter, der Konnys Blick korrekt übersetzte. »Aber Sie haben auf Sofortauslieferung bestanden. Und in Mahagoni ist das der Einzige, der umgehend lieferbar war. Ein echtes Prachtstück!« Er zog sein Einstecktuch heraus und polierte damit nachgerade liebevoll die ihm am nächsten liegende Ecke des Sarges.

»Sie haben nur einen einzigen Sarg auf Lager?« Konny konnte es nicht glauben.

»In Mahagoni schon. Tropenhölzer sind aufgrund des wachsenden Umweltschutzbewusstseins generell nicht mehr so gefragt.«

Der Bestatter steckte sein Einstecktuch wieder ein. Er und seine Assistenten wuchteten das Echtholzteil auf einen rollenden Untersatz und gleich darauf Sarg mitsamt Untersatz die drei Stufen zur Haustür hinauf.

Lambert stellte den Metalldetektor und Korb neben der Haustür ab und folgte ihnen.

»Hier entlang, bitte.« Konny führte die Prozession in Richtung Salon.

Es gab nur einen kurzen kritischen Moment, als sie an der offenen Bürotür vorbeikamen und Wachpapagei Chuck Norris »VERLAUSTES PACK!« kreischte, was den Bestatter und seine Assistenten böse zusammenzucken ließ. Beinahe wäre ihnen der Sarg entglitten und dann womöglich durch den Flur und die offene Hintertür hinaus in den Garten geschossen. Aber dann kam das teure Stück doch wohlbehalten im Salon an, wo Lambert die Möbel beiseite gerückt und aus zwei Beistelltischen ein Podest errichtet hatte, das größentechnisch für den Koloss gerade so ausreichte.

Der Bestatter klappte den Sargdeckel auf. Der fette Mahagonisarg war nicht nur außen, sondern auch innen ein echtes Prachtstück – gesteppte Satinauskleidung, Satinkissen, Satindecke, alles in Blassrosa.

Vor allem anderen war der Sarg jedoch eines: groß. Würde

man eine Nasszelle einbauen und Räder daran befestigen, könnte man ihn als Campingwagen zweckentfremden.

Die Assistenten gingen mit dem Rollwagen zurück zum Leichenwagen, der Bestatter blieb.

»Kann ich Ihnen noch weiter behilflich sein? Muss die Ausstellung des Totenscheins noch in die Wege geleitet werden? Sollen wir die liebe Verblichene in den Sarg betten?« Der Bestatter hatte die Hände vor seinem in dunkelanthrazitgraues Flanell gehüllten Körper zur Raute geformt.

»Nein, danke, wie ich schon am Telefon erklärte, wird dieser Teil von einem … äh … Konkurrenzunternehmen übernommen«, erklärte Lambert.

»Ja, genau«, pflichtete Konny ihm bei. »Sie hatten aber … äh … die schöneren Särge.«

Lambert und Konny nickten im Takt, wie Synchronschwimmerinnen auf dem Trockenen.

»Sehr ungewöhnlich«, meinte der Bestatter.

»Mag sein.« Konny nahm ihn am Ellbogen und führte ihn hinaus. »Wegen der Trauerfeier telefonieren wir noch mit Ihnen. Wir sehen uns dann Freitag früh, wenn Sie den Sarg für die Trauerfeier abholen.«

»Ich freue mich, dass die alte Tradition der privaten Aufbewahrung noch nicht ganz zum Erliegen gekommen ist«, plauderte der Bestatter auf dem Weg zur Haustür. »Die meisten Angehörigen wollen die Toten möglichst schnell aus dem Haus wissen, dabei sollte man sich doch Zeit für einen Abschied in vertrauter Umgebung nehmen und …«

»Sehr wahr, sehr richtig, auf Wiedersehen.« Konny schlug ihm die Tür gewissermaßen vor der Nase zu. Nur eben im Kreuz. Dann atmete sie erst mal tief aus.

»Wie wunderschön!«, hörte sie ihre Schwester aus dem Salon rufen.

Als Konny dort ankam, sah sie Kriemhild bereits im offenen Sarg liegen. Die gesteppte Innenauskleidung sowie Kissen und Decke in Blassrosa waren offenbar nicht nur optisch augenfällig, sondern auch bequem. Es gab noch ein Deko-Tuch, das man über den geöffneten Sarg spannen konnte.

»Sehr geräumig. Und so gemütlich! Wie für mich gemacht! Wenn ich mal in echt tot bin, will ich das auch. Merk dir das.« Kriemhild räkelte sich wohlig. Weil der Sarg so breit und sie so schmal war, hatte sie jede Menge Bewegungsfreiheit.

»Eins sag ich dir: Du behältst den Sarg auf gar keinen Fall, nur um wie Dracula darin zu schlafen. Das Teil kommt spätestens am Wochenende weg.« Konny fand es unheimlich, einen Sarg im Haus zu haben. Wie ein böses Omen. Sie sah einen Zettel am aufgeklappten Sargdeckel und trat näher.

»WIE VIEL?«, gellte sie. Es war das Preisetikett. Und die Summe ließ ihr das Blut in den Adern gefrieren. »Herr Kaiser, bitte sagen Sie mir, dass das ein Leih-Sarg ist und wir ihn zurückgeben können.«

»Sie wollten doch unbedingt Mahagoni. Die Innenauskleidung geht extra. Und es war eben nur diese Spezialanfertigung in Übergröße vorrätig.« Weil er so sehr in die Defensive ging, schlussfolgerte Konny, dass sie den Sarg nicht zurückgeben konnten. Es war zwar trotz Sanierung der Pension noch ein Rest in ihrer Schatztruhe mit dem Erbe des Kommodore, aber der schmolz im Sekundentakt.

»Ist ja gut, hab dich nicht so. Wenn das hier alles vorüber ist, kommt der Sarg in den Keller und wir verwenden ihn dereinst für die Erste von uns beiden, die den Abgang macht. Das

Geld ist gut angelegt.« Kriemhild schloss die Augen und kreuzte die Hände auf der Brust wie eine ägyptische Mumie. Nur ohne Bandagen.

Konny schüttelte den Kopf. Sie war immer noch nicht ganz überzeugt, dass sie das Richtige taten. »Lambert, Sie waren nicht erfolgreich?«

»Leider nein. Ich habe mit dem Metalldetektor den Bereich rund um den Korb abgesucht, aber nichts gefunden. Es wird langsam dunkel, darum dachte ich, dass ich morgen noch mal in den Wald gehe und größere Kreise ziehe. Ich habe die Stelle markiert.«

»Wollte das nicht Herr Hirsch machen?«, fragte Kriemhild, ohne die Augen zu öffnen. Ihre Stimme hallte in dem Sarg wider.

»Als wir den Detektor abholten, kam seine Frau, um den Koffer für ihn zu packen. Die beiden sind jetzt schon auf dem Weg zum Bahnhof. Wir haben Frau Klum nichts … hiervon erzählt.« Er sah zum Sarg.

»SCHEIBENKLEISTER!«, rief Chuck Norris.

Jemand betrat die Pension durch die offene Haustür, drückte auf die altmodische Tischklingel auf der Empfangstheke, und eine fremde Stimme rief: »Hallo-o? Jemand zu Hause?«

Konny und Lambert sahen sich beunruhigt an. Was tun?

Nur Kriemhild bewahrte die Ruhe. Ohne ihre Mumienposition auch nur im Geringsten zu verändern, kommandierte sie: »Klappt den Deckel zu. Ich brauche jetzt meine Sarg-Siesta.«

Mit zunehmendem Alter lernte man, dass man unmöglich jeden glücklich machen konnte. Jedem auf den Sack zu gehen, war dagegen ein Kinderspiel.

Das Kriemhild perfekt beherrschte …

Total abgebrüht! Kann auf Tee ebenso zutreffen wie auf Kinder …

»Pst!« Konny hielt den Finger an die Lippen.

»Das müssen die Friedrichs sein«, flüsterte Lambert. »Zwei Erwachsene, ein Kind. Zimmer zwölf. Bis nächsten Montag.«

»Ich regele das, passen Sie auf Kriemhild auf«, flüsterte Konny zurück, strich ihr froschgrünes Kleid zurecht und schritt in den Flur.

»Willkommen!«, rief sie den Enddreißigern zu, die an der Rezeption standen. Sie im Blümchenkleid mit Strickjacke, er mit Man-Bun, Holzfällerhemd und hypergepflegtem Bart. Nicht zum ersten Mal dachte Konny, dass es jetzt, wo fast alle Männer wieder Bart trugen, nicht mehr lange dauern konnte, bis sich die Rasierklingenhersteller auf Frauen als wichtige Zielgruppe einschossen – Comfortklingen mit mikrofeinen Lamellen für die zarte Rasur der Damenbartkinnhaare. Oder so ähnlich. *Reiß dich zusammen, Konny.*

»Herr und Frau Friedrich?«

»Genau. Und das ist Wilmer.«

Konny sah in das offene Büro. Klein-Wilmer, vermutlich sieben Jahre alt, stand vor der Voliere und streichelte Chuck Norris durch die Gitterstäbe hindurch am Kopf.

Konny schluckte. Hinter der großen Klappe von Chuck Norris war zwar meistens nichts dahinter, aber sie hatten den Vogel als erwachsenes Tier adoptiert. Konny hatte keine Ahnung, ob der Graupapagei mit Kindern konnte. Sie wusste nur, dass

die Kraft seines Schnabels ausreichen würde, um dem Kleinen einen Finger abzuknapsen.
»Hallo, Wilmer«, flötete sie und ging vorsichtig auf die Zimmervoliere zu, um weder Vogel noch Kind zu erschrecken. »Du hast Chuck Norris ja schon kennengelernt. Jetzt ist es aber spät. Der Vogel muss schlafen.«
»Es ist noch gar nicht spät«, widersprach Wilmer.
»Für Papageien schon. Deren innere Uhr tickt anders.«
Konny führte Wilmer aus dem Büro und schloss die Tür hinter sich.
Chuck Norris, der sich nach Zuwendung sehnte und sich seiner Massage beraubt sah, fing an zu zetern. »VERLAUSTES PACK!« und »STINKENDE SCHWEINEBANDE!« waren noch die harmlosesten Ausdrücke. Wilmer kicherte.
Herr und Frau Friedrich fanden das nicht ganz so lustig.
»Chuck Norris ist früher zur See gefahren«, entschuldigte Konny den unflätig fluchenden Federträger. »Der Mann meiner Schwester war Kapitän.«
Die Friedrichs interessierte das eher weniger. »Die Zimmer sind doch hoffentlich schallisoliert?«
»Sie sind im Nebengebäude untergebracht. Dort hört man den Papagei garantiert nicht«, versicherte Konny. Man hörte Herrn Hopp auf seiner Klarinette, aber definitiv nicht Chuck Norris. Das sagte sie natürlich nicht. Manche Dinge musste der Mensch für sich allein feststellen. »Wenn Sie bitte das Anmeldeformular ausfüllen würden.« Sie schob ihnen das Formblatt und einen Kugelschreiber entgegen.
Herr Friedrich zog einen Füllfederhalter aus seiner Umhängetasche. Stilvoll geht die Welt zugrunde, dachte Konny.
»Guten Tag, darf ich Ihnen eine Erfrischung anbieten?« Lam-

bert kam mit einem Tablett aus der Küche, auf dem vorgewärmte Handtücher, zwei Glas Prosecco und ein Becher Limonade standen. Der erste Eindruck ist eminent wichtig, hatte er den Schwestern erklärt, als er dieses Ritual kurz nach seiner Einstellung einführte. »Wenn Ihr Sohn keine Limonade mag, hätte ich auch einen Schokodrink für ihn.«

»Danke, Limonade ist wunderbar.«

Konny sah sich um. Wo war Wilmer?

Im Büro nicht, sie blockierte wie ein Türsteher den Zugang. Im Esszimmer gegenüber war er aber auch nicht. Blieb nur …

Konny eilte in den Salon.

Und tatsächlich, Wilmer stand vor dem Sarg, in dem immer noch Kriemhild lag. Den Sargdeckel hatten sie selbstverständlich nicht zugeklappt – selbst in einem so großen Sarg wie diesem war der Sauerstoffvorrat schließlich nicht unbegrenzt.

»Ist die Tante tot?«, fragte Wilmer.

Die Farce entwickelte eine unvorhersehbare Eigendynamik.

»Ja.« Konny ging neben Wilmer in die Knie. »Komm, mein Schatz, es gibt Limonade.«

»Wieso liegt die da?«

Kriemhild rührte sich nicht. Jemand – es kam eigentlich nur Lambert dafür in Frage – hatte das Deko-Tuch so über die untere Sarg-Hälfte gelegt, dass sie darunter atmen konnte, ohne dass es auffiel. Und ihr Gesicht sah in seiner Hagerkeit einer Totenmaske verblüffend ähnlich.

Konny bekam ein tierisch schlechtes Gewissen, weil der arme Junge so unvorbereitet mit einem vermeintlichen Todesfall konfrontiert wurde. Aber jetzt war es zu spät.

»Oh, wir wussten ja nicht …« Frau Friedrich materialisierte sich in der Tür zum Salon. Sie schaute peinlich berührt. Mit einem Hauch Verärgertsein.

Konny richtete sich auf. »Wollen wir jetzt nicht alle …«

»Die Tante ist tot«, fasste Wilmer die Situation zusammen.

Seine Mutter legte die Hand auf Klein-Wilmers Schulter.

»Meine Schwester«, erklärte Konny und setzte einen betroffenen Gesichtsausdruck auf. Was ihr nicht schwerfiel.

»Mein Beileid«, sagte Frau Friedrich.

»Die schaut aber böse«, fand Wilmer.

»Wilmer.« Frau Friedrich lächelte entschuldigend in Richtung Konny und zuckte mit den Schultern. *Kinder*, schien sie mit dem Zucken sagen zu wollen.

»Richtig biestig«, setzte Wilmer noch eins drauf.

»Wilmer! Komm, wir gehen jetzt auf unser Zimmer.« Sie wollte ihren Sohn wegziehen. Der fand das aber alles viel zu faszinierend.

»Ihre Nase hat sich bewegt.« Wilmer zeigte auf Kriemhild.

Konnys Herz setzte einen Schlag aus.

»Wilmer!« Seine Mutter sah entschuldigend zu Konny. »Die Frau kann sich nicht mehr bewegen, Wilmer. Sie ist gestorben und ist jetzt im Himmel beim lieben Gott.«

Wilmer guckte skeptisch. »Und was macht der liebe Gott mit so einer Kratzbürste?«

Frau Friedrich lief knallrot an. »Von mir hat er das nicht!«

Wer immer alle Regeln befolgt, verpasst den ganzen Spaß!

Zu Konnys und Kriemhilds Entschuldigung kann nur gesagt werden, dass Vollmond war und die beiden nicht unter Aufsicht standen …

… und dass Lambert in der Tageszeitung eine Notiz gefunden und ihnen gezeigt hatte, wonach Giesing an diesem Abend eine Parteitagung in der Landeshauptstadt mit einer programmatischen Rede eröffnen und folglich nicht zu Hause sein würde.

Die Villa der Giesings lag gar nicht so weit entfernt. Allerdings auf der anderen Hangseite, mit dem Tal und dem Fluss und der Stadt dazwischen. Luftlinie jedoch genau gegenüber. Mit einem entsprechend großen Katapult hätte man Konny und Kriemhild problemlos hinüberschießen können, so aber mussten sie sich motorisiert auf den Weg machen.

»Doch nicht hier!«, brüllte Kriemhild vorwurfsvoll und schlug ihrer Schwester gegen das Bein, als sie mit ihrem Höllengefährt vor der Villa der Giesings zum Stehen kommen wollte.

Sie hatten sich notgedrungen für die Harley-Davidson entschieden, an der immer noch der Beiwagen befestigt war. Konny, Motorradfahrerin aus Leidenschaft, empfand den Beiwagen an ihrem geliebten Alteisen aus Milwaukee zwar als Blasphemie, aber es ging nun mal nicht anders, wenn sie ihre Schwester mitnehmen wollte. Als Sozia taugte Kriemhild nämlich nicht. Schon gar nicht mit ihrem angeschossenen Bein.

Der Tag war relativ hektisch zu Ende gegangen – während Kriemhild (im Sarg) ein Nickerchen hielt und Lambert das Abendessen richtete (in einer Neuauflage des Frühstücks, also Wurst- und Käse-Aufschnitt mit Rührei, nur ohne Marmelade), hatte Konny noch rasch schwarze Armbinden für Lambert und sich selbst genäht (nun ja, aus einem Stück Stoff herausgeschnitten und fertig) und die sukzessiv zum Abendessen eintreffenden Gäste vom Trauerfall in Kenntnis gesetzt. Frau Gelbhaar und ihre Freundin nahmen es gelassen zur Kenntnis, die Senftlebens zeigten sich angemessen erschüttert, und Herr Hopp holte seine Klarinette und intonierte den *Marche Funèbre* von Chopin. Die Friedrichs aßen aushäusig.
Dann gingen alle zu Bett.
Bis auf die Schwestern.
Im Schutz der Dunkelheit hatte sich Kriemhild nach Mitternacht aus ihrem Sarg gehievt, was nur dank Schmerztabletten möglich war, und sich aus dem Haus geschlichen. Konny hatte die Bewegungsmelder vor den Türen von Haupt- und Nebenhaus ausgeschaltet, damit die Gäste nicht mitbekamen, wie die Tote aus dem Sarg in den Beiwagen stieg. Chuck Norris schlummerte den Schlaf der Gerechten. Amenhotep bekam es zwar mit, aber es interessierte ihn nicht. Typisch Kater.
Soweit, sogut.
Nun hatten sie das teuerste Wohnviertel der Stadt erreicht, und Kriemhild fand, dass sie das Motorrad nicht direkt vor der Villa der Giesings abstellen sollten, wie Konny es ganz automatisch hatte tun wollen, sondern eine Querstraße weiter. Das kriminelle Potenzial der beiden war klar aufgeteilt, und Kriemhild hatte den Löwenanteil erwischt.
»Besser!«, konstatierte sie gleich darauf zufrieden. Oder we-

nigstens so zufrieden, wie es jemand sein konnte, der alles grundsätzlich erst mal missbilligte und das Glas nicht nur halb leer sah, sondern auch fleckig.

Es war finstere Nacht. Nicht wirklich finster, weil der Vollmond wie eine Glühbirne den Nachthimmel erhellte, aber die Straßenbeleuchtung war um exakt ein Uhr ausgeschaltet worden, und alle Häuser lagen im Dunkeln. Auch die Villa der Giesings, die eigentlich keine Villa, sondern ein Bungalow aus den sechziger Jahren war.

Der Vater von Giesings Ehefrau hatte den Bungalow bauen lassen und damit für viel Gesprächsstoff in der Stadt gesorgt, weil zum Haus nämlich ein Indoor-Pool und ein Tennisplatz gehörten. Hier im Süden zeigte man seinen Reichtum normalerweise nicht so protzig.

Von der Straße aus sah man kaum etwas, die Hecke rund um das Grundstück war zu dicht und zu hoch. Das Eisengitter an der Zufahrt war verschlossen. Von wegen, dem Tüchtigen hilft das Glück! Selbst die Glücksgöttin schüttelte über die Schnüffelschwestern in diesem Moment verständnislos den Kopf. Aber davon ließen sich die beiden natürlich nicht abhalten.

Konny rüttelte an den Gitterstäben. »Wir müssen drüberklettern.«

»Unsinn, das schaffe ich mit meinem Bein nie.« Kriemhild, die den Gehstock von Herrn Hirsch dabeihatte, humpelte an der Hecke entlang zum linken Nachbargrundstück.

»Aha, ein Gummiknochen. Dacht ich's mir doch.«

»Inwiefern soll uns das weiterhelfen?«

»Wo ein Hund ist, ist auch ein Loch in der Hecke. Komm.«

Kriemhild stieg ächzend über das nur kniehohe Mäuerchen

und marschierte an der Hecke entlang, in der sie mit dem Gehstock immer wieder prüfend herumstocherte.

»Voilà!«, freute sie sich, als sie die Lücke entdeckte. Mit Tieren konnte sie zwar genauso wenig wie mit Menschen, aber ihr theoretisches Wissen war enorm. Schließlich hatte sie auf Lehramt studiert.

»Da pass ich doch nie im Leben durch!« Konny hatte die Taschenlampenfunktion ihres Handys aktiviert. Der Hund, der hier lebte, konnte allenfalls ein Terrier sein. Die Lücke in der Hecke war extrem schmal. Und Konnys Hüften waren *gebärfreudig*, wie es ihr Gynäkologe einst formuliert hatte, was aber nur ein Euphemismus für *breit* war.

»Wenn ich dich anschiebe, wird es schon gehen«, meinte Kriemhild.

Konny tippte sich nur mit dem Finger an die Stirn. Was Kriemhild nicht sehen konnte, weil das Mondlicht von der Hecke blockiert wurde und Konny ihr Handy längst wieder in ihre Jeansjackentasche geschoben hatte.

Konny schritt die Hecke weiter ab. Ganz am Ende des Grundstücks wurde sie fündig. Eine kleine Holzpforte – mit einem Heberiegel, der nicht gesichert war. Gleich dahinter lag der Tennisplatz der Giesings. Womöglich hatten die Nachbarn früher auf ein Spiel vorbeikommen dürfen, das musste aber lange her sein – die Hecke war in Teilen über das Holz gewuchert und die Scharniere waren verrostet. Mit ganzem Krafteinsatz gelang es ihr trotzdem, die Pforte zu öffnen. Was ein Geräusch verursachte. Wie ein Fingernagel, der über eine Tafel schrammt.

Konny hielt die Luft an.

Hatte das jemand gehört?

Nichts rührte sich.
Konny atmete wieder aus. »Kriemhild«, rief sie leise.
Kriemhild versuchte stoisch, das Loch in der Hecke mit dem Gehstock von terrier- auf menschen-tauglich zu vergrößern. Nein, sie war nicht sturköpfig, nur extrem meinungsstabil.
Konny pfiff.
Kriemhild richtete sich auf und fragte mit ihrer üblichen Nebelhornstimme genervt: »Was ist?«
Jeder Einbrecher, der seinen Beruf ernst nahm, hätte schon längst die Hände über dem Kopf zusammengeschlagen.
Aber nirgends ging ein Licht an, und falls jemand etwas gehört hatte, so kümmerte es ihn nicht weiter. Das hier war eben kein krimineller Hotspot einer Großstadt, sondern das verschnarchte Wohnviertel einer süddeutschen Kleinstadt.
Konny verschwand auf dem Grundstück der Giesings.
Kriemhild humpelte hinterher und holte Konny rasch ein.
»Ich denke, Giesing ist weg? Warum steht sein Auto noch da?« Konny zeigte auf den schwarzen Audi A6 vor dem Bungalow. Vom Tennisplatz aus konnte man die Schnauze der Luxuslimousine sehen.
»Vielleicht ist er mit dem Zug gefahren und hat ein Taxi zum Bahnhof genommen.«
Konny wollte widersprechen, aber da war Kriemhild schon zu dem Wagen gelaufen und wedelte mit dem ›schlechten‹ Fuß unter der hinteren Stoßstange, während sie mit Hilfe des Gehstocks versuchte, das Gleichgewicht auf ihrem guten Fuß zu halten.
»Was machst du denn da?«
»Vielleicht ist die Leiche noch im Kofferraum. Ich will nachsehen. Dieser Angeber Giesing hat das Komfortschließsys-

tem geordert. Man muss nur mit dem Fuß unter der Stoßstange wedeln, dann schwingt die Klappe automatisch nach oben. Ich habe ihn dabei beobachtet.«

Kriemhild wedelte heftiger. Der Kofferraum blieb aber zu. Dafür erwachte der Bewegungsmelder zum Leben, und das Licht über der Haustür sprang an. Wobei *Licht* der Beleuchtungsintensität nicht gerecht wurde. Die Strahlkraft ähnelte eher dem Scheinwerfergleißen in einem Fußballstadion. Vermutlich konnte man die Haustürleuchte der Giesings sogar vom Weltraum aus sehen. Jedenfalls schmerzte es in den Augen.

Konny musste niesen. Das musste sie immer, wenn sie nervös war. Und die Aussicht, gleich eine tote Frau zu sehen oder wahlweise von den Nachbarn entdeckt zu werden, machte sie äußerst nervös.

Kriemhild ließ sich von der Beleuchtung nicht irritieren. Doch sosehr sie auch Isadora Duncan, die Erfinderin des Ausdruckstanzes, inkarnierte, der Kofferraum blieb zu.

»Komm aus dem Licht!«, verlangte Konny und packte ihre Schwester am Arm. »Wir können sekündlich entdeckt werden!«

Aber kein Hausangestellter kam mit einer Schrotflinte aus dem Bungalow gelaufen, kein Hund schlug an, keine Sirene ertönte in der Ferne – nichts.

Kriemhild rollte nur mit den Augen. »Du bist so ein Waschlappen. Das Geheimnis ist, völlig entspannt zu bleiben und so zu tun, als gehöre man hierher.«

Sie ging zur Haustür und machte sich an die Arbeit. In den Taschen ihres Staubmantels hatte sie Werkzeug mitgebracht, um das Türschloss zu knacken. Nicht, dass Kriemhild eine versierte Einbrecherin gewesen wäre, aber im Laufe ihres langen Lebens hatte sie sich schon mehrmals aus ihrer eigenen Wohnung ausgesperrt und war immer zu geizig gewesen, den Notdienst zu bezahlen.

Es stellte sich allerdings heraus, dass sie dem Haustürschloss der Giesings nicht gewachsen war.

Konny hüpfte von einem Bein auf das andere. Das war nicht allein ihrer Nervosität geschuldet, sie musste auch mal nötig.

»Beeil dich, ich muss mal«, drängte sie folglich ihre Schwester.

»Warum bist du nicht aufs Klo, bevor wir losgefahren sind?«

»Bin ich doch.«

»Du und deine Ministrantenblase. Oder ist das schon Altersinkontinenz?«

Konny sparte sich einen Kommentar und umrundete stattdessen den Bungalow. Weil man eine Blase, die drückte, am besten durch Bewegung ablenkte.

Der Bungalow war u-förmig. Der Swimmingpool befand sich im rechten Flügel. Durch eine Panoramatür kam man auf die Terrasse. Natürlich war die Tür abgeschlossen. Was auch sonst. Im mittleren Teil des U befand sich das Esszimmer, ebenfalls mit abgeschlossener Panoramatür. An das Esszimmer schloss sich die Küche mit einer Tür zum Garten an. Konny ruckelte an der Klinke. Eigentlich nur der Form halber. Doch plötzlich gab die Klinke nach, und die Tür glitt auf, und da stand ein Mensch …

Konny schrie auf. Ganz unwillkürlich. Auch wenn sie es in alten Schwarz-Weiß-Filmen immer unsäglich fand, wenn Frauen in Schocksituationen aufkreischten. Es war aber wohl doch etwas Naturgegebenes.

Weil sie nervös war, sehr nervös, musste sie auch wieder niesen. Und wenn sie nieste, beschleunigte sich die Erdrotation, und es ruckelte ein wenig.

»Kannst du nicht leise sein? Du weckst die Nachbarn.«

Der ›Mensch‹ war Kriemhild. Sie hatte es doch geschafft, die Haustür zu knacken. Wie gern hätte Konny ihr eine gepfefferte Erwiderung um die Ohren gehauen. Oder besser noch ihre Faust. Aber die ohnehin unter Hochdruck stehende Blase nahm das Niesen übel und stellte ihr ein nicht verhandelbares Ultimatum.

Konny wuselte an ihrer Schwester vorbei, hielt sich links, weil sie dort das Badezimmer vermutete, und wurde fündig.

Kurz darauf fühlte sie sich erleichtert, aber auch verwirrt. Wenn der Sechziger-Jahre-Bungalow der Giesings mit der Jugendstilvilla der Schwestern eins gemein hatte, dann den Umstand, dass er frisch renoviert worden war. Das Badezimmer war das beste Beispiel dafür. Konny wurde relativ schnell klar, dass hier alles über Sensoren funktionierte. Aber sie hatte noch nie im Leben eine solche Hightech-Toilette benutzt. Als sie erst links, dann rechts mit der Handfläche an der Kloschüssel vorbeiwedelte, kam sie in den Genuss eines Föns und eines Wasserstrahls. Da sie zu diesem Zeitpunkt allerdings schon wieder angezogen war und sich nur vorgebeugt hatte, um die Spülung zu suchen, landeten sowohl Heißluft als auch Wasserstrahl in ihrem Dekolletee.

»Mast- und Schotenbruch!«, fluchte sie. Der Umgang mit Chuck Norris färbte ab.

Sie nahm eins der Mini-Gästehandtücher und tupfte sich trocken.

»Das glaubst du nicht!«, rief Kriemhild aus dem Flur.

Konny lief zu ihr.

Kriemhild hielt eine Bodenklappe auf. Eine sehr schmale, sehr steile Stiege führte in einen Kellerraum.

»Das ist aber unpraktisch, wenn man das Eingemachte hochholen will«, befand Konny.

»Das ist kein Vorratskeller, das ist ein Dungeon.«

Konnys Neugier war schlagartig geweckt. Gehörte Giesing zu diesen Sado-Maso-Fetischisten, die in einem geheimen Kellerraum eine eigene Folterkammer eingerichtet hatten? Streckbänke, Andreaskreuze, Stahlkäfige – theoretisch kannte Konny sich aus, aber in der Praxis hatte sie das noch nie gesehen.

Der Blick von oben in den Kellerraum war allerdings enttäuschend. Die Einrichtung war ganz gewöhnlich – wie ein Partykeller, nur ohne Biertheke: Couch, Tisch, Bücherregal, Stehlampe, Mini-Kühlschrank.

»Hier muss sich seine Frau vor dem Licht versteckt haben, bevor er sie erschossen hat«, erläuterte Kriemhild.

Ach ja, die Lichtallergie. Daran hatte Konny gar nicht mehr gedacht.

»Ich schau mir das mal an.« Konny kletterte die Stiege hinunter.

Alles war sauber, fast schon steril. Auf dem Sofa lag ein aufgeklapptes Hochglanzmagazin, auf dem Tisch stand eine ganze Batterie an Medikamenten. An der Wand hingen Fotos aus besseren Tagen: Frau Giesing – blond, blauäugig, barbiepuppig – wie sie ihren Mann zu offiziellen Terminen begleitete, wie sie lächelnd in die Kamera winkte und sich in Gästebücher eintrug.

Das hier war offenbar alles, was der einst so repräsentativen

und jetzt so lichtallergischen Frau Giesing von der Welt geblieben war – eine unterirdische, fünfzehn Quadratmeter große Zelle. Was für ein trauriges Leben.
Konny stieg wieder nach oben.
Kriemhild kam gerade aus der Küche zurückgehumpelt.
»Seine Frau ist doch bestimmt nicht mehr im Kofferraum. Sonst hätte er den Wagen nicht so sorglos zurückgelassen.«
Konny sah zu ihrer Schwester. »Ob er sie hier irgendwo im Haus versteckt hat? Vielleicht in der Tiefkühltruhe?«
Konny kannte sich mit Leichen in Tiefkühltruhen aus.
»In der Tiefkühltruhe in der Küche ist sie nicht, ich habe eben nachgesehen.« Kriemhilds Erfahrungen mit Leichen in Tiefkühltruhen entsprachen der ihrer Schwester. »Nein, ich glaube, sein Komplize – dieser Automensch – entsorgt sie gerade, während Giesing sich auf der Parteitagung ein Alibi besorgt. Aber vielleicht finden wir hier die Waffe. Oder sonst irgendetwas Aussagekräftiges …«
»Eine Absichtserklärung? Ein Tagebucheintrag? Sowas wie: *Heute bringe ich meine Frau um.*« Konny konnte nicht anders. Wenn sie ihrer Schwester sarkastisch Paroli bieten konnte, tat sie das reflexartig. Wie sie auch ganz automatisch nach der Post langte, die in einer Schale auf einer Kommode im Flur lag.
»Du bist so blöd«, erklärte Kriemhild und stieß mit dem Krückstock die Tür zum Wohnzimmer auf. Dort, wie überall im Haus, ging das Licht automatisch an, wenn man den Raum betrat. Das musste doch die Hölle für jemand mit Lichtallergie gewesen sein, dachte Konny, die ihrer Schwester mit den Briefen in der Hand folgte. Und das megawattstarke Haustürlicht hätte die arme Frau Giesing doch vermutlich sofort

in ein Schmerzkoma geworfen? Warum hatte Giesing das nicht ändern lassen, als seine Frau krank wurde?
Und gleich darauf dachte sie: Scheiße!
Auf der Ledercouch im Wohnzimmer lag eine menschliche Gestalt unter einem beigen Überwurf in Waffeloptik.
Konny und Kriemhild sahen sich an. Beide schluckten schwer.
Kein Zweifel möglich: Das war die tote Frau Giesing, zwischengelagert im Wohnzimmer.
Es kam, wie es kommen musste: Konnys Nase juckte ... und sie nieste. Nicht leise und damenhaft, sondern dröhnend laut wie ein Bierkutscher.
Die Gestalt unter der Decke zuckte zusammen und richtete sich auf. Dabei glitt die Decke herunter, und zum Vorschein kam – Tusch! – nicht die Tote, sondern ein Mann.
Knitteranzugträger, Mitte bis Ende vierzig, brillantinierte Haare, Tom-Selleck-Gedächtnis-Schnauzer.
»Was zum Teufel ...!«, brummte er. Dann entdeckte er die Schwestern. In einer fließenden Bewegung hob er die Hand unter der Decke, in der er etwas Längliches zu halten schien, das er nun auf Konny und Kriemhild richtete.
Eine Waffe!
Die Waffe, mit der Frau Giesing erschossen und Kriemhild angeschossen worden war?
Konny krallte sich mit der freien Hand automatisch in den Arm von Kriemhild.
Kriemhild sah an sich herunter, und ihr Gesichtsausdruck verfinsterte sich.
Ihr wurde in diesem Moment bewusst, dass sie sich an diesem Morgen mehr Mühe mit ihrer Garderobe hätte geben sollen, denn der alte, graue Schlabberpulli und der filzige Schotten-

rock waren nun wohl das Outfit, das sie als herumspukender Geist dauerhaft würde tragen müssen, wenn sie jetzt tatsächlich final erschossen würde …

Ein Geist, der nicht spukt, hat seine Berufung verfehlt

»Oh. Mein. Gott.« Konny starrte auf die Waffe unter der Decke. Reglos, wie ein Reh im Scheinwerferlicht.

Kriemhild legte ihr den Arm um die Schultern. Als ältere Schwester, auch wenn es nur vierzehn Minuten waren, trug sie die Verantwortung für Konnys Wohlergehen. Sie hatte immer auf ihre ›Kleine‹ aufgepasst und würde das bis zu ihrem letzten Atemzug tun. Der möglicherweise unmittelbar bevorstand.

Konny war froh, dass sie ihre Blase entleert hatte, sonst wäre ihr jetzt vor Angst womöglich ein Malheur passiert.

»Was macht ihr hier?« Der Schnauzbartträger richtete sich auf. Die Decke glitt ihm vom Arm. Nun zeigte sich, dass er keine Waffe in der Hand hielt, sondern eine leere Bierflasche.

»Lauf!«, brüllte Kriemhild und schubste ihre Schwester, während sie selbst bereits loshumpelte. Die beiden trieben keinen Sport – ihre Muskeln konnte man zwar nicht als atrophiert bezeichnen, aber viel fehlte nicht. Darum verlief ihre Flucht auch nicht in Lichtgeschwindigkeit, sondern … nun ja, Wohlmeinende hätten das Tempo wohl *würdevoll* genannt.

Vor der Haustür leuchtete die gleißende Lampe wieder auf und erhellte den Weg zum Eisentor, das erfreulicherweise von allein aufschwang, wenn man sich ihm von der Grundstücksseite her näherte.

»Schneller!«, verlangte Konny und warf einen Blick zurück. Der Schnauzbartträger stand in der Haustür und sah ihnen nach. Selbst auf die Entfernung konnte man erkennen, wie es

in ihm arbeitete. Er entschied sich dafür, in den Audi zu springen.
»Er will uns verfolgen! Jetzt beeil dich doch!«
»Ich habe Schmerzen, ich kann nicht schneller. Du musst ohne mich los. Lauf!«, befahl Kriemhild.
Wenn Konny etwas völlig unmöglich war, dann ihre Schwester zurückzulassen. Darin ähnelte sie den amerikanischen Navy Seals. *Semper fi.*
Sie hatten jetzt die mutierte Ligusterhecke der Giesings hinter sich gelassen und kamen an einer ansprechenden Kirschlorbeerhecke in Hüfthöhe vorbei. Der Zugang zu dem dahinter befindlichen Reihenhaus war offen.
Konny packte ihre Schwester am Arm, riss sie nach links und stieß sie unzeremoniell auf den gestutzten englischen Rasen. Dann warf sie sich ebenfalls zu Boden. Sie landete weicher, weil sie sich auf ihre Schwester fallen ließ. Die aber zu knochig war, um für eine wirklich sanfte Landung zu sorgen.
»Aua!«
»Pst!«
Der Audi fuhr vorbei.
Kriemhild und Konny schnauften nach der ungewohnten Anstrengung.
»Das war bestimmt dieser Autohändler. Der verlogene Alibi-Geber«, keuchte Kriemhild.
»Lass uns keine voreiligen Schlüsse ziehen, nur weil der Mann einen Schnauzer trägt«, meinte Konny, nach der Goethe seinen *Geist, der stets verneint* geformt hätte, wenn sie denn Zeitgenossen gewesen wären.
Kriemhild schüttelte ihre Schwester ab. »Der merkt doch, dass wir uns irgendwo versteckt haben.«

Konny ließ sich auf dem Rasen abrollen. Wie gut, dass sie ein froschgrünes Kleid trug, da würden Grasflecke wenigstens farblich nicht clashen.

»Natürlich merkt er das, aber er wird denken, wir seien in einen der Fußgängerwege abgebogen.«

Zahlreiche mäandernde Fußgängerwege durchzogen das exklusive Wohngebiet in Hanglage. Alle endeten in schlichten Steintreppen hinunter zu der Straße, die in den Stadtkern führte.

»Bleib liegen!«, verlangte Konny, als Kriemhild sich aufrichten wollte. »Der kommt zurück, jede Wette.«

Die Schwestern atmeten jetzt wieder normaler. In die Stille hinein hörte man ein leises Schnurren. Die Scheinwerferlichtkegel des Audi schwebten vorbei.

Noch dreimal fuhr der Schnauzbartträger auf und ab, dann hörten sie, wie der Wagen vor dem Bungalow der Giesings zum Stehen kam, der Weltraumstrahler anging und erst eine Autotür, dann eine Haustür erbost zugeworfen wurden.

»Jetzt!«, sagte Konny und sprang auf.

Kriemhild brauchte mit ihrem schmerzenden Bein etwas länger, erreichte schließlich aber auch die Vertikale.

So schnell sie konnten, eilten sie zu der Harley mit dem Beiwagen. In letzterem lagen noch ihre Helme. Hier kam nichts weg.

Als Konny nach ihrem Helm – erkenntlich an den Totenschädeln – greifen wollte, merkte sie, dass sie immer noch die Briefe umklammert hielt, die sie bei Giesings hatte mitgehen lassen. Gut so!

Sie schwang sich auf den Sattel, Kriemhild stieg in den Beiwagen, und auf ging die wilde Fahrt nach Hause.

Die nach einer guten Viertelstunde an der Ecke, wo die Zufahrt zur Pension von der Landstraße abbog, endete.
»Was ist? Kein Sprit mehr?«, fragte Kriemhild, als Konny den Helm abnahm.
»Wir laufen den Rest. Wenn ich vorfahre, merken das die Gäste.«
»Das hat dich doch vorhin auch nicht gestört.« Kriemhild blieb demonstrativ im Beiwagen sitzen.
»Vorhin brannte aber auch kein Licht in der Scheune.«
»Grundgütiger, das muss Herr Hopp sein. Der klarinettiert doch hoffentlich nicht.« Kriemhild beugte sich vor, als ob sie dadurch besser hören könnte.
»Sicher nicht nachts um halb drei«, verteidigte ihn Konny. »Bestimmt komponiert er.«
Herr Hopp entsprach eigentlich voll ihrem Beuteschema: ungebundener Mann im besten Alter. Aber nach Kläuschen brauchte sie ein Päuschen. Sie hatte auf der Suche nach dem ›Richtigen‹ zu viele Frösche geküsst. Irgendwann gelangte jede langjährige Single-Frau an den Punkt, an dem ihr zu viele Kerle den Himmel auf Erden versprochen hatten, nur um nach zwei Minuten hektischem Hasenrammeln wie ein toter Fisch auf ihr zu liegen. Konny lernte gerade, dass es auch sehr gut ohne Männer ging. Herr Hopp war vor ihr sicher. Aber das hieß nicht, dass sie nicht eine wohlwollende Schwäche für Künstler und Musiker haben durfte. Bis zum Beweis des Gegenteils war Herr Hopp für sie ein Guter. »Soviel ich weiß, arbeitet er an einer Symphonie für die norddeutschen Klarinettentage in Bremen.«
Konny wollte Kriemhild den Helm abnehmen und wurde aber schnöde weggewedelt.

»Lass das, ich bin doch keine Schwerstinvalide.«

Aus dem Helm kam Kriemhild problemlos heraus, aus dem Beiwagen nicht. Aber Konny würde sich eher beide Arme aus den Schultergelenken reißen, bevor sie ihr noch mal ihre Hilfe anbot. Stattdessen ging sie im Licht ihrer Handytaschenlampe die Giesing'sche Post durch. Werbung, Werbung, Finanzamt, Werbung, Tierarzt Dr. Westhofen. Konny ratschte den Tierarztbrief mit den Fingern auf. Aha, eine Rechnung an Kurt Giesing: Beratung ohne Untersuchung für 31 Euro 12 und Euthanasie mittels Injektion für 77 Euro 72. Zuzüglich Wochenendzuschlag. Zuzüglich Mehrwertsteuer. Handschriftlich auf einer beigelegten Karte war zu lesen: *Unser Beileid zum Verlust Ihres kleinen Lieblings. Altersaggressivität bei Hunden ist tragisch. Wir hoffen, Ihre Bisswunde verheilt gut. Ihr Team von der Praxis Westhofen.*

Konny sah auf den Umschlag. Die Rechnung war auf Frau Giesing ausgestellt. Und der Praxisbesuch hatte am … Konny sah rasch wieder auf die Rechnung … hatte zwei Tage vor dem Mord stattgefunden.

»Frau Giesing hat den Hund einschläfern lassen«, sagte Konny, mehr zu sich als zu Kriemhild, die immer noch ächzend damit beschäftigt war, möglichst schmerzfrei aus dem Beiwagen zu klettern. Aber sie würde sich eher die Zunge abbeißen, als jetzt doch noch um Hilfe zu bitten.

»Offenbar hat er sie gebissen. Aber wie kann es sein, dass sie selbst in der Tierarztpraxis war?«

Konny schob die Rechnung wieder in den zerrupften Umschlag und warf alles in den Beiwagen. »Bestimmt hat das arme Tier gespürt, was Giesing plante, und wusste sich nicht anders zu helfen als mit nicht zielgerichteten Bissattacken.«

Kriemhild hatte es endlich ins Freie geschafft und humpelte los.
Konny schob die Harley mitsamt Beiwagen hinter ihrer Schwester her. »Aber merkwürdig bleibt es schon, oder? Ich denke, sie hat das Haus nie verlassen. Wie ein Vampir, der das Tageslicht scheut. Haben die in der Tierarztpraxis auch nachts offen?«
»Still, du weckst die Gäste.«
Sie waren immer noch ein gutes Stück von Haupthaus und Scheune entfernt. In dem erleuchteten Fenster war nun ein Schatten auszumachen. Der Körperform nach war es Herr Hopp – und er dirigierte. Entweder das oder ihm war der rechte Arm eingeschlafen und er versuchte, ihn mit hektischen Bewegungen wieder wach zu bekommen …
»Ich stelle die Harley unter«, flüsterte Konny, als sie den Platz vor dem Haus erreicht hatten, der – mangels Bewegungsmelder – im Dunkeln blieb.
Kriemhild nickte und erklomm die drei Stufen zur Haustür, die nur angelehnt war. Typisch Konny.
Chuck Norris schlief und blieb daher ruhig. Aber Kater Amenhotep war wach. Hoffentlich auf Mäusepatrouille, dachte Kriemhild. Sie war nicht so vernarrt in das Tier wie ihre Schwester, für sie war er nichts weiter als ein vierbeiniger Angestellter, der in Naturalien bezahlt wurde. Sie ging an ihm vorbei, ohne den Drang zu verspüren, ihn zu streicheln, und stieg die Treppe nach oben in ihr Zimmer, wo sie sich auszog und in ihr Nachthemd schlüpfte.
Eigentlich wollte sie dann ins Bad, sich die Zähne putzen, aber wenn sie das tat, konnte sie keinen Schlummertrunk mehr zu sich nehmen, und nach einem Tag wie diesem brauchte sie dringend eine heiße Schokolade.

So, wie sie war – wer sollte sie mitten in der Nacht schon sehen? –, ging sie ins Erdgeschoss. Konny hatte die Harley offenbar schon verstaut und werkelte in der Küche. Kriemhild sah den schwachen Lichtstreifen unter der Tür und hörte Geschirr klappern.

Das erinnerte sie an ihre Jugend. Konny war immer diejenige gewesen, die zum Zapfenstreich noch unterwegs war und sich erst spät ins Haus zurückschlich. Und Kriemhild – die stets vorbildliche, korrekte, brave Tochter – hatte dann gern die Opernsängerin in sich hervorgeholt und den *Ritt der Walküren* angestimmt, damit die Eltern auch ja mitbekamen, wann genau das schwarze Schaf zurück zur Herde gefunden hatte. Konny hatte es gehasst!

Kriemhild lächelte. Die Gäste schliefen alle in der Scheune. Das war eine wunderbare Gelegenheit, einen Moment der Verbundenheit mit ihrer kleinen Schwester herzustellen. Sie räusperte sich, fuhr sich mit der Zunge über die Lippen, drückte die Küchentür auf und schmetterte lauthals *tata tatata taaaaa ta tata taaaaaaaa…*

Wilmer Friedrich, der sich aus der Scheune geschlichen hatte und gerade etwas Vollmilch in eine Untertasse goss, um sich damit diesen toll abartigen Kater ohne Fell gewogen zu stimmen, ließ die Milchflasche fallen und schrie und schrie und schrie!

Tag zwei

Konnys Kummerkastenkolumne

Liebe Konny,
mein Partner findet, ich sei zu dick geworden. Er hat ja recht, seit den Wechseljahren bin ich tatsächlich deutlich runder. Das liegt am Stoffwechsel. Ich müsste mich kasteien, um wieder so auszusehen wie früher. Soll ich?

Unentschlossen, Maja

Liebe Maja,
wir Frauen! Wir denken, um für einen Mann attraktiv zu sein, müssten wir ins Fitnessstudio, um die windschnittigste Version unserer selbst zu werden. Männer sind da anders. Männer denken: »Ich bin auf der Welt, das reicht. Ich bin okay so, wie ich bin.« Allenfalls noch eine Dosis Aftershave. Fertig.
Wenn Sie an etwas arbeiten wollen, liebe Maja, dann an Ihrem Selbstwertgefühl. Unterstehen Sie sich, zu diäten – sich alles zu verkneifen, was Sie glücklich macht. Und außerdem: Wenn wir von Kühen, Büffeln und Elefanten eines gelernt haben, dann ja wohl das, dass es nicht schlank macht, wenn man nur Grünzeug mümmelt. Man muss nicht auch noch wertvolle Lebenszeit damit verbringen, völlig sinnbefreit zu sporteln. In der Zeit könnte man lesen. Oder mit den Enkeln spielen. Oder mit Freundinnen im Freizeitpark Achterbahn fahren.
Richten Sie Ihrem Mann von mir aus, dass eine wissenschaftliche Studie jüngst ergeben hat, dass Frauen, die ein paar

Pfunde extra mit sich herumtragen, deutlich länger leben als die Männer, die sie auf diese Extrapfunde hinweisen …

Fröhlich und rund, Ihre Konny

Ich MAG Kinder! Gut durch und mit viel Soße. (W.C. Fields)

»Mein Sohn ist völlig traumatisiert!«
Wilmer sah nicht traumatisiert aus. Im Gegenteil. Er biss gerade mit gesundem Appetit in sein Frühstückscroissant mit Nutella. Die Krümel stoben nur so. Und wurden von Amenhotep genussvoll aufgeschleckt.
Frau Friedrich hielt Konny einen geharnischten Vortrag über die Unverantwortlichkeit nächtlicher Attacken auf die zarte Kinderseele. »Sagen Sie ihm sofort, wer das war!«
Wilmers Stimmapparat war zu Großem geboren. Sie hatten ihn alle schreien gehört. Die komplette Scheune war schlagartig im Licht der Gästezimmerlampen aufgeflammt, die abrupt aus dem Schlaf gerissenen Gäste tauchten in den Fenstern auf und schauten besorgt heraus. Lambert war angelaufen gekommen, Konny auch und selbstverständlich Papa und Mama Friedrich.
»Es war die tote Tante«, erklärte Wilmer seelenruhig und spuckte dabei Krümel.
»Nicht mit vollem Mund sprechen«, bat sein Vater.
»Wilmer, Schatz, ich habe dir gesagt, dass das unmöglich sein kann.« Frau Friedrich atmete entnervt aus. Man merkte ihr den Schlafentzug deutlich an.
Konny spürte ihn auch.
Nach den nächtlichen Abenteuern – erst der Einbruch bei den Giesings, dann die Verfolgungsjagd durch den Schnauzbartträger und schließlich Klein-Wilmer, der sich ganz allein in die Küche aufgemacht hatte – hatte sie sich völlig erschöpft

nur kurz auf die Ledercouch im Salon setzen wollen, um einen Weinbrand zur Beruhigung der Nerven zu trinken, und war prompt eingeschlafen. Warum ist es so problemlos möglich, unabsichtlich auf der Couch wegzuschlummern, aber oft so schwer, absichtlich im Bett einzuschlafen?

Konny war mit schmerzenden Gliedern aufgewacht und hatte sich in den Tag gestöhnt. Die Nacht auf der Couch war doch etwas zu viel für ihre Muskeln gewesen. Es ließ sich nicht leugnen: Sie war jetzt in einem Alter, wo ihr Körper ihr am nächsten Tag ins Ohr flüsterte: Mach das nie wieder! Nein, eigentlich flüsterte er nicht. Er schlagzeugte es mit Pauken.

Kriemhild wirkte dagegen völlig relaxt. Kein Wunder, sie hatte ja äußerst bequem in ihrem geräumigen Sarg geruht. In dem sie auch jetzt noch lag. Hinter verschlossener Tür, versteht sich.

Während Konny bereits in aller Hektik die tägliche Kolumne an die Online-Zeitung geschickt hatte. Wie gut, dass sie immer eine Handvoll Kolumnen auf Vorrat gespeichert hatte. Zum Selberdenken war sie an diesem Morgen nicht fähig.

»Sagen Sie meinem Jungen sofort, dass sich noch jemand im Haus befindet! Und dass diese Person ihn erschreckt hat!«

Kriemhild hatte angesichts des schreienden Knaben sofort eine Kehrtwende eingelegt und war in ihren Sarg gesprungen.

Konny kämpfte mit sich. In der Nacht waren alle zu aufgeregt gewesen, aber jetzt – im Licht des Tages – musste sie aufpassen, was sie sagte. Sollte sie so tun, als würde sich hier im Haupthaus noch jemand befinden?

»Und ich möchte, dass diese Person sich sofort bei meinem

Sohn entschuldigt!« Frau Friedrich lieferte sich mit Konny einen Wettbewerb im Anstarren. Und gewann.

Wäre Konny nicht eingeschlafen, hätte sie mit einem Plan B aufwarten können: Bauer Schober von nebenan rekrutieren und in ein Nachthemd von Kriemhild hüllen. So aber blieb ihr nur ein Ausweg …

»Ich versichere Ihnen, es befindet sich niemand im Haus. Wilmer, Schatz, du musst dir das eingebildet haben. Weil du so müde warst.« Konny sah zu dem Jungen, der sich gerade mit dem Handrücken die Krümel vom Mund wischte und die Hand anschließend Amenhotep hinhielt, damit er sie mit seiner rauen Zunge sauberschlecken konnte. »Hab ich nicht. Es war die tote Tante.«

»Wilmer, tote Tanten schlafwandeln nicht!«, stellte Herr Friedrich klar. Der trug sein Haar an diesem Morgen offen.

»Vielleicht war es ein Einbrecher«, warf Konny ein.

»Einbrecher tragen keine weißen Nachthemden.« Falls Wilmer doch keine Karriere als Opernsänger anstreben sollte, dann stand ihm jeder Berufszweig offen, für den man einen scharfen Verstand und Deduktionsfähigkeiten brauchte.

»Also, wer immer es war, meine Schwester war es nicht.« Konny fegte mit der Hand durch die Luft, als wollte sie das Gespräch beiseite wischen.

»Vielleicht ist die Tante gar nicht tot«, sagte Wilmer.

Konny rutschte das Herz in die Hose.

»Aber natürlich ist die Tante tot.« Frau Friedrich blieb eisern. Sie sah zu Konny. »Vielleicht könnten Sie ihn noch einmal …« Sie sprach es nicht zu Ende. »Nur damit er sicher sein kann.«

Konny stellte sich dumm. In ihr arbeitete es hektisch. Konnte sie verhindern, dass die Friedrichs die vermeintlich Tote noch einmal zu sehen bekamen?

Nein, konnte sie nicht.

Lambert, der im Büro dank der phantastischen Akustik alles mitangehört hatte, trat in die Küche. »Ich schließe Ihnen gern auf, damit wir alle am Sarg noch einmal Abschied nehmen können«, sagte er.

Konny ballte die Hände zu Fäusten und zwang sich ein Lächeln ins Gesicht.

»Au ja!« Wilmer sprang auf und lief los.

Herr Friedrich rührte sich nicht.

»Harald!« Frau Friedrich warf ihrem Mann einen strengen Blick zu.

Lambert rüttelte am Türknauf, und zu fünft traten sie gleich darauf in den Salon. Nur Amenhotep war im Esszimmer geblieben, wo er auf den Tisch sprang und den Rest des Croissants vertilgte.

Im Salon roch es miefig, weil Konny nicht gelüftet hatte.

Der massige Massivholzsarg mit der geöffneten Klappe wirkte bedrohlich. Unter dem Deko-Tuch, das jemand – Lambert? – sehr ansprechend über die unteren Zweidrittel des Sarges drapiert hatte, lag Kriemhild, wieder mit beiden Händen über der Brust, nur diesmal in ihrem weißen Rüschennachthemd.

»So, da ist sie. Immer noch tot. Und jetzt wollen wir alle zu Ende frühstücken.« Konny nahm Frau Friedrich am Ellbogen und wollte sie zurück ins Esszimmer führen.

»Müsste der Sarg nicht geschlossen sein?«, erkundigte sich Frau Friedrich, die sich keinen Millimeter rührte. »Wegen der …«

Sie wollte *Verwesung* sagen, aber ihr Mann stieß sie rechtzeitig an. »… Hygiene«, sagte sie stattdessen.
Wilmer lief zum Sarg. Er musterte Kriemhild kritisch. »Sie atmet nicht«, erklärte er.
Konny fragte sich, wie lange Kriemhild noch die Luft anhalten konnte.
»Sie trägt ja jetzt ein Nachthemd«, stellte Frau Friedrich fest.
»Das ist ein Totenhemd aus der Kollektion des Bestatters«, warf Lambert ein. Der Mann war auf Zack.
»Nachdem das geklärt wäre, können wir jetzt alle wieder zurück an unser Frühstück«, sagte Konny.
Die Friedrichs wandten sich zum Gehen. »Komm, Wilmer«, bat Herr Friedrich.
Wilmer kam aber nicht. Er langte in den Sarg.
»Nein!«, riefen die Erwachsenen unisono, aber da war es schon zu spät.
Mit der ganzen Kraft seiner Patschefinger kniff Wilmer Kriemhild in den Arm.
Die Zeit schien stillzustehen.
Nichts rührte sich.
Auch Kriemhild nicht.
In Konny erwuchs ein völlig neuer Respekt für ihre Schwester.
Frau Friedrich packte ihren Spross und zog ihn aus dem Zimmer. »Das tut man nicht!«, schalt sie.
»Ich entschuldige mich für meinen Sohn. Kinder sind unendlich neugierig, Sie haben das sicher selbst erlebt«, meinte Herr Friedrich. Und weil ihm dann einfiel, dass Konny keine eigenen Kinder hatte und diese Bemerkung somit tendenziell verletzend sein konnte, wurde er rot und murmelte: »Nicht

mit Ihren Kindern … äh … aber Sie erinnern sich an Ihre Kindheit … äh … oder an Kinder … im Allgemeinen …«

Er floh.

Lambert schloss die Tür hinter sich.

»Aua!«, brummte Kriemhild und richtete sich auf. Sie rieb sich die wunde Stelle am Arm, die sich – wie sich zeigte, als sie den Ärmel des Nachthemds hochschob – schon blau verfärbte.

»Du warst großartig!«, rief Konny, ehrlich begeistert. »Ich an deiner Stelle hätte gebrüllt wie am Spieß.«

»Du besitzt ja auch keinen Funken an Selbstbeherrschung.« Kriemhild wollte aus dem Sarg steigen.

»Was machst du denn da?« Konny hielt sie zurück. »Du bleibst da drin. Und leg dich gefälligst hin, man kann dich sonst vom Garten aus sehen.«

»Sei nicht albern.« Kriemhild wollte sie abschütteln.

Konny lieferte sich mit ihr eine kurze Rangelei. »Du bleibst da drin! Alles hängt davon ab, dass Giesing dich für tot hält. Sonst heuert der in der Landeshauptstadt Profikiller für dich an, und die werden dich …« Konny formte mit der rechten Hand eine Waffe und legte auf ihre Schwester an.

Da klopfte es an der Tür.

Kriemhild und Konny zuckten zusammen. Ihre Nerven waren zum Zerreißen gespannt. Aber Auftragsmörder klopften ja nicht.

Konny ging zur Tür und öffnete sie einen Spaltbreit. »Was ist?«

»Die Senftlebens lassen fragen, ob sie sich von der Toten auch verabschieden dürfen«, flüsterte Lambert.

»Nein!«, erklärte Konny kategorisch. »Was ist das hier? Eine

Freak-Show? Happy Kadaver zur Cocktailstunde? Und ja, ich weiß, dass es für Cocktails noch zu früh ist.« Sie warf die Tür zu.

»Hör zu, Schwesterherz, wir müssen das hier zügig über die Bühne bringen. Solange wir nicht beweisen können, dass Giesing seine Frau umgebracht hat, bist du in Gefahr. Und solange bleibst du im Sarg.«

»Ich …«

»Keine Widerrede!« Konny zog die schweren Samtvorhänge zu. »Ich schmuggele eine Thermoskanne Tee und ein paar belegte Brote herein, dann wird der Salon abgeschlossen, während ich zum Tierarzt gehe.«

»Was willst du denn beim Tierarzt?«

»Wenn Frau Giesing so kurz vor ihrem Tod das Haus verlassen hat, muss das einen Grund gehabt haben.«

Kriemhild zuckte mit den Schultern. »Ihr Hund war schwerkrank?«

»Nein, da steckt mehr dahinter.« Konny legte die Stirn in Falten. »Das sagt mir mein Pipi.«

»Apropos Pipi … aus dem Weg, ich muss ins Bad.«

Zwischen Büro und Salon befand sich ein Badezimmer – noch aus der Zeit vor der Sanierung, als Konny und Herr Hirsch hier gewohnt hatten. »Meinetwegen, solange ich hier bei dir bin. Aber dass du mir auf gar keinen Fall auf die Toilette gehst, wenn ich gleich weg bin und die Gäste noch beim Frühstück sind, verstanden? Die hören doch die Spülung!«

Kriemhild schaute trotzig. »Und was ist, wenn ich mal muss?«

Konny grinste und schob ihrer Schwester die Bodenvase mit den Plastikchrysanthemen an den Sarg …

Die rechte und die linke Klaue des Teufels

»DU SOHN EINER HAFENHURE!«
Entsetztes Innehalten und pikierte Blicke bei Hamster, Mops, Perserkater und Dobermann. Und den dazugehörigen Zweibeinern.
Es gab nur zwei auf Klein- und Haustiere spezialisierte Veterinärmediziner in der Stadt: Frau Dr. Gerber-Hüttmeier und Herr Dr. Zimmermann. Mit Amenhotep ging Konny immer zur Ärztin, weil sie grundsätzlich – und bis zum Beweis der Inkompetenz – Frauen den Vorzug gab, wenn sie die Wahl hatte. Bei Dr. Gerber-Hüttmeier handelte es sich um eine kompetente Frau, der sie mit Amenhotep niemals untreu werden würde. Es war bei ihren Ermittlungen auch sicher von Vorteil, dass sie in der Praxis von Dr. Zimmermann noch nicht bekannt war. Und auch nicht wiederzukommen gedachte. Falls man sie überhaupt wiederkommen lassen würde. Mit ihrem derb fluchenden Graupapagei.
»Das hat er nicht von mir«, rief Konny mit hochrotem Kopf niemand im Besonderen zu. »Der Papagei gehörte einem alten Seemann. Ich habe ihn aus zweiter Hand.«
Der in hellen, freundlichen Farben gestrichene Warte- und Empfangsbereich der Praxis war mit Postern geschmückt, auf denen glückliche Tierhalter und -innen mit ihren vor Gesundheit strotzenden Lieblingen heiter diversen Aktivitäten nachgingen: Agility-Training mit einem Hund, Schwimmen mit einer Schildkröte, Wollknäueljagd mit einer Katze. Fehlten nur noch die übermütigen, weißgekleideten Frauen aus den

Tampon-Fernsehspots, die auf ihren Einhörnern fleckenfrei in den Sonnenuntergang ritten.
So gut gelaunt wie die Poster-Boys und -Girls waren die real Anwesenden nicht. Der Hamster, der Mops, der Perserkater und der Dobermann inklusive ihrer Entourage schauten finster zu dem unablässig kreischenden Chuck Norris in seinem Transportkäfig. Der hatte in seinem langen Vogelleben offenbar keine positiven Erfahrungen mit Tierärzten gemacht und verlieh seinem besorgten Protest durch maschinengewehrfeuerartiges Fluchen Ausdruck. »VERLAUSTE SAUBANDE!«
»Vielleicht würde es ihn beruhigen, wenn man ein Tuch über den Käfig breitet?«, schlug die Tierarzthelferin hinter der Empfangstheke vor.
»Wenn er nichts sehen kann, wird er nur umso lauter.« Konny sprach aus Erfahrung. »Ich gebe ihm noch etwas zu knabbern, das lenkt ihn ab.« Sie schob eine Hirsestange in den Käfig. Chuck Norris liebte Hirsestangen. Aber er wusste auch ganz genau, wann man ihn mit Bestechungen ruhigstellen wollte. Seine rechte Kralle schloss sich um den angebotenen Leckerbissen und katapultierte ihn kraftvoll zwischen den Gitterstäben wieder hinaus. »SAFTSACK, ELENDIGER!«
Einen Beliebtheitswettbewerb würde er hier und jetzt nicht gewinnen.
Konny war mit dem Graupapagei noch nie beim Tierarzt gewesen. Er schien absolut gesund und in allerbester Verfassung, und in der kurzen Zeit, die er nun Kriemhild und ihr gehörte, hatten sie mit der Sanierung der Pension alle Hände voll zu tun gehabt.
»Ist ja gut«, gurrte Konny, zunehmend verzweifelt. »Braver Vogel.«

Der brave Vogel klammerte sich mit beiden Krallen an den Gitterstäben fest, wippte mit dem Kopf und brüllte im Takt: »BEULENPEST FÜR ALLE!«

So wild wie Chuck Norris sich gebärdete, würde dieser Vormittag vermutlich in einem Blutbad enden. Vor ihrem inneren Auge visualisierte sie, wie der von Chuck massakrierte Dr. Zimmermann von Rettungssanitätern auf einer Trage hinausgebracht wurde …

Die schallisolierte Tür zum Behandlungszimmer ging auf, und eine junge Frau mit wilden Locken trat heraus. Sie trug einen hellgrauen, schmal geschnittenen Business-Hosenanzug und hatte sich eine schmale, schwarze Aktentasche unter den Arm geklemmt. Wenn sich in der Aktentasche kein Mini-Transport-Terrarium mit einer an Verstopfung leidenden Blindschleiche befand, war die Frau höchstwahrscheinlich keine kummervolle Tier-Mutter, sondern eine Pharma-Vertreterin, die Herrn Dr. Zimmermann die neue Produktpalette für Meerschwein-Sedativa andrehen wollte.

Sie schien zur Empfangstheke gehen zu wollen, aber als sie Konny sah, strahlte sie sichtlich auf und eilte auf sie zu. »Ich glaub es nicht, ich glaub es einfach nicht!«

Konny zermarterte sich das Hirn, aber sie erkannte die Frau nicht.

Die Frau meinte aber gar nicht sie, sondern Chuck Norris. Sie ging vor dem Käfig in die Knie und streckte einen Finger durch die Gitterstäbe.

»Nein!«, wollte Konny noch rufen, aber es war zu spät.

Chuck Norris öffnete den Schnabel und …

… knabberte liebevoll an dem Frauenfinger mit dem dunkelblau lackierten Nagel.

Es war nicht das erste Mal, dass der Graupapagei Fremden das schenkte, was er Konny vorenthielt – will heißen das ganze Spektrum von freundlichem Interesse bis hin zu aufkeimender Zuneigung.

Nach der anfänglichen Knabberbegrüßung ließ er es sogar zu, dass die Frau ihm das Gefieder hinter den Ohren kraulte.

»Der ist ja so lieb!«, hauchte sie begeistert. »Und so schön! Dieses makellose Gefieder! Perfekt! Er ist genau richtig!« Ihre Begeisterung war ein einziges Ausrufungszeichen.

Konny stutzte. »Genau richtig?« *Wofür?*

Mit der freien Hand zog die junge Frau eine Visitenkarte aus ihrer Hosentasche. »Darf ich mich vorstellen? Lena Kern. Ich bin Scout für eine Agentur, die Werbefilmer mit Models versorgt. Auch mit tierischen Models. Und wir suchen gerade händeringend nach einem Graupapagei. Und er hier ist wirklich ein Prachtexemplar.«

Chuck Norris drehte verliebt den Kopf um gefühlt 180 Grad, und presste ihn gegen die Gitterstäbe, damit die junge Frau besser an all seine erogenen Zonen gelangte, die sich bei ihm offenbar hinter den Ohren befanden.

Lena Kern tat ihm gern den Gefallen. »Es geht um den Werbespot eines Futtermittelherstellers«, erläuterte sie, ohne Konny anzusehen, weil sie nur Augen für das Objekt ihrer Begierde hatte. »Kommen Sie doch mit … wie heißt er denn?«

»Chuck Norris.«

Sie kicherte. »… mit Chuck Norris zur Audition. Damit wir sehen, wie er vor der Kamera agiert. Wenn es klappt, lohnt sich das auch finanziell.«

Chuck Norris. Der Name war Programm. Nicht in tausend kalten Wintern würde sich dieser gefiederte Menschenhasser in ein Filmteam integrieren lassen und eine gute Figur vor der Kamera machen. Konny konnte förmlich vor sich sehen, wie der Kameramann und der Tontechniker sie verklagten, weil Chuck ihnen die Fingerkuppen abgebissen oder tiefe Gräben in die Waden gehackt hatte. Und sobald die Kamera lief, würde er fluchen, was das Zeug hielt. Das wollte sie so aber nicht sagen. Zumal die Besitzer von Hamster, Perserkater, Mops und Dobermann extrem neidisch lauschten, weil momentan offenbar keine Hamster, Perser, Möpse und Dobermänner für lukrative Filmverträge gesucht wurden.

»Ich weiß nicht recht …«, sagte Konny. »Er kann keine Kunststücke.«

»Das ist auch gar nicht nötig. Er soll einfach optisch gut rüberkommen. Und da sehe ich überhaupt kein Problem. Nicht wahr, du Hübscher?«

Lena Kern kraulte ihn ein letztes Mal, dann stand sie auf. Chuck Norris bekam das im Rausch der Pheromone nicht gleich mit. Er blieb noch auf der Stange sitzen und rieb sich den Kopf an den Gitterstäben.

»Rufen Sie mich zeitnah an!«, bat Lena Kern. »Ich versichere Ihnen, es wird sich lohnen.« Dann rauschte sie hinaus.

Die Frauchen und Herrchen von Hamster, Mops, Perser und Dobermann sahen Konny an. Sie warteten. Und ja … da kam es auch schon: »VERSIFFTE LANDRATTEN!«

Ein zufriedenes Lächeln huschte über die Gesichter von Hamsterherrchen, Mops-Mama und Dobermannfrauchen – der Perserkater gehörte zu einem Nicht-binären-Wesen, das optisch keinem der beiden Geschlechter zuzuordnen war. Ihre Lieblinge mochten es nie vor die Kamera schaffen, aber dieser fluchende Vogel, der reihenweise Trommelfelle zum

Platzen brachte, würde nie im Leben für eine Werbefilmrolle verpflichtet werden.
Chuck Norris brachte es tatsächlich fertig, noch ein paar Dezibelstärken zuzulegen, vor lauter Frust, dass seine persönliche Gefiederkraulerin den Abgang gemacht hatte.
Wer weiß, welchen neuen Rekord – an versauten Flüchen oder an Lautstärke – er noch gebrochen hätte, wenn in diesem Moment nicht Dr. Zimmermann im Türrahmen zum Behandlungszimmer aufgetaucht wäre und über das Gezeter von Chuck Norris hinweg »Der Nächste, bitte!« gerufen hätte.
Konny musterte Zimmermann. Klein, rund, stark behaart. Er war im konventionellen Sinne nicht gutaussehend. Auch nicht im unkonventionellen Sinne. Aber er strahlte Kompetenz und Tierliebe aus, das zählte in seinem Beruf ohnehin mehr. Nur fiel er eben als haarige Liebeskugel nicht ins Beuteschema der langjährigen Singlefrau Konny. Umso besser, so konnte sie sich ganz auf ihre Undercover-Aktion konzentrieren.
Die Tierarzthelferin nickte Konny zu. Die steckte die Visitenkarte von Lena Kern ein und eilte mit dem Käfig und dem fluchenden Chuck Norris in den Nebenraum.
Sie schloss die Tür hinter sich und stellte den Käfig ab. »Wir haben den Vogel geerbt«, sagte Konny nach der Vorstellungsrunde. »Ich wollte mich nur vergewissern, dass er gesund ist. Und Sie wurden mir von einer Freundin empfohlen.« Diese Einleitung hatte sie auf der Herfahrt geprobt.
»Haben Sie die Papiere dabei?«
»Die … äh … Papiere?«
Dr. Zimmermann sah auf. »Sie wissen, dass Graupapageien meldepflichtig sind?«

»Natürlich, selbstverständlich, ganz klar, ja.« Konny setzte ihr charmantestes Lächeln auf. »Aber die habe ich doch tatsächlich zu Hause vergessen.«

»Hm …« Er sah auf den Anmeldebogen, den sie ausgefüllt hatte. »Wir können das gern nächstes Mal nachholen. Es geht ja nur um den Nachweis, dass er nicht aus einer illegalen Zucht stammt und es sich bei ihm auch nicht um einen Wildvogel handelt.«

»SAFTSÄCKE, ALLESAMT!«, erklärte Chuck Norris.

Wenn Konny raten müsste, würde sie tippen, dass der greise Smutje, von dem sie Chuck Norris geerbt hatten, den Vogel irgendwann zu Beginn des vorigen Jahrhunderts eigenhändig im afrikanischen Dschungel aus seinem Nest geklaubt hatte. Der Graupapagei war definitiv illegal, daran zweifelte sie keine Sekunde.

Konny hätte einen falschen Namen angeben sollen, aber dafür war es jetzt zu spät.

»VERLAUSTE SÜSSWASSERMATROSEN!«

»Der Ersteindruck ist positiv. Und ich höre, dass er sich selbstbewusst artikulieren kann.« Dr. Zimmermann grinste.

Konny war erleichtert. Wer Humor besaß, konnte kein ganz schlechter Mensch sein. »Wissen Sie, eine Freundin hat mich auf Sie aufmerksam gemacht«, kam sie auf ihr eigentliches Thema zu sprechen. »Ich glaube, sie war neulich erst hier wegen des Hundes …«

Dr. Zimmermann öffnete den Käfig. Chuck Norris verstummte. Konny hielt den Atem an.

Alles war möglich: Chuck, der wie eine Gewehrkugel aus dem Käfig schoss und erst die Einrichtung, dann Dr. Zimmermann in Klein- und Kleinstteile zerlegte. Chuck, der sich standhaft weigerte, seinen Transportkäfig zu verlassen, und sich panisch in die Gitterstäbe verkrallte und lauthals nach Vertretern der wichtigsten Tierschutzorganisationen kreischte. Die ihn nicht hören konnten, weil die Tür ja schallisoliert war. Chuck, der vor Panik einem Herzinfarkt erlag.

Aber es wurde dann doch Version Nummer vier. Chuck äugte anfangs kritisch, aber als Dr. Zimmermann seine Hand nicht in den Käfig streckte, sondern nur vor die Tür hielt, kam der Papagei schließlich neugierig näher, spähte hinaus, rupfte kurz ein paar schwarze Männerhaare vom Handrücken und kletterte dann bereitwillig – und Gott sei Dank schweigend – auf die lebende Sitzstange.

Konny fiel ein Stein vom Herzen.

Dr. Zimmermann kraulte Chuck Norris auf der Suche nach Ungeziefer das Gefieder – und wurde natürlich nicht fündig. Dann ließ er ihn an seinem Kugelschreiber knabbern und inspizierte dabei das Innere des Schnabels.

»Die Freundin, die Sie mir empfohlen hat, ist übrigens Frau Giesing«, fuhr Konny fort.

»Aha«, sagte Dr. Zimmermann, der gerade einen Flügel von Chuck anlupfte, vermutlich um die Geschmeidigkeit der Gelenke zu prüfen. Oder um ihn unter dem Flügel zu kitzeln. Konny hatte keine Ahnung, und es war ihr auch egal.

»Sie war neulich erst hier, um ihren kleinen Liebling einschläfern zu lassen … äh … wie hieß er doch gleich?«

Galt die ärztliche Schweigepflicht eigentlich auch für Tiermediziner? Konny hätte das vorher googeln sollen.

Aber Dr. Zimmermann sagte bereitwillig: »Ilsebill. Eine Dackelhündin.«

»Genau! Die Ilse!« Konny setzte ein Natürlich-gleich-wäre-

es-mir-auch-wieder-eingefallen-Lächeln auf. »Ich wusste gar nicht, dass Ilsebill so krank war.«
»Die Dackelhündin war zwar schon über fünfzehn Jahre alt, aber relativ gesund. Leider wurde sie auf ihre alten Tage bösartig. Sie hat Frau Giesing mehrfach gebissen.«
»Einfach so?«
»Grundlos, wie sie mir versicherte.« Chuck Norris kletterte den Arm von Dr. Zimmermann hinauf und machte es sich auf dessen Schulter gemütlich. Der wiederum drehte seinen Kugelschreiber in Aktion, um das Ergebnis seiner Untersuchung schriftlich festzuhalten.
»Das hat Frau Giesing sicher sehr mitgenommen«, plapperte Konny schneller, weil sich die Untersuchung sichtlich dem Ende neigte. »Kam sie Ihnen sehr verändert vor?«
Dr. Zimmermann nahm seine Brille ab und sah Konny an. Es war aber kein misstrauischer Blick. Er wusste ja auch noch nicht, dass Frau Giesing tot war. »Sie war natürlich sehr ernst und betroffen. Das lag in der Natur der Sache. Aber ob sie anders war als sonst, kann ich nicht sagen. Ich habe sie zuvor noch nie gesehen. Vermutlich nimmt sie neue Medikamente für ihre Lichtallergie und kann jetzt das Haus verlassen?«
Konny stockte keine Sekunde. »Das haben Sie sehr richtig erkannt. Sie sind eben medizinisch versiert und wissen Bescheid.«
Dr. Zimmermann lächelte bescheiden und setzte seine Brille wieder auf, um einen Eintrag in die Akte von Chuck Norris zu tätigen. Der Graupapagei knabberte am Brillengestell. »Ich habe ihr noch einen Verhaltenspsychologen empfohlen, der sich auf Hunde spezialisiert hat. Alternativ hätte man auch prüfen können, ob die Hündin aufgrund eines Tumors so

bösartig wurde. Aber Frau Giesing hat das alles abgelehnt, und das habe ich natürlich respektiert.«

Konny war das absolut unverständlich. Wenn ihr geliebter Kater Amenhotep sie plötzlich kratzen und beißen würde – also, heftiger und öfter als gewöhnlich –, dann würde sie alles versuchen, um die Ursache dafür herauszufinden und ihn wieder in sein altes Selbst zu verwandeln, sogar Voodoo oder Edelsteintherapie. Und selbstverständlich eine Computertomographie und/oder das Anheuern eines verifizierten Tiertrainers. Ob Frau Giesing geahnt hatte, dass ihr Mann sie umbringen wollte? Und sie deswegen einen würdevollen, schmerzfreien Abgang für ihren Schoßhund wählte? Weil dieses Schwein von einem Ehemann die Hündin sonst womöglich hätte verhungern und verdursten lassen?

»So«, sagte Dr. Zimmermann und legte den Kugelschreiber zur Seite. »Und worin genau besteht jetzt der Notfall?«

Konny schluckte. Dr. Zimmermann war sehr gefragt. Sie hatte den Sofort-Termin nur bekommen, weil sie am Telefon mit tränenerstickter Stimme einen Notfall vorgetäuscht hatte. Die Tierarzthelferin an der Empfangstheke hatte schon misstrauisch nach dem ›Notfall‹ gefragt, aber da hatte Konny erklärt, das könne sie nur dem Herrn Doktor persönlich sagen. Was ihr ein total schlechtes Gewissen verursachte, weil sie einem verschnupften Hamster, einem übergewichtigen Mops mit Verstopfung und einem Dobermann mit notdürftig verbundener Pfote die Zeit stahl. Sie hatte ihr Gewissen damit beruhigt, dass es um die Überführung eines eiskalten Mörders ging und dass sie selbstverständlich jedes Tier vorlassen würde, das blutete oder sichtlich rasche Hilfe brauchte.

Jetzt war der Moment gekommen, in dem sie gewissermaßen

die Hosen herunterlassen musste. »Wie kann ich dem Vogel das Fluchen abgewöhnen?«, fragte sie.

»Wie bitte?«

»Sie haben ja mitbekommen, wie laut und bisweilen nicht jugendfrei Chuck Norris flucht. Wir – meine Schwester und ich – führen eine Pension, und da müssen wir ihm das Fluchen natürlich schnellstmöglich abgewöhnen, sonst verlieren wir Gäste.«

Dr. Zimmermann sah Konny an. In diesem Blick war ein ganzer Foliant zu lesen, dessen Quintessenz lautete: Warum um alles in der Welt sie einem absolut gesunden Papagei einen Notfalltermin erschwindelte, während draußen leidende Kreaturen auf tatkräftige Hilfe hofften?

»Wir brauchen Hilfe«, erklärte Konny. »Geld spielt keine Rolle.«

Dr. Zimmermann schüttelte den Kopf und kritzelte etwas auf ein Blatt Papier. »Das ist der Name eines erfahrenen Züchters hier aus der Gegend. Er ist tierpsychologisch geschult und versucht bestimmt gern, Ihrem Vogel das Fluchen abzutrainieren.«

»Ein Papageienflüsterer, wie wunderbar. Vielen Dank!« Konny stand auf, ließ Chuck Norris auf ihre Hand steigen und setzte ihn in den Transportkäfig. »Meine Schwester und ich sind Ihnen wirklich dankbar. Und unsere Hausgäste auch.« Sie ging zur Tür.

»Denken Sie an die Meldepflicht nach § 7 der Bundesartenschutzverordnung«, rief Dr. Zimmermann ihr nach. »Sie sind als Halterin selbst dafür verantwortlich, Ihren Graupapagei der Behörde zu melden. Widrigenfalls kann das Folgen haben.«

»Aber natürlich«, versprach Konny und setzte ihr charmantestes Lächeln auf.
Dr. Zimmermann nickte zufrieden.
Chuck Norris war nicht so leicht zu täuschen. Er plusterte sich auf und brüllte: »VERLOGENE SUFFKÖPPE!«

Prosecco kaltstellen ist ja auch irgendwie kochen …

Lambert heulte haltlos.

Er fuhr sich mit dem Handrücken über die Augen, aber das machte es nur schlimmer.

Kriemhild erklärte lapidar: »Tränen, Herr Kaiser? Der Trick ist, man darf keine emotionale Bindung aufbauen!«

Konny grinste.

Es war kurz vor zwei Uhr nachmittags. Lambert schnitt Zwiebeln für ein spätes Mittagessen für die Schwestern und sich. Die Gäste waren mehrheitlich unterwegs. Die beiden Wanderinnen wanderten, die Senftlebens besichtigten die Kunsthalle unten in der Stadt (wozu sich Herr Senftleben extra feingemacht hatte und ergo eine Joggingjacke über dem Netzhemd trug), und die Friedrichs besuchten die Nachmittagsvorstellung im Kino, wo der neueste Pixar-Animationsfilm lief. Nur Herr Hopp war noch vor Ort. Er übte Klarinette. Konnte man auch von Üben sprechen, wenn es so perfekt war, dass es an himmlische Sphärenklänge erinnerte? Herr Hopp brauchte gar kein Orchester, er war sein eigenes Orchester. Und wenn er nicht gerade eine Aufnahme von einem Klarinetten-Solo abspielte, befand er sich gesichert auf seinem Zimmer.

Konny hatte das zum Anlass genommen, Kriemhild aus ihrem Sargverlies zu befreien. Die hatte ausgiebig das Badezimmer genutzt und stieß nun zu Lambert und Konny in die Küche.

»Eine Packung reicht nie im Leben«, sagte sie und zeigte auf die Fertigpackung Spaghetti mit Soße.

»Da steht drauf, dass es vier Portionen sind, und wir sind nur zu dritt.« Lambert konnte nicht kochen. Konny auch nicht. Aber wenn Konny kochte – und sei es nur, dass sie einen Topf Wasser zum Kochen bringen wollte –, dann müssten im Hintergrund eigentlich Lachkonserven laufen wie in US-amerikanischen Sitcoms. Lambert traute sich wenigstens Fertiggerichte zu. Die er mit einer eigenen Gewürzkombination aufpeppte.

»Der Mensch, der es schafft, aus einer Packung Spaghetti die Portionen gemäß Mengenangabe zu zaubern, muss erst noch geboren werden. Das hier reicht allenfalls für zwei«, erklärte Kriemhild, nahm ihm das Messer aus der Hand und schob ihn beiseite. »Lassen Sie mich.«

»Jedenfalls ... wie ich Lambert gerade schon erzählte ... hat Frau Giesing ihren Hund einschläfern lassen, obwohl er nicht krank war. Das ist doch höchst verdächtig. Und sowieso unbegreiflich!« Konny stand vor dem Küchenschrank und aß Kekse. Weil, wie jeder wusste, Kalorien, die man im Stehen zu sich nahm, nicht verdaut wurden, sondern – der Schwerkraft folgend – direkt zum Enddarm durchgeschleust und später ausgeschieden wurden.

»Na ja, wenn der Hund bösartig wurde ...«, warf Lambert ein.

»Man lässt doch ein Familienmitglied nicht einfach töten, nur weil es schlechte Laune hat«, hielt Konny dagegen.

Amenhotep kam in die Küche geschlendert. Von den anwesenden Hominiden war ihm Konny die liebste, also rieb er sich an ihren Knöcheln.

Plötzlich hielt er inne.

Moment mal, ich rieche ... Katze! Mein Frauchen hat mich

hintergangen. Sie kuschelt hinter meinem Rücken mit Fremdkatzen!

Konny sah ihren Nacktkater entschuldigend an. »Ich habe niemand gekrault, ich schwöre!«, sagte sie. Das war gelogen, selbstverständlich hatte sie den Perserkater hinter den Ohren gekrault.

Amenhotep sah sie vorwurfsvoll an. *Ich glaube dir kein Wort. Vermutlich hast du dem anderen sogar den Bauch gekrault. Nach all der Zeit, die wir zusammen sind. Nach all den toten Mäusen, die ich dir geschenkt habe, nach all den Haarbällen, die ich extra für dich hochgewürgt habe. Das enttäuscht mich schwer!*

Beleidigt stolzierte er aus der Küche. Wer ihn nicht zu schätzen wusste, hatte ihn nicht verdient!

»Nicht jeder hat so eine kranke Beziehung zu seinem Haustier wie du«, verkündete Kriemhild, die sich daranmachte, die Zwiebeln anzubraten. »Für Menschen, die keinen Kinderersatz suchen, ist der Umgang mit ihren Haustieren nicht so emotional aufgeladen.«

Konny brachte genug Selbstbeherrschung auf, um dieses Thema nicht breitzutreten. Sie konnte ein andermal mit ihrer Schwester streiten. »Es bleibt trotzdem merkwürdig, dass sie so kurz vor ihrem Tod ein Tier einschläfern lässt, mit dem sie über fünfzehn Jahre zusammen war.«

Lambert schürzte die Lippen. »Und was, wenn es gar kein Mord war?«

Kriemhild wollte widersprechen, aber er hob die Hand. »Was, wenn sie neben ihrer Lichtallergie noch an Krebs erkrankt war? Vielleicht ein inoperabler Tumor? Sie wusste, dass sie sterben musste, und fürchtete eine lange Leidenszeit. Dass ihr

Mann sie erschossen hat, war quasi ein Gnadenakt. Um ihr das Schlimmste zu ersparen. Im Schoß der Natur – zack! – das Lebenslicht auspusten.«

Konny nahm sich einen Moment Zeit, um über diese Idee nachzudenken.

Kriemhild nicht. »Und warum hat er dann versucht, mich abzuknallen? Anstatt mir zu erklären, was Sache war?«

»Weil ihn Ihr Auftauchen so überrascht hat?« Lamberts Denkmodell geriet ins Schlingern.

»Pft«, machte Kriemhild.

»Ich kann nur darauf verweisen …«, fing Konny an. Aber was immer sie sagen wollte, verschwand auf Nimmerwiederhören im Äther, denn in diesem Moment fuhr ein Wagen vor.

»Paketpost?«

Lambert sah zur Küchenuhr, die nicht funktionierte. Aber es half ihm, seine innere Uhr zu konsultieren. »Zu spät. Die Paketbotin kommt nie später als halb zwei hier vorbei.«

»Neue Gäste?«

»Wir haben erst nächste Woche wieder Neuzugänge.«

Kriemhild huschte in den Salon zu ihrem Sarg. Konny und Lambert schlichen in Richtung Haustür. In den Wärmeschutzglasscheiben der Aluminiumhaustür wurde ein menschlicher Umriss sichtbar.

»KOSAKENZIPFEL!«, vermeldete Chuck Norris den Neuankömmling. Spät, aber immerhin.

Konny schloss die Küchentür, dann nickte sie Lambert zu.

»Ich kann Sie sehen«, rief Kommissarin Klum ungnädig. »Soll ich hier Wurzeln schlagen oder lassen Sie mich rein?«

Lambert öffnete die Tür. »Entschuldigung, Frau Klum. Wir haben Sie nicht erwartet.«

»Wie auch, ich habe mich nicht angemeldet.« Sie trat mit quietschenden Gummistiefeln ein, ohne hereingebeten worden zu sein. Da kannte sie nichts. Wie immer ein wenig mürrisch dreinschauend und mit einer Aura von glühenden Daumenschrauben. So stellte man sich gemeinhin den Großinquisitor Torquemada vor. »Ich muss zu einem Unfallort. Aber ich wollte Ihnen noch rasch mein vorgetäuschtes Beileid aussprechen.« Frau Klum schnaubte. Sie klang weniger beileidig, mehr beleidigt. »Haben Sie auch nur eine Sekunde lang geglaubt, mein Mann könnte das vor mir verheimlichen?«

Konny fühlte sich wie damals als Zehnjährige, als ihre Lehrerin sie beim Abschreiben erwischt hatte. Und auch Lambert schaute betreten.

»Ich bin aus allen Wolken gefallen, als ich heute Morgen in der Zeitung die Todesanzeige entdeckt habe. Selbstverständlich habe ich ihn sofort angerufen … und den Rest denken Sie sich einfach. Ich habe mit Ihnen ja schon viel erlebt, aber das sprengt wirklich alles. Einen Todesfall vortäuschen? Was haben Sie sich dabei gedacht?«

»Frau Klum …« Konny wollte sich in Erklärungsversuchen ergehen.

Die Kommissarin winkte ab. »Ich bin eine alte Häsin, mich kann man nicht so mir nichts, dir nichts täuschen: Ich kann es riechen, wenn etwas in der Luft liegt und …« Sie schnupperte. »… und hier riecht es nach angebrannten Zwiebeln.«

Lambert wuselte in die Küche. Die Pension war ohnehin östrogenlastig. Und Frau Klum brachte das Östrogenfass nicht nur zum Überlaufen, sie jagte ihm auch Angst ein.

Konny führte die Kommissarin in den Salon. Und zum geschlossenen Sarg.

»Eine private Aufbahrung, das habe ich lange nicht erlebt.« Frau Klum trat an den Sarg und klopfte an. »Ich weiß, dass Sie da drin sind, kommen Sie raus.« War das ein Funkeln in ihren Augen? Hatte sie sich verkniffen, ›mit erhobenen Händen‹ zu sagen?

Weil sich nichts tat, hob Konny den Deckel, bevor Frau Klum ein Sondereinsatzkommando rief. Der Deckel war so schwer, wie der ganze Sarg wuchtig war, und Konny ächzte angestrengt.

Doch dann war der Deckel oben, und sie konnten in den Sarg schauen.

Der leer war.

»Wenn ihr mich sucht, ich bin hier.« Kriemhild humpelte aus dem Badezimmer.

»Herrje, Kriemhild, warum hast du nichts gesagt?«

»Weil es so mehr Spaß macht.« Kriemhild und Frau Klum musterten sich. Zwei Alpha-Wölfinnen, die abcheckten, welche von ihnen an diesem Tag die größere Bissfreude aufwies.

Lambert kam aus der Küche, spürte den Spannungspegel und legte eine Kehrtwende ein.

Weil die Ereignisse der letzten vierundzwanzig Stunden nicht spurlos an Kriemhild vorübergegangen waren, gab sie klein bei. Sie setzte sich auf die Ledercouch. »Nur zu, erzählen Sie aller Welt, dass ich noch lebe. Ich weiß, Sie glauben mir nicht. Aber wenn dieser Giesing mich ebenso umbringt wie seine Frau, dann geht das auf Sie.«

Frau Klum schürzte die Lippen. »Wenn Sie das durchziehen wollen, bitte schön. Nur zu. Ich halte Sie nicht davon ab. Es ist allein Ihre Sache, ob Sie all Ihre Freunde und Verwandten …« Sie brach ab. Vermutlich, weil ihr einfiel, dass Kriemhild nur

einen Freund, nämlich Herrn Hirsch, und nur noch eine Verwandte, nämlich Konny, hatte und die beiden wussten ja Bescheid. Es würde also niemand Kummer leiden, wenn er von Kriemhilds vermeintlichem Ableben erfuhr. »Wie ich schon sagte, muss ich an einen Unfallort. Es wird Sie beide interessieren, wer da verunfallt ist.«
Konny nickte neugierig. Kriemhild hob eine Augenbraue.
»Sie erinnern sich an Herrn Wohlfahrt? Den Autohändler, der Giesing ein Alibi gegeben hat?«
Und wie die Schwestern sich an ihn erinnerten. Sie hatten noch deutlich vor Augen, wie er sie in der vergangenen Nacht gejagt hatte.
»Äh … ja«, sagte Konny.
»Er ist tot. Man hat ihn in seinem Wagen aus dem Fluss gefischt.«
Konny riss Mund und Augen auf. »Wie bitte?«
»Ich kann noch gar nichts zu dem Unfall sagen. Ich weiß nur, dass Wohlfahrt tot hinter dem Steuer saß. Und im Kofferraum fand man eine Frauenleiche.«
Konny musste sich am Sarg abstützen, sonst wäre sie umgefallen.
»Ich wusste es!«, rief Kriemhild.
»Und war es …?«, fragte Konny.
»Die Frau trug einen Kaftan mit Blumenmuster. So hat Ihre Schwester ja die Tote im Wald beschrieben.« Frau Klums Handy vibrierte. Sie sah auf das Display und steckte es wieder weg. »Ich muss jetzt los. Für mich ist dieser Unfall Anlass genug, einen Durchsuchungsbefehl für Giesings Villa zu beantragen.« Frau Klum schaute ernst.
Konny, die am liebsten einen Freudenschrei ausgestoßen und

ein Triumphtänzchen hingelegt hätte, strengte sich enorm an, angemessen ernst dreinzuschauen. »Danke, dass Sie uns das gesagt haben, Frau Klum«, sagte sie.

Frau Klum nickte. »Ich melde mich heute Abend, wenn ich Näheres weiß.« Sie drehte sich abrupt um und verließ die Pension.

Erst als der Dienstwagen der Kommissarin weit hinten am Ende der Zufahrt auf die Landstraße bog, hüpfte Konny begeistert in die Luft.

»Hast du das gehört, Kriemhild?«

Kriemhild hielt das für eine rhetorische Frage – zu Recht. Natürlich hatte sie das gehört, sie saß ja die ganze Zeit dabei. Ihr schossen gerade ganz andere Gedanken durch den Kopf.

Konny, enttäuscht über die mangelnde Reaktion ihrer Schwester, lief in die Küche. »Haben Sie das gehört, Lambert?«

Der nickte, weil er aufgrund der guten Akustik und der weit offenen Türen tatsächlich alles mitbekommen hatte.

Konny strahlte. »Frau Giesing wird gerächt! Ich finde, das ist Grund genug, den Prosecco kaltzustellen!«

Schlafende Mörder soll man nicht wecken!

»Das kommt überhaupt nicht in die Tüte!« Konny verschränkte die Arme und baute sich wie ein lebendes Verbotsschild vor der Schlafzimmertür auf.
»Sag du mir nicht, was in die Tüte kommt und was nicht.« Kriemhild schälte sich aus ihrem Nachthemd, das ihr gleichzeitig als Totenhemd diente.
Konny hatte einen Flashback zurück in den Tante-Emma-Laden ihrer Kindheit, wo sie mit ihrer Schwester exakt die gleiche Unterhaltung geführt hatte, als es darum ging, welche Brausestangen der Mann der Tante Emma in die Tüte packen sollte: Apfel-, Himbeer- oder Cola-Geschmack.
In diesem Moment ging es aber um eine gänzlich andere Tüte.
»Du wirst dieses Haus nicht verlassen. Basta!«
Kriemhild schlüpfte in ihre blaue Stoffhose. Jeans trug sie prinzipiell nie, die hielt sie für unweiblich. »Ich will mit eigenen Augen sehen, wie dieser Mörder überführt wird.«
»Die nehmen dich sowieso nicht mit in die Villa. Lass uns einfach hier abwarten, bis Frau Klum uns anruft.«
»Du kannst ruhig Däumchen drehen. Ich will dabei sein!«
»Giesing darf nicht wissen, dass du noch lebst!«
»Sobald sie ihn verhaftet haben, kann er mir doch nichts mehr antun. Reg dich ab.«
»Und wenn sie nichts finden? Wenn sie ihm heute noch nichts nachweisen können? Wenn er auf freiem Fuß bleibt? Dann steht er heute Nacht hier auf der Matte! Mit dem Revolver in der Hand.«

Verkehrte Welt. Früher war Konny immer diejenige gewesen, die ohne groß nachzudenken vorauspreschte. Kriemhild war widerwillig gefolgt, stets mehr aus Beschützerinstinkt als aus Abenteuerlust. Und nun machte Konny auf Kindergärtnerin, und Kriemhild war das Kind, das nichts als Flausen im Kopf hatte.

»Die finden was, da bin ich sicher.« Kriemhild knöpfte die hellblaue Bluse zu. Bis zum obersten Knopf.

»Hör zu, wir wissen doch gar nicht, wo Giesing sich aufhält. Vielleicht ist er von seiner Eröffnungsrede nicht zurückgekehrt. Und dann? Selbst wenn sie etwas finden, können sie ihn nicht gleich einbehalten. Der wollte dich schon mal umbringen, der versucht das wieder. Du bist das Einzige, was ihn von einem Leben im Knast trennt. Er *muss* dich umbringen!«

Konny wurde ganz schwummrig, wenn sie daran dachte, wie Bauer Schober ihre Schwester ins Haus getragen hatte – blutüberströmt und vermeintlich tot. Das wollte sie auf gar keinen Fall noch einmal erleben. Sie schaltete auf stur. »Alle halten dich für tot, und genau das ist die Garantie, dass du am Leben bleibst!«

Kriemhild hielt inne. Von außen betrachtet mochte ihr Leben nicht viel hergeben – fast dreißig Jahre lang Hausfrau, keine Kinder, keine Hobbys, keine Auslandsreisen, keine Abenteuer, nichts. Aber sie hing am Leben und glaubte fest, dass jeder Tag ein Geschenk war. Man verzichtete nicht freiwillig auf Geschenke!

»Ich sollte mich unkenntlich machen.« Das sagte sie mehr zu sich selbst als zu Konny. Lieber würde sie sich die Zunge abbeißen, als laut und vernehmlich einzugestehen, dass ihre Schwester recht hatte.

»Gute Idee«, meinte Konny, die wusste, dass man froh sein konnte, wenn der Gegner am Boden lag und die weiße Fahne schwenkte, und man tunlichst nicht darauf herumreiten sollte, damit die Gegenseite nicht doch noch allerletzte Reserven mobilisierte und aus der Horizontalen schoss. »Wir sorgen dafür, dass er uns nicht erkennt.«

»Wieso wir? Lass mich das allein machen. Einzeln fällt man weniger auf.«

»Wo du hingehst, da gehe auch ich hin.«

Gleich darauf stiegen Konny und Kriemhild die Treppe hinunter. Beide trugen Übergangsmäntel mit hochgestelltem Kragen und Sonnenbrillen. Die Haare – einmal dunkel gefärbter Lockenkopf und einmal zur Scheitelkrone hochgesteckter, eisengrauer Zopf – steckten unter Kopftüchern.

Lambert Kaiser, der unten gerade auf den Gong schlagen wollte, um anzuzeigen, dass die Pasta fertig war, seufzte innerlich. Er ahnte, dass er die Nudeln allein vertilgen musste. Höchstens noch mit Hilfe von Amenhotep und Chuck Norris, beide große Pastafreunde. »Meine Damen, wollen Sie so aus dem Haus? Falls ja, dann hoffentlich nur, um als Komparsen in einer Agentenklamotte über den Kalten Krieg mitzuspielen.«

»Wir wollen dabei sein, wenn dieser Giesing von Frau Klum verhaftet wird. Und so erkennt uns keiner.« Konny strahlte. Die Trenchcoats waren ihre Idee gewesen, Kriemhild hatte Kopftücher und Sonnenbrillen ins Spiel gebracht.

Lambert Kaiser traf innerlich der Schlag. Die beiden wollten als Schaulustige der Durchsuchung beiwohnen? Das war doch … verrückt!

»Wenn ich ganz offen sein darf …« Lambert zögerte. Konny und Kriemhild, die eine klein und drall, die andere groß und knochig, waren sowas von sofort zu erkennen. Sie hätten sich auch gleich Namensschilder und blinkende Neon-Pfeile umhängen können. Er wusste ehrlich nicht, wie er das jetzt einigermaßen diplomatisch formulieren sollte.

Bauer Schober nahm ihm diese Arbeit ab. Der tauchte plötzlich in der offenen Hintertür der Pension auf und rief: »Hallo, Herr Kaiser. Konny. Kriemhild. Ich bringe die Wochenlieferung Kartoffeln und Gemüse. Soll ich den Korb einfach in die Küche stellen?« Er verschwand in der Küche, ohne die Antwort abzuwarten.

Lambert wies mit beiden Händen in Richtung Küche. »Was er sagt … Man erkennt Sie sofort. Sie sind einfach zu … markant.«

»Er hat uns erkannt, weil er mit uns gerechnet hat«, meinte Kriemhild.

Bauer Schober kam aus der Küche, nickte und ging. Er war kein Mann vieler Worte.

Konny sah ihm nach und seufzte. »Nein, Lambert hat recht. Selbst mit Mantel und Sonnenbrille besteht die Gefahr, dass Giesing uns erkennt.«

»So schnell werfe ich nicht das Handtuch!« Unter Druck lief Kriemhild zur Höchstform auf. »Weißt du noch, was wir ganz zu Anfang unserer Pensionszeit in unser Fundbüro aufgenommen haben?«

Das *Fundbüro* war ein alter Schrankkoffer im Büro, der – nunmehr in der Waagerechten – als Deko-Anrichte und Sitzbank fungierte und in dem die Schwestern alles deponierten, was ihre Gäste vergaßen und auf Nachfrage nicht nachgesendet haben wollten, weil das Vergessene die Portokosten nicht wert war. Vor der Sanierung hatten sie die Pension nicht einmal zwölf Monate betrieben, aber der Koffer war schon fast randvoll mit diversen Kleidungsstücken, einer Blockflöte, einem Einmachglas mit dritten Zähnen, zwei einzelnen Schuhen und einem ausgestopften Eichhörnchen.

Während Konny noch überlegte, humpelte Kriemhild ins Büro und wühlte in den Untiefen des Schrankkoffers. Man hörte ein leises »Heureka!«, dann kam sie zurück, zwei lapislazuliblaue Stoffbahnen in der Hand.

»Nein!«, erklärte Konny, als die Erinnerung mit Schmackes zurückkehrte. »Ganz sicher nicht! Das ist lächerlich. Und politisch unkorrekt.«

»Entweder das … oder du bleibst hier und lässt mich die Sache allein durchziehen!« Kriemhild legte die Stoffbahnen über das Geländer und schälte sich aus ihrem Mantel. »Lambert, helfen Sie mir.«

»Wobei?«

»Die Burka anzulegen.«

»Äh … was?«

Kriemhild nahm die Stoffbahnen auseinander. Es handelte sich um zwei afghanische Burkas mit Rundum-Abdeckung des Körpers. Natürlich keine Originalbekleidung, von weltreisenden Taliban-Gattinnen zurückgelassen, sondern Faschingskostüme, was man daran erkannte, dass die Burkas zu einhundert Prozent aus Polyester bestanden und ein Schildchen mit der Aufschrift *Made in China* unten im Saum eingenäht war.

»Du brauchst dafür doch keine Hilfe. Du musst dir das einfach nur über den Kopf ziehen und fertig«, sagte Konny. Im ersten Moment hatte sie gedacht, dass dies die dümmste Idee der Menschheitsgeschichte sein musste, aber allmählich fand sie Gefallen an der Vorstellung, abseits von Karneval und Fasnacht ein Kostüm zu tragen.

»Das ist nicht Ihr Ernst, oder?« Schon als er die Frage aussprach, war Lambert klar, dass die Schwestern nicht davor zurückschrecken würden, sich in Burkas gehüllt bei einer offiziellen Polizeidurchsuchung einzuschleichen. Er schüttelte fassungslos den Kopf. Wenn er nicht diese panische Flugangst hätte, könnte er jetzt in Singapur sein und in der Präsidentensuite Rosenblätter für einen brasilianischen Millionär auf Hochzeitsreise oder einen Rockstar mit Duftfetisch verteilen. Aber nein, er verkroch sich hier in der Provinz in einer Pension mit zwei älteren Damen, bei denen nicht ganz klar war, ob sie nicht womöglich in die geschlossene Abteilung eines Irrenhauses gehörten. Lambert korrigierte sich: Es wurde sekündlich klarer, wo sie hingehörten …

»Es tut mir leid, Lambert«, sagte Konny und zog sich die Burka über. »Aber die Pasta haben Sie nicht umsonst gemacht. Wir wärmen sie uns auf, wenn wir zurückkommen.« Ihr kam noch ein Nachgedanke: »Wären Sie wohl so nett, uns Ihr Auto zu leihen? Mit dem Motorrad können wir so ja nicht fahren.«

Lambert seufzte.

Sehr viel unauffälliger waren Konny und Kriemhild mit ihren leuchtend lapislazuli-blauen Burkas in dem kleinen, gelben Smart dann aber auch nicht. Sie sahen ein bisschen so aus wie etwas, das man in einem Überraschungsei finden würde. Nur in groß.

»Ist schon alles vorbei?«, fragte Kriemhild enttäuscht, als sie im Schritttempo an Giesings Bungalow vorbeifuhren. Sie hatte mit Mannschaftswagen und Großeinsatz gerechnet – vielleicht sogar ein Hubschrauber mit Wärmekamera, der über dem Grundstück kreiste, falls Giesing sich absetzen wollte.

»Die machen das diskret, er ist schließlich eine stadtbekannte Hausnummer.« Konny bog in die nächste Querstraße und fand einen Parkplatz. Eigentlich keinen Parkplatz, nur eine schmale Lücke, in die der Smart ohne Gleitcreme so eben noch hineinpasste.

Die hagere Kriemhild stieg aus. Bis Konny sich allerdings aus dem Fahrersitz gequetscht hatte, verging dann noch einige Zeit.

»Mach hin«, verlangte Kriemhild.

Sie kamen zu der Ligusterhecke der Giesings und spechteten zum Bungalow. Die fette, schwarze Limousine des Hausherrn war von einem Dienstwagen der Polizei und einem Streifenwagen eingeparkt.

»Man kriegt ja gar nichts mit.« Kriemhild klang erbost.

»Was hast du erwartet? Dass im Minutentakt ein Marktschreier vor die Haustür tritt und über Megafon die neuesten Entwicklungen verkündet? Höret, höret, ich tue euch kund und zu wissen, dass die Schergen die Tatwaffe im Eisfach fanden?« Konny rollte mit den Augen.

Ein uniformierter Beamter trat mit seinem Handy am Ohr vor die Haustür.

Konny und Kriemhild zuckten zurück.

Kriemhild wuselte zum Nachbargrundstück mit der Pforte in der Hecke.

Aber in dem Wintergarten, der zu dem Haus gehörte, saß eine Frau im Rollstuhl. Als sie die beiden Burkaträgerinnen entdeckte, legte sie ihr Sudoku-Heft ab und beobachtete sie unverhohlen neugierig.

Das war der Nachteil an leuchtend blauen Burkas, man fiel auf. Wobei zwei Burka-tragende Frauen im besten Wohngebiet einer süddeutschen Kleinstadt definitiv immer auffallen würden, auch wenn die Burkas in zarten Pastelltönen gehalten wären.

»Hintenrum«, schlug Konny vor.

Aufrecht und untergehakt umrundeten sie das Grundstück, bogen in die Querstraße, wo auch der Smart stand, schauten sich unauffällig um, stiegen dann hinter dem Haus der Sudoku-Spielerin über das wadenhohe Mäuerchen in den Garten und liefen zu der Pforte, die ihnen schon vertraut war. Wobei sie erst über eine Beet-Umrandung, dann über einen Gummiball auf dem Rasen stolperten. Man sah nicht wirklich gut hinter dem Gitterfenster im Kopfteil der Burka. Zudem war es ein ungewöhnlich warmer Tag für die Jahreszeit, und die Burkas bestanden aus nicht atmungsaktivem Polyester. Konny schwitzte sich einen Bär.

»Duck dich!«, rief sie Kriemhild zu. »Falls die Frau nach hinten gerollt ist, um zu sehen, wo wir abgeblieben sind, gibt es Terroralarm!«

»So schnell rollt es sich nicht.« Kriemhild hatte – trotz Humpeln – schon längst die Pforte erreicht, die zum Tennisplatz des Giesing'schen Anwesens führte. Das Terrain zu kennen, beschleunigte unerlaubtes Betreten ungemein.

Als Konny sie einholte, kauerte ihre Schwester hinter einem Buchsbaum, der in Form eines Bären geschnitten war. Bei ihrem nächtlichen Besuch hatten sie trotz Mondlicht die Feinheiten der Gartenarchitektur nicht mitbekommen. Außer dem Bären gab es noch einen Elefanten, einen Wal und – weiter hinten – einen Bison. Da hatte jemand exzessiv seine kreative

Seite ausgetobt. Und seine Liebe für stattliche Vertreter der Tierwelt.
Immerhin boten die Buchswesen auf diese Weise ausreichend Sichtschutz für Konnys breite Hüften.
Von ihren Verstecken aus hatten die Schwestern nicht nur einen erstklassigen Blick in den verglasten Poolbereich, sie konnten auch hören, was Frau Klum gerade zu Herrn Giesing sagte. Die beiden standen nämlich vor der geöffneten Terrassentür.
In der Tür, die zum Flur führte, sah man einen Mann in Lederjacke und einen jungen Streifenbeamten. Der Beamte – leicht grün im Gesicht und mit roten Backen, nur an der Stirn noch fleischfarben, und so insgesamt einer menschlichen Ampel nicht unähnlich – kam Konny irgendwie bekannt vor.
Es ging heiß her im Bungalow. Offenbar war Frau Klum mit ihren Mannen gerade erst eingetroffen. Giesing war fuchsteufelswild und schlug mit der Faust auf ein offiziell aussehendes Papier ein, das er in der anderen Hand hielt.
»Das wird Ihrer Karriere schaden, das kann ich Ihnen versichern!«, brüllte er. »Das ist reine Behördenschikane! Einen unbescholtenen Mann derart zu drangsalieren …«
Frau Klum hatte es nicht mehr lang bis zur Pensionierung. Ihre Angst vor einem Karriereknick hielt sich daher in Grenzen. »Wir halten uns strikt an die Vorschriften. Von Drangsalierung kann nicht die Rede sein.« In ihrem Tweedkostüm und den Gummistiefeln erinnerte sie ein wenig an Margaret Rutherford als Miss Marple. Und genauso starrköpfig presste sie jetzt die Lippen zusammen.
»Man unterstellt mir – mir! – kriminelle Aktivitäten? Auf die Aussage einer spinnerten alten Jungfer hin!«, dröhnte Gie-

sing. Er hatte beim Eintreffen der Polizei wohl gerade eine Runde im Pool drehen wollen, denn er trug einen Frotteemantel mit dem Logo einer großen Luxushotelkette, der über seiner Körpermitte allerdings aufklaffte und den Blicken der Schwestern einen deutlich zu engen, roten Mikrofaser-Bade-Tanga feilbot.

»Der verwechselt mich mit dir!«, zischelte Kriemhild erbost. »Ich bin Witwe, keine alte …«

Konny warf ihr einen warnenden Blick zu. »Pst!«

»Ich sagte doch, ich habe ein Alibi!« Giesing spuckte Galle. Dabei glitt sein Bademantel noch weiter auf. Die hautenge Badehose war definitiv nicht die ideale Bekleidung für seinen Altmännerkörper. Irgendwo hauchte ein Stylist sein Leben aus.

»Ihr *Alibi* wurde heute Mittag tot in seinem Wagen aufgefunden. In einer Flussschleife. Mit einer Frauenleiche im Kofferraum.«

Das erschütterte Giesing nicht weiter. »Ich bin heute Vormittag erst zurückgekommen. Im Wagen einer Landtagsabgeordneten. Ich habe ganz sicher niemanden in den Fluss gekippt!«

»Wir sind nicht wegen Herrn Wohlfahrt hier. Das könnte durchaus auch ein Unfall gewesen sein.« Kommissarin Klum drehte sich in Richtung Küche. »Nein, wir ermitteln immer noch im Fall …«

»Im Fall meiner angeblich toten Frau? Ha!« Giesing plusterte sich auf.

Was Konny und Kriemhild auf die Entfernung und wegen des Burkagitters nicht sehen, aber sehr deutlich in seiner Stimme hören konnten. »Vielleicht ist jetzt mein Alibi flöten.

Und womöglich hat sich der Philipp in jener Nacht weggeschlichen und … irgendwas angestellt, was weiß ich. Wenn ich schlafe, schlafe ich. Aber deswegen bin *ich* noch lange keines Verbrechens schuldig!«

»Wenn Herr Wohlfahrt sich wegschleichen konnte, dann gilt das auch für Sie«, machte die Kommissarin deutlich. Sie drehte sich wieder zum Garten. In ihrem Tweedkostüm war ihr sicher warm. Im Gegensatz zu den Schwestern konnte sie sich aber Frischluft verschaffen. Sie knöpfte das Jackett auf und stellte sich in die offene Tür.

Giesing hob abwehrend beide Hände. »Sie glauben immer noch allen Ernstes, ich hätte meine Frau ermordet? Ein Affront sondergleichen! Und darüber hinaus absolut lächerlich!« Er stemmte die Hände auf die Hüften. Die Mühe, den Bademantel zu schließen, machte er sich nicht. »Ich kann meine Frau gar nicht ermordet haben!«

Er schwieg.

Kommissarin Klum tat ihm den Gefallen. »Warum nicht?«

»Weil sie noch lebt!« Seine Stimme transportierte jetzt ein Triumphlächeln. »Schatzi, kommst du bitte mal.«

»Jaha, Schmusibusi.«

Den Schwestern verschlug es den Atem. Ihre Köpfe schossen nach oben.

Aus dem hinteren Teil des Bungalows, dort, wo sich das Schlafzimmer und auch der Zugang zum Dungeon befanden, tänzelte eine Blondine im Bikini heran. Die lebende Barbie-Puppe war sehr blond, der Bikini sehr knapp, ihr Busen sehr üppig. Kurzum: eine wandelnde Lustgreisphantasie. Aber auch die anwesenden, jungen Polizisten begannen zu hecheln. Das war eine automatische Reaktion, sie konnten nichts dafür. Die allzeit bereite Begattungslaune mit Hechelatem war Bestandteil der biologischen Überlebensprogrammierung von Testosteron-Trägern. Ausnahmen bestätigen die Regel. Weil sie aber moderne Männer waren, hechelten sie lautlos und taten unbeteiligt.

»Liebling, sag hallo zu Kommissarin Klum.«

»Hallo, Frau Kommissarin. Freut mich sehr. Ich bin Mechthild Giesing.«

Die Realität wird überschätzt – sie ist doch höchstens zu zehn Prozent real

Konny hatte so viel Kaffee intus, dass sie das Geschnatter von Delphinen hätte übersetzen können. Wenn sie nüchtern gewesen wäre. Aber auf den Schreck, Giesings Frau lebendig vor sich zu sehen, war es Kaffee mit Schuss gewesen. In allen fünf Tassen.

Jetzt huschte sie wie Flash hin und her und auf und ab und rund um den Sarg.

Als bekennender Kaffeejunkie trank Konny, wie von Ärzten verlangt, mindestens eineinhalb Liter Wasser am Tag – sie filterte das Wasser nur vorher in der Kaffeemaschine. Aber an diesem Spätnachmittag beziehungsweise Frühabend hatte sie eindeutig zu hoch dosiert.

»Du machst mich wahnsinnig!«, schimpfte Kriemhild, die aufrecht im Sarg saß, weil sie es dort bequemer fand als auf dem Sofa. Sie hielt einen Teller mit Spaghetti in der Hand, stocherte aber lustlos in ihrem Essen herum. Wenn jemand geschockt sein sollte, dann doch wohl sie.

Amenhotep lag auf der Lehne des Sofas und angelte mit der Pfote nach den Nudeln auf Konnys Teller, der unangetastet auf dem Couchtisch stand.

»Hast du nicht gehört? Du machst mich wahnsinnig!«

Konny blieb stehen, wippte aber auf und ab. »Ich begreife das nicht – wieso ist sie noch am Leben?« Sie war an dem Punkt des Betrunkenseins, wo der Körper ein Eigenleben entwickelt, die Artikulation aber noch funktionierte.

Die Schwestern hatten es tatsächlich zurück zu Lamberts

Smart geschafft. Unbehelligt, aber natürlich nicht unentdeckt.

Alle, wirklich alle – die Giesings, die Polizisten, Frau Klum und die Sudoku-Nachbarin im Rollstuhl – hatten mitbekommen, dass zwei rundumverschleierte Personen wie von der Tarantel gestochen aus dem Garten schossen. Aber keiner hatte die Verfolgung aufgenommen.

Jetzt herrschte die große Ratlosigkeit in der Pension. Ratlosigkeit und das Duft-Aroma einer Schulsporthalle, weil Konny und Kriemhild unter den Polyesterburkas klatschnass geschwitzt waren und seit ihrer Rückkehr noch nicht geduscht hatten.

»Frau Giesing *kann* nicht am Leben sein! Ich weiß, was ich gesehen habe!«, erklärte Kriemhild.

»Sie haben gesehen, wie Giesing eine Frau erschossen hat. Nur offensichtlich nicht seine eigene.« Lambert, der die Spaghetti extra in der Mikrowelle aufgewärmt hatte, nahm Kriemhild den Teller ab.

»Aber …«, wandte Kriemhild ein. Sie kam nicht dazu, ihren Einwand in Worte zu fassen.

Die gefiederte Alarmanlage im Büro schlug an. »ROTZBLAGEN, VERLAUSTE!«

Konny drückte ihre Schwester in die Horizontale und knallte mit lautem Donnern den Sargdeckel zu. Keine Sekunde zu früh.

Klein-Wilmer kam in den Salon gerannt. Was bewies, dass Chuck Norris ganz nah dran war an der korrekten Gesichtserkennung. »Hallo«, rief das Balg.

Seine Eltern tauchten hinter ihm im Türrahmen auf.

»Was machen Sie denn da?« Frau Friedrich sah relativ entsetzt auf den Teller mit den Spaghetti, dann auf den Sarg, dann wieder auf den Teller.

»Danke, Herr Kaiser«, sagte Konny und nahm Lambert den Teller ab, wobei ihr beinahe die Nudeln auf den Teppich gerutscht wären. »Ich wollte gerade mein Abendessen mit meiner Schwester einnehmen.«

»Ihre Schwester ist tot«, erklärte Frau Friedrich, nur für den Fall, dass Konny das entgangen sein sollte.

»Stimmt … deswegen halten wir Totenwache. Auf die irische Art. Dazu gehören essen, trinken, Erinnerungen an die Verblichene teilen …«, improvisierte Konny und ließ dafür vor ihrem inneren Auge sämtliche irischen Filme Revue passieren, die sie kannte. Mehrheitlich sah sie Guinness-Gläser vor sich. »Trinken«, wiederholte sie daher.

Die Friedrichs kannten sich mit den Totenzeremonien anderer Länder nicht aus und besaßen auch kein Fernsehgerät, um die zarte Kinderseele ihres Wilmer nicht durch Dauerberieselung aus der Konserve zu korrumpieren. Sie fanden das gemütliche Beisammensein mit der frisch Verblichenen tendenziell eher nicht so prickelnd, aber sie wussten nicht, ob ihre Wirtinnen womöglich irische Wurzeln hatten und wollten sich respektvoll zeigen.

»Sie sollten nicht allein sein. Wir würden gern das Abendessen hier mit Ihnen einnehmen«, bot Herr Friedrich an, nachdem er sich zuvor per Blickkontakt bei seiner Gattin rückversichert hatte.

»Ja, sehr gern sogar«, rief Frau Friedrich, die sich von ihrem Ehegespons nicht in Sachen Einfühlsamkeit abhängen lassen wollte. »Dann können Sie uns von Ihrer Schwester erzählen, während wir essen. Sie haben sicher viel Schönes zusammen erlebt.«

Konny rülpste. »'tschuldigung.«
Sohnemann Friedrich fingerte an dem Sarg herum, als wolle er den Deckel anheben. Konny schob ihn beiseite. Obwohl er anzunehmenderweise gar nicht stark genug gewesen wäre.
»Das ist wirklich nicht nötig, wir haben doch schon im Esszimmer eingedeckt«, erklärte sie mit besonders viel Nachdruck in der Stimme, aber da kündigte der Papagei neuen Besuch an. »VERLAUSTE KANALRATTEN!«
Es waren die Senftlebens, mit hungrigen Mägen. Die Schwestern hatten zwar nur eine Bed-&-Breakfast-Pension, aber gegen Aufpreis konnte man auch Halbpension buchen. Was die Friedrichs und die Senftlebens getan hatten. Die beiden Wanderinnen wollten ihre Tagestouren nicht nach der Uhr machen und hatten darauf verzichtet. Und Herr Hopp intervalldiätete nach einer Methode, gemäß der er nach vier Uhr nachmittags und vor zehn Uhr morgens keine feste Nahrung mehr zu sich nehmen durfte. Oder zwischen zwölf Uhr mittags und zwei Uhr nachts, Konny hatte da nicht aufmerksam zugehört.
»Guten Abend«, sagten die Senftlebens unisono. Sie äugten unsicher vom Flur in den Salon. Der durchschnittlich sozialisierte Westeuropäer reagiert in Anwesenheit einer Leiche grundsätzlich befangen.
»Wir halten eine Leichenwache nach irischem Vorbild ab«, erläuterte Herr Friedrich. »Möchten Sie sich uns nicht anschließen? Zu Ehren der Verstorbenen wollen wir hier Pasta essen und Erinnerungen an sie hören.«
»Und trinken«, ergänzte Konny. *Viel trinken*, dachte sie und setzte Amenhotep von der Sofalehne auf den Sarg, damit keiner auf die Idee kam, den Deckel zu lupfen, nahm den Kat-

zenteller mit den mittlerweile kalten Spaghetti, die Amenhotep übrig gelassen hatte, und dirigierte Lambert in die Küche.

»Ich hatte Brote und Aufschnitt vorbereitet, nichts Warmes.« Lambert klang zerknirscht. Auch wenn Küchendienste in seiner Stellenbeschreibung ausdrücklich ausgenommen waren, war er viel zu sehr Profi, um nicht Hand anzulegen, wenn er sah, dass es irgendwo klemmte. Seine Fähigkeiten reichten allerdings nur zur Kaltmamsell, nicht zum Chefkoch. »Wir haben noch eine Packung Nudeln, aber keine Soße.«

»Na wunderbar. Hier.« Konny drückte ihm den Teller mit den Katzen-Spaghetti in die Hand. »Die hier mengen Sie unter die frischen Nudeln und gießen reichlich Olivenöl drüber, dann flutscht es besser.«

Lambert wirkte unglücklich. Er war Perfektionist, und diese Lösung war alles andere als perfekt. »Die Gäste werden nicht zufrieden sein«, prognostizierte er.

»Doch!« Konny holte zwei Flaschen Whisky aus dem Geheimvorrat abseits der Globus-Bar und eilte zurück in den Salon. Unterwegs überlegte sie, wie lange wohl der Sauerstoffvorrat in so einem Sarg reichte …

Konny öffnete gerade die erste Flasche, als Chuck Norris kreischte: »SAUBANDE!«

War ja klar, dass an einem Abend wie diesem unerwartete Gäste ins Haus schneiten. In diesem Fall nicht nur unerwartet, sondern auch unerwünscht.

»Herrschaften!«, brummte Kommissarin Klum anstatt einer Begrüßung, als sie in den Salon trat. Sie hatte einen jungen Kollegen im Schlepptau, der trotz der milden Abendtemperaturen eine Lederjacke trug und einen Zahnstocher zwischen den Lippen jonglierte, weil er das offenbar für cool hielt.

Konny ahnte Schlimmes. Schlagartig fühlte sie sich wieder nüchtern.

»Auch einen Whisky?«, bot sie an. Sie nahm aus der Anrichte im Salon ein Tablett mit Schnapsgläsern und schenkte rundum ein. »Wir trinken auf das Wohl meiner verstorbenen Schwester.«

»Hm.« Frau Klum guckte streng.

Der junge Beamte griff nach dem offerierten Glas. »Ich bin nicht mehr im Dienst. Meine Chefin ist eigentlich dabei, mich in ihrem Wagen nach Hause zu bringen. Sie wollte nur kurz einen Schlenker zu Ihnen machen«, erklärte er, obwohl ihn niemand um eine Erklärung gebeten hatte.

Als alle ein Glas in der Hand hielten – mit Ausnahme von Frau Klum und Wilmer –, rief Konny: »Auf meine Schwester!«

Alle tranken auf ex.

Frau Klum nickte in Richtung Flur. »Konny, kann ich Sie kurz sprechen?«

Wie ein Hirte ein ausgebüxtes Schaf zurück zur Herde trieb, lenkte die Kommissarin Konny durch den Flur ins Büro. Chuck Norris krallte sich in das Gitter seiner Voliere und wippte mit dem Kopf. Er glaubte natürlich, die Frauen seien seinetwegen hier.

»Was sollte denn das heute Nachmittag bei den Giesings? Und spielen Sie jetzt bloß nicht die Ahnungslose, sonst vergesse ich mich!«

Konny holte tief Luft. Sie hatte in ihrem Leben schon viel geflunkert und fühlte sich dieser Herausforderung gewachsen. »Das …«

Lambert hatte die lapislazuli-blauen Burkas ordentlich gefaltet auf den geschlossenen Schrankkoffer gelegt. Frau Klum hob sie mit spitzen Fingern an.

Leugnen war zwecklos. Dass es in einer süddeutschen Kleinstadt an ein und demselben Tag mehr als zwei lapislazuliblaue Burkaträgerinnen geben sollte, war ausgeschlossen. » … waren wir, stimmt. Kriemhild war durch den Wind … sie wollte unbedingt sehen, ob Sie etwas gefunden haben … bei diesem Mörder!«

Frau Klum seufzte. »Wir haben nichts gefunden. Bis auf Frau Giesing.«

»Na gut, dann hat er eben seine eigene Frau nicht ermordet«, räumte Konny ein. »Aber das heißt noch lange nicht, dass er nicht ganz generell ein Frauenmörder sein könnte. Kriemhild hat doch gesehen, wie er …«

»Ja, ich weiß. Ich nehme die Aussage Ihrer Schwester auch ernst. Aber Frau Giesing lebt. Da beißt die Maus keinen Faden ab.« Die Kommissarin setzte sich auf den Schreibtischstuhl. »Momentan gehe ich davon aus, dass Ihre Schwester gesehen hat, wie Philipp Wohlfahrt eine uns noch unbekannte Frau erschossen hat. Als er heute in den frühen Morgenstunden die Leiche entsorgen wollte, baute er in der Hektik einen Unfall, der für ihn tödlich endete.«

Chuck Norris dämmerte, dass die beiden Frauen doch nicht ihm zuliebe hier waren. Er wurde unzufrieden. Und wenn er unzufrieden war, verhieß das nichts Gutes. Erst einmal beschränkte er sich darauf, wie verrückt in der Voliere auf und ab zu toben. Sand und Federn stoben.

»Aber Kriemhild hat Herrn Giesing eindeutig erkannt!« Wenn Konny ganz ehrlich war, reckte doch ein klitzekleiner Zweifel sein Haupt. Mal abgesehen von dem Schnauzbart, waren Gie-

sing und Wohlfahrt von der Statur her ähnlich. Und im Eifer des Gefechts hatte Kriemhild das Oberlippenbärtchen vielleicht einfach übersehen?
Frau Klum erschnupperte Zweifel wie ein Trüffelschwein eine Trüffel. »Zeugenaussagen sind immer mit Vorsicht zu genießen. Der Adrenalinrausch in einer lebensbedrohlichen Situation kann durchaus zu einer verschwommenen Wahrnehmung führen. Aber ich versichere Ihnen, dass ich alles tue, um diesen Fall zu lösen. In Wohlfahrts Wagen fand sich eine Handfeuerwaffe. Das Labor hat schon bestätigt, dass die Tote damit erschossen wurde. Und sobald wir ihre Identität kennen, wissen wir, in welcher Verbindung sie zu Wohlfahrt stand.«
»Und zu Giesing!«, sagte Konny, weil sie Kriemhild nicht in den Rücken fallen wollte. Sie sah auf die Uhr. Es war ein großer Sarg, aber dennoch war der Sauerstoffvorrat begrenzt. Wie lange lag Kriemhild jetzt schon im verschlossenen Mahagoni-Sarkophag? »Ich verspreche, mich nicht mehr einzumischen«, sagte sie zu Frau Klum. »Und ich werde mein Möglichstes tun, damit das auch auf Kriemhild zutrifft.«
»Mehr wollte ich gar nicht hören.« Die Kommissarin lächelte und stand auf. »Mein Mann lässt Sie beide übrigens grüßen. Er hat vorsorglich einen Urlaubstag in der Reha beantragt, damit er rechtzeitig zur Trauerfeier hier sein kann, falls Sie das tatsächlich durchziehen.«
Lambert hatte dem Bestatter an diesem Tag bereits eine erkleckliche Summe für die Vorbereitung der Trauerfeier überwiesen. Natürlich würden sie das jetzt durchziehen!
»Grüßen Sie ihn zurück. Er soll aber lieber keinen Stress auf sich nehmen. Hauptsache, man kann ihm dort helfen«, sagte

sie mit dem Gesichtsausdruck einer Heiligen, die immer zuerst an andere und zuletzt an sich selbst denkt.

Frau Klum nickte, trat in den Flur und brüllte: »Nikowitz!«

Ihr Kollege in der Lederjacke kam angespurtet. Immer noch den Zahnstocher im Mund. Konny hatte große Sorge, er könne straucheln und sich pfählen. Aber er schaffte es stolperfrei zum Wagen.

Konny wartete, bis die Limousine auf die Landstraße bog, dann eilte sie zurück in den Salon. Mission: Gäste loswerden, Sargdeckel öffnen, Kriemhild Luft zufächeln.

Aber das erwies sich erst mal als Mission Impossible.

Die erste Whiskyflasche war bereits leer. Gut, sie war nicht ganz voll gewesen, aber trotzdem. Die Senftlebens und die Friedrichs johlten fröhlich.

»Wir haben gerade die Anekdote erzählt, wie unsere Erstbegegnung mit Ihrer Schwester verlief«, juchzte Frau Senftleben.

Mit schottischem Hochprozentigen in der Blutbahn war alles großartig.

Konny gönnte sich auch ein Glas.

»Hallöchen«, flötete da Herr Hopp. »Findet hier eine Party statt?«

Das Geheimnis, wann Chuck Norris anschlug und wann nicht, wäre in diesem Moment gelüftet gewesen, wenn irgendjemand darauf geachtet hätte. Wenn man nämlich nicht an ihm vorbeiging, sondern auf ihn zukam und ihn aus der Voliere holte, dann war er glücklich. So wie in diesem Augenblick, als er auf Hopps Schulter wippte, als wäre Hopp nicht Hopp, sondern der Pirat Captain Jack Sparrow.

»Wir halten eine irische Totenwache ab und tauschen gerade Anekdoten über die Verstorbene aus.« Frau Friedrich hickste.
»Oh, da kann ich mithalten.« Herr Hopp ließ sich von Herrn Senftleben ein Schnapsglas mit Whisky füllen.
»Das ist öde!«, erklärte Wilmer, der Einzige, der im Salon noch nüchtern war.
»Ja, Sie haben lange genug gewacht, jetzt gehen wir alle am besten ins Esszimmer. Sie werden doch Hunger haben.« Konny war sehr daran gelegen, die Meute aus dem Salon zu bekommen.
»Nachschlag!«, rief Lambert und kam mit einem Topf aus der Küche. Er verteilte kleine Portionen auf die Teller, die Konny jetzt erst bemerkte. Wie lange war sie mit Frau Klum im Büro gewesen?
»Ich habe schnellkochende Nudeln im Vorratsschrank gefunden. Die muss man nur mit kochendem Wasser übergießen«, freute sich Lambert, weil er diese Aufgabe bravourös gemeistert hatte.
»Schmecken die denn?« Konny war skeptisch.
Aber die Totenwächter waren längst jenseits des Punktes, wo ihr Gaumen noch funktionstüchtig war.
Und Herr Hopp holte rasch auf. »Wilmer, als ich in deinem Alter war, habe ich bereits ein Instrument beherrscht«, reminiszierte der gerade über sein drittes Schnapsglas hinweg. »Da wird einem nie langweilig.«
»Ich kann Klavier.« Wilmer schmollte. »Aber hier gibt's ja kein Klavier.«
Bevor Konny oder Wilmers Eltern einschreiten konnten, rief Lambert – die Hilfsbereitschaft in Person: »Wir haben eine

Blockflöte im Büro. Wie wär's? Unterricht im Blockflötenspielen gibt es auch online.«

Sehr begeistert schaute Wilmer nicht, aber alles war besser, als mit den Erwachsenen abzuhängen, die ihm nicht erlauben wollten, in den Sarg zu spähen.

»Wollen wir es uns nicht alle etwas gemütlicher machen?«, schlug Konny vor, als Wilmer und Lambert abzogen und dadurch Bewegung in den Raum kam. »Drüben, im Esszimmer!«

Auf dem Sofa im Salon war nur Platz für drei. Herr Senftleben hatte es sich im Lederfauteuil gemütlich gemacht. Mehr Sitzflächen gab es nicht. »Sonst muss Herr Hopp stehen.«

»Herr Hopp steht gern«, rief Herr Hopp.

»Was ist denn hier los?«, rief Bäuerin Schober und trat ein. Verschwitzt, nur in Kittelschürze und Crocs.

Konny rollte den Kopf und die Augen gleich mit. War hier heute Open House? Sie brauchten dringend elektronische Türschlösser, die nur mit einem Code zu öffnen waren.

»Wir gedenken der verstorbenen Schwester von Frau Konny auf die irische Art«, erklärte Frau Friedrich. In der langsamen, dezidierten Art jener, die wissen, dass sie zu viel getrunken haben, aber noch nicht an dem Punkt angelangt sind, wo ihnen egal ist, ob man das merkt.

Konny hatte ein bisschen Mitleid mit den Iren. Sie war sich keineswegs sicher, ob das, was hier abging, nicht eine böse Verunglimpfung irischer Sitten darstellte.

»Auch ein Schlückchen?«, bot Herr Hopp an und zwinkerte der Schoberin zu.

Frau Schober war genauso kantig und wortkarg wie ihr Mann. Also sagte sie nichts, sondern nahm nur ein freies Glas zur

Hand und streckte den Arm aus. »Auf Kriemhild!« Sie kippte den Whisky und streckte den Arm erneut aus.

»Kann ich etwas für Sie tun?«, erkundigte sich Konny bei ihr. Sie hatten ein gutnachbarschaftliches Verhältnis mit den Schobers, aber es beschränkte sich auf den Austausch von Geld gegen Eier und Gemüse. Abendliche Geselligkeiten gehörten nicht dazu.

»Ich habe Ihnen etwas vorbeigebracht. Hab's draußen abgestellt.«

Konny dachte an eine Extra-Lieferung Grünzeug, die Lambert fürs Abendessen bestellt haben könnte. Schafskäse vielleicht. Oder Tomaten.

Herr Hopp schenkte Frau Schober nach und zwinkerte ihr zu. Frau Schober, deren Mann vor einiger Zeit eine Affäre mit der Postbotin gehabt hatte und der seitdem aus dem ehelichen Schlafzimmer verbannt war, zwinkerte zurück. Chuck Norris, der immer noch auf der Schulter von Herrn Hopp saß, zwinkerte ebenfalls. Das war aber wohl eher Zufall.

»Hopp«, stellte Herr Hopp sich beim Eingießen vor. »Nenn mich Rudi.«

»Schober«, sagte Frau Schober. »Nenn mich Schoberin.«

Prickelnde Erotik lag in der Luft. Im Film wären jetzt zarte Geigentöne erklungen.

In der Pension hörte man aber nur Blockflötenklänge aus dem Büro, und die waren alles andere als zart. Was Wilmer an Begeisterung fehlte, machte er mit Blasstärke wett. Musikalität war noch nicht herauszuhören. Chuck Norris legte das Köpfchen schräg und lauschte.

Wenn er nicht nur lauscht, sondern lernt und das später imitiert, wird er geschlachtet, dachte Konny.

Die zweite Whiskyflasche machte eine letzte Runde, dann war sie ebenfalls leer. Gut, dass Lambert mit einer dritten Flasche ankam, in der sich zwar kein Whisky, aber Bourbon befand.

Somit feierten nun acht Menschen die Erinnerung an Kriemhild.

Sie taten das, bis auch die dritte Flasche leer war. Irgendwann stießen Frau Gelbhaar und ihre Freundin dazu, die schon aushäusig vorgeglüht hatten und fröhlich »Party!« riefen und zu der atonalen Blockflötenkakophonie nachgerade ekstatisch abtanzten. Frau Schober flirtete mit Herrn Hopp, Herr Senftleben mansplainte seiner Frau umständlich den Unterschied zwischen Whisky und Bourbon, die Friedrichs knutschten auf der Couch, und Konny holte einen Joint, den sie von ihrem Abenteuer in Hamburg mitgebracht hatte, und rauchte ihn zusammen mit Lambert. Das Leben war schön!

Weil sie früh mit dem Trinken angefangen hatten, war es noch gar nicht so spät, als Klein-Wilmer seine Eltern, die Gelbhaars, Herrn Hopp und die Senftlebens zurück in die Scheune führte, weil sie die vermutlich allein nicht mehr gefunden hätten. Frau Schober, die nicht oft trank und nichts vertrug, war auf dem Sofa im Salon eingeschlafen, und Lambert hing schlummernd im Lederfauteuil. Chuck Norris saß auf der Stehlampe, hatte sein Köpfchen unter den Flügel gesteckt und schlief ebenfalls. Nur Amenhotep war nirgends zu sehen.

»Was für eine schöne Totenfeier«, freute sich Konny und hickste.

Irgendwas wollte sie doch erledigen, nur was?

Mist!

Die Erkenntnis, dass ihre Schwester mangels Sauerstoff jetzt womöglich als echte Leiche im Sarg lag, ließ Konny schlagartig fast wieder nüchtern werden. Aber nur fast. Sie schwankte zum Sarg und wuchtete den Sargdeckel hoch. »Lebst du noch?«, lallte sie Kriemhild zu.

Keine Antwort.

Nur regelmäßige Schnarchgeräusche …

Nachts sind alle Katzen grau. Nur der Graupapagei biolumineszierd.

Alles schlief. Einsam wachte in dieser Nacht nur Amenhotep. Es hatte sich eine dichte Wolkendecke über die Landschaft gelegt, die die aufgewärmte Erde vor allzu raschem Auskühlen bewahrte. Es war finstere Nacht. Die fahlen Strahlen des Vollmonds hatten keine Chance, die Wolkendecke zu durchdringen.

Jemand hatte vergessen, die Eingangstür zur Pension ins Schloss zu ziehen. Sie stand folglich einen Spaltbreit offen. Amenhotep, der mit jeder Faser seines Körpers spürte, wenn sich eine Gelegenheit bot, etwas zu tun, was seine Frauchen ihm sonst rigoros untersagten, entdeckte diesen Spalt und trat hinaus.

Er war keiner, der die Freiheit suchte. Amenhotep liebte es, von seinen menschlichen Serviersklaven rund um die Uhr bedient zu werden – sei es mit Futter oder mit Streicheleinheiten oder einfach dadurch, dass sie da waren, um von ihm geärgert zu werden. Trotzdem genoss er es, einmal kurz den Duft der Freiheit zu schnuppern.

In dieser Nacht war viel los in Amenhoteps Zuhause. Gegen Mitternacht war jemand durch die Hintertür gekommen, war prompt gegen die riesige Schachtel geprallt, die seit dem frühen Abend dort stand, hatte geflucht – wenn auch nicht so maritim und lautstark wie Chuck Norris –, hatte sich im Erdgeschoss umgesehen, war im Salon fündig geworden und hatte »Na toll, muss ich morgen früh die Kühe allein melken!« gebrummt. Amenhotep hatte sich an seinen Beinen gerieben und war

dafür mit schwieligen Händen hinter den Ohren gekrault worden. Dann war der Besucher gegangen.
Kaum war dieser Jemand weg, kam ein anderer Jemand durch die offen stehende Haustür. Er tat Dinge, faszinierende Dinge – die Amenhotep mit seinem üblichen Blick aus Blasiertheit und Ignoranz beobachtete, ohne sich jedoch einzumischen, wofür er mit einer Schale Milch belohnt wurde. Der Jemand war immer noch zugange, als Amenhotep nun auf der obersten Stufe der Eingangstreppe stand und hinaus ins Dunkel spähte und spürte, wie sich ein weiterer Zweibeiner näherte. So viel Entertainment hatte Amenhotep nicht mehr gehabt, seit damals in einer Gewitternacht ein Hominide vor der Pension mit dem Aufsitzrasenmäher plattgefahren worden war.
Amenhotep maunzte leise, als der Mensch an ihm vorbei zur Tür ging, scheinbar ungläubig stutzte, weil er mit so viel Glück wie einer offenen Tür gar nicht gerechnet hatte, und dann im Haus verschwand.
Wäre Amenhotep ein Hund und kein Kater gewesen, womöglich hätte es ihn dann mehr interessiert, was daraufhin im Haus abging. Aber er hatte für diese Nacht genug Frischluft geatmet, Milch geschleckt und Nudelreste verspeist. Außerdem fror er als Nacktkater leicht, selbst in einer so milden Vollmondnacht wie dieser. Darum zog er sich zurück, stieg majestätisch, wie es seine Art war, die Treppe in den ersten Stock hinauf, sprang auf das Bett seines Frauchens und kuschelte sich unter die Decke. Amenhotep war glücklich.
Der Einbrecher unten im Erdgeschoss auch.
Gleich wäre er seine Sorgen los.
Erst einmal stieß er aber gegen eine riesige Schachtel, die im Flur stand. Er fluchte lautlos. Wäre sein Leben ein Hollywood-

film, dann würde er ein Nachtsichtgerät tragen, so aber zog er jetzt eine Stabtaschenlampe aus seinem Werkzeuggürtel, um sich damit den Weg zum Sicherungskasten zu leuchten. Der sich vermutlich im Keller, im Flur oder in der Küche befand. Als Erstes würde er sich den Keller vornehmen. Und sobald es im Haus keinen Strom mehr gab, konnte er sich ans Werk machen und die Schlafzimmer absuchen. Fast zärtlich-erregt tätschelte er bei diesem Gedanken die Waffe, die er mit sich führte.

Weil die Steinstufen, die in den Keller führten, nicht knarzen konnten, eilte er zügig in die Eingeweide des Gebäudes hinunter.

Oben im Erdgeschoss schlurfte jemand auf leisen Sohlen aus dem Salon zur Haustür, gähnte, zog die Tür hinter sich zu, bis der Riegel einrastete und ging seines Weges.

Unten im Keller löschte der dritte Eindringling dieser Nacht abrupt seine Taschenlampe und reckte den Kopf. Hatte er da etwa ein Geräusch von oben vernommen? Er lauschte. Aber er hörte nichts als Stille. Nach einer angemessenen Frist schaltete er die Taschenlampe wieder ein. Der Sicherungskasten befand sich im ersten Raum zur Rechten und war nicht abgeschlossen. Lässig legte der Mann alle Schalter um. Dann drückte er probeweise auf den Lichtschalter. Nichts. Es blieb dunkel.

Wieder im Erdgeschoss angekommen, wollte er gerade hoch in den ersten Stock zu den Schlafzimmern schleichen, als er vermeinte, Schnarchgeräusche aus einem der Räume im Erdgeschoss zu hören.

Um auf Nummer sicher zu gehen, eilte er auf Zehenspitzen dorthin, wo sich – was er (noch) nicht wusste – der Salon

befand, vorbei an der riesigen Schachtel im Flur. Die Tür stand zur Hälfte offen. Er stieß sie ganz auf und trat ein. Der Strahl seiner Taschenlampe erfasste einen beeindruckend großen Sarg.
Damit hatte er gerechnet, das warf ihn noch nicht aus der Bahn.
Aber dann sah er in der dunklen Ecke des Raumes plötzlich den Vogel Greif aus der Hölle, der grün leuchtete und bedrohlich mit seinen Todesschwingen wedelte und lauthals brüllte: »PARFÜMIERTE SEEPOCKE!«
Vor Schreck riss der Eindringling den Arm mit der Taschenlampe zur Seite und strahlte den Sarg an. Dessen Deckel in diesem Moment aufklappte. Die Frau im Sarg richtete sich auf.
Das gab ihm den Rest. Er quietschte mädchenhaft auf. Die Taschenlampe fiel ihm aus der Hand und erlosch. Er bückte sich und hob sie auf. Selbst in seiner Panik war ihm noch bewusst, dass er hier nichts zurücklassen durfte.
»Wer da?«, brüllte eine Frauenstimme aus der Zimmerecke.
»Da ist doch wer!«, erklärte eine Männerstimme, ebenfalls aus der Zimmerecke.
»MEUTEREI!«, kreischte das grün leuchtende, gefiederte Monster.
Was war das hier, dachte der Eindringling, ein Wimmelbild von Hieronymus Bosch, mit Sarg?
Er wich in den Flur zurück, prallte – weil es jetzt dunkel war – gegen die riesige Schachtel, fluchte, lief weiter. Die Haustür war jetzt aber geschlossen und ließ sich nicht öffnen. Er drehte sich um und sah, dass auf der gegenüberliegenden Seite eine Hintertür offen stand. Er spurtete los, wich dieses Mal

der Schachtel aus, aber als er am Salon vorbeikam, flatterte ihm das grün leuchtende Untier an den Kopf. Er schrie auf und taumelte durch die Hintertür, an der sich mittlerweile eine Frau mit einer Mistgabel materialisiert hatte. »So nicht, Bürschchen!«, brüllte sie und stach zu. Mistgabel traf auf Männerfleisch.

Der Eindringling schrie und floh panisch.

Die grüne Bestie aus der Hölle setzte ihm flatternd nach. »EITRIGE PESTBEULE!«

Die Schoberin setzte ihm ebenfalls nach. Mit der Mistgabel in der Hand. »Dich krieg ich, du Schwein!«, brüllte sie und klang, als plane sie schon eine Hausschlachtung.

Drinnen im Haus rief Lambert: »Das Licht geht nicht an! Moment, ich suche eine Kerze.« Er tastete sich zu dem Sideboard, auf dem ein Kerzenleuchter stand. Ein Feuerzeug hatte er in der Hosentasche, weil er wieder mit dem Rauchen angefangen hatte, seit er sich aufgrund seiner akuten Flugzeugangst für einen Totalversager hielt. Mit dem Kerzenleuchter hastete er, so schnell es eben ging, ohne dass die Kerzen erloschen, in den Keller zum Sicherungskasten.

Konny kletterte aus dem Sarg.

Sie hatte Kriemhild nach deren Totenwachenparty geweckt, und weil Kriemhild stocknüchtern war, sie aber nicht, hatten sie – ohne dass die Schoberin und Lambert, beide im Whisky-Koma, es gemerkt hätten – die Plätze getauscht. Konny musste zugeben: Der Sarg war bequem! Eigentlich hatte sie nur mal probeliegen und ein kleines Nickerchen halten wollen und hatte ihr Handy auf Vibrationsalarm gestellt, aber den musste sie wohl im Suff weggedrückt haben, als er anschlug.

Kriemhild, die aufgrund des Lärms oben im Schlafzimmer

ihrer Schwester erwachte, aber nicht ganz, nur so halb, stellte sich an das Fenster, gähnte erst mal und rief dann: »Was ist jetzt schon wieder los?« Es klang nicht entsetzt, eher erbost. Nächtliche Ruhestörungen hasste sie aus tiefster Seele. Da merkte sie, dass das Fenster geschlossen war, und wer immer da unten so einen Lärm fabrizierte, sie nicht hören konnte. Also riss sie das Fenster auf und brüllte, jetzt in der Ein-Wort-Kurzversion: »WAAAAAAS?!?«

»Aaaaaah!«, schrie jemand aus den Gästezimmern in der Scheune.

In diesem Augenblick ging das Licht wieder an.

Konny kam aus dem Haupteingang gelaufen. »Mach, dass du vom Fenster wegkommst!«, rief sie nach oben ihrer Schwester zu. »Rasch!«

Kriemhild schüttelte den Kopf und zog sich in ihr Zimmer zurück. Keine Sekunde zu früh.

An allen Fenstern der Scheune standen nun die Gäste in unterschiedlichster Nachtbekleidung.

Und Frau Friedrich zeigefingerte entsetzt aus dem Fenster ihres Zimmers und gellte: »Sie geht um, sie geht um. Ich habe die Tote gesehen!«

Tag drei

Konnys Kummerkastenkolumne

Liebe Konny,
die heutige Jugend ist zu frivol. Ich vermisse die Ernsthaftigkeit. Die Würde. Die Gediegenheit. In allem – politisch, ökologisch, überhaupt. Was für ein lächerlicher Affenzirkus.
Kopfschüttelnd,
eine von der Menschheit Enttäuschte

Liebe vorübergehend Enttäuschte,
ja, die Lage ist verzweifelt. Aber nicht ernst. Und schon gar nicht hoffnungslos.
Tun Sie, was Sie können, um diese Welt zu einem besseren Ort zu machen. Für sich. Und für all diejenigen, die nach uns kommen. Politisch. Ökologisch. Überhaupt. Engagieren Sie sich im Kleinen. Suchen Sie etwas, wofür Sie brennen – und lassen Sie Ihre Flamme lodern. Sorgen Sie dafür, dass da, wo Sie sind, diese Welt eine bessere ist. Seien Sie ein Vorbild für die nachwachsende Generation. Wenn die Sie sehen, sollen sie sagen: Genauso will ich im Alter auch mal sein.
Vertrauen Sie den jungen Menschen. Sie sind anders als wir, aber sie tun ihr Bestes. Haben wir damals ja auch. Konzentrieren Sie sich auf Ihr Leben, auf Ihre Projekte, auf sich. Und nehmen Sie das Leben nicht zu ernst, sonst haben Sie es Dreiviertel verloren. Wie schon August Euler wusste.
Wir sind doch nichts weiter als mit Fleisch umhüllte Skelette, die aus Sternenstaub geformt wurden und auf einem riesigen Stein leben, der durchs Weltall trudelt. Genießen Sie

diesen tollkühnen Ritt! Und lassen Sie auch mal fünfe gerade sein.

Ihre Konny

Wer die Geister ruft …

Alkohol beruhigt bekanntlich ungemein. Dummerweise war es gesellschaftlich verpönt, frühmorgens Hochprozentiges zu bechern, und der Restalkohol in ihrem Blut war zwar beträchtlich, trug aber leider so gar nicht zu ihrer Beruhigung bei. Also trank Frau Friedrich Kräutertee. Nunmehr schon ihre zweite Kanne.

»Ich kann mir das nicht erklären. Es ist unmöglich, das weiß ich. Aber ich habe mir das nicht eingebildet! Es war die Tote, und sie schwebte hinter einem der Fenster im ersten Stock«, erklärte sie mit brüchiger Stimme. »Und dann hat sie geheult. Wie so ein Schlossgespenst. Ein langgezogenes *Aaaah.*« Trotzig wiederholte sie ganz und gar unbrüchig: »Ich habe mir das nicht eingebildet!«

Herr Friedrich hielt ihre Hand. »Natürlich hast du dir das nicht einfach eingebildet. Wir haben es alle mitbekommen!«

Die Runde rund um den Esszimmertisch erinnerte an die Überlebenden einer Zombie-Apokalypse. Während man sonst zur ersten und – was gemeinhin als ehernes Gesetz galt – wichtigsten Mahlzeit des Tages vollständig bekleidet erschien, zumal man zwischen Scheune und Haupthaus ins Freie musste, trugen die meisten der Anwesenden an diesem Morgen noch ihre Nachtkleidung, waren verstrubbelt und ungeschminkt, verkatert und definitiv unausgeschlafen.

»Wenn ich ganz ehrlich sein soll, ich habe weder etwas gesehen noch gehört. Bis ich ans Fenster trat, war der Spuk schon vorbei.« Herr Hopp, der Klarinettist, saß ausnahmsweise – in einem kastanienbraunen Onesie – mit den anderen am Frühstückstisch. Wegen seiner strengen Diät des intermittierenden Fastens aß und trank er jedoch nichts, er wollte nach den Ereignissen der Nacht nur nicht allein sein. Hopp war ein gemütlicher Grizzly von einem Mann, wenn auch spärlicher behaart als ein Bär. Nur ganz oben auf dem Scheitel wuchsen noch einige tuftige Resthaare, die er toupiert hatte, damit es nach mehr aussah. In Wirklichkeit ähnelte er aber, bei Licht besehen und zumal in seinem braunen Einteiler, ganz eklatant einem Teddybär, aus dem die Füllung herausquoll.

Wilmer Friedrich starrte ihn fasziniert an. Gleich würde er fragen, ob er mal zupfen dürfe …

»Das ist doch Unsinn. Ich persönlich glaube nicht an Geister. Alles Humbug, das ist wissenschaftlich erwiesen«, erklärte Herr Senftleben wenig diplomatisch und mit der gleichen felsenfesten Überzeugung, mit der im Mittelalter behauptet wurde, die Erde sei eine Scheibe.

Was unanfechtbarer rübergekommen wäre, wenn er nicht in Donald-Duck-Boxershorts, Netzhemd und Adidas-Schlappen am Tisch gesessen hätte. Zudem war Konny klar, dass Katzen wie Amenhotep schon längst alles über den Rand geschubst hätten, wenn die Erde tatsächlich flach wäre.

Senftlebens Frau trat ihrem Mann unter dem Tisch einen blauen Fleck in sein stark behaartes Schienbein, aber er ließ sich nicht den Mund verbieten. »Was immer wir gesehen oder gehört haben, waren keine Astralwesen, sondern Einbrecher. Ich persönlich empfehle, spätestens ab jetzt alle Wertsachen in dem Mini-Tresor im Kleiderschrank zu deponieren.«

Frau Friedrich – weißer Frotteemantel über rosa Blümchennachthemd – schloss angesichts dieser Attacke auf ihre Glaubwürdigkeit gequält die Augen, sagte aber nichts.

»Einbrecher tragen keine weißen Nachthemden!« Frau Gelbhaar – kariertes Big Shirt und Flip-flops – hatte zwar ebenfalls weder etwas gehört noch gesehen, aber in einer Schlacht Männer gegen Frauen stellte sie sich grundsätzlich auf die Seite ihrer Geschlechtsgenossinnen.

Ihre Freundin – weiße Leggings, zerknittertes T-Shirt mit dem Konterfei von Miss Piggy, Birkenstock-Sandalen – nickte, spürte dabei offenbar einen stechenden Schmerz und legte stöhnend den Kopf in beide Hände. Sie frühstückte nicht, sondern trank nur ein Glas Wasser mit Alka Seltzer.

»Es war leider wirklich ein Fremder im Haus«, räumte Konny ein. »Er hat sich am Sicherungskasten zu schaffen gemacht. Und wenn nicht ein paar von uns im Salon geschlafen hätten, wer weiß, was er alles hätte mitgehen lassen.« Sie wusste – aus Gründen – ganz genau, dass es kein Einbrecher, sondern ein Mörder war, und nahm sich fest vor, gleich nach dem Frühstück den Schlosser anzurufen und sich die Preise für Türen mit elektronischen Codes geben zu lassen. Und vielleicht auch Lieferanten für Selbstschussanlagen zu googeln …

»Glaubt mir hier denn keiner?« Frau Friedrich sah sich verzweifelt um.

Konny glaubte ihr sofort, konnte das aber nicht zugeben.

»Sie haben getrunken«, meinte Herr Senftleben, »da kann es schon mal zu Sinnestäuschungen kommen. Optisch und so. Rosa Elefanten, weiße Poltergeister …«

»Ich bin keine Alkoholikerin, die im Delirium halluziniert hat!« Frau Friedrich wurde laut.

»Wilmer, geh Blockflöte üben«, bat Herr Friedrich seinen Sohn, weil er um dessen Kinderseele besorgt war. Streitende Erwachsene, die sich lautstark uneins waren, ob es tatsächlich mehr zwischen Himmel und Erde gab, als sich ihre Schulweisheit träumen ließ, würden noch früh genug Eingang in sein Leben finden.

Wilmer, der als Einziger von den Gästen ordentliche Straßenkleidung trug und keinen pochenden Schädel hatte, warf einen letzten sehnsüchtigen Blick auf das fluffige Haarbüschel von Herrn Hopp, dann lief er ins Büro, wo er Zugriff auf Blockflöte und Computeronlinekurs hatte.

»Ich habe Ihre tote Schwester am Fenster gesehen!«, wiederholte Frau Friedrich sichtlich mitgenommen. »Sie hat oben in ihrem Zimmer in die Dunkelheit hinausgeschaut. Zu der leuchtend grünen Kugel.«

Konny goss ihr noch etwas Kräutertee nach. »Die Kugel, die ein Papagei war«, sagte sie. »Wir haben ja bereits festgestellt, dass es sich bei dem fluoreszierenden Höllenvogel um unseren Chuck Norris handelte, den Ihr Sohn mit nachtleuchtender Wandfarbe eingesprüht hat.«

»Aber nur, weil Sie es unterlassen haben, die Sprühdosen aus dem Büro zu entfernen.« Herr Friedrich war Anwalt. Für ihn musste immer erst mal die Schuldfrage geklärt werden. »Unser Sohn ist hochbegabt. Er erkundet und probiert alles aus, was er noch nicht kennt. Dinge, die nicht in seine Hände gehören, im Raum zu lassen, ist grob fahrlässig.«

Der Maler hatte nach der Sanierung Sprühdosen in verschiedenen Farben dagelassen, damit Konny sie unverbindlich – im Keller oder so – testen konnte. »Statt Nachtbeleuchtung im Rezeptionsbereich«, hatte er gemeint. Sie war noch nicht zum Ausprobieren gekommen. Wilmer jetzt dagegen schon.

Chuck Norris, der als Papagei des Smutje auf dem Schiff des Kommodore die sieben Weltmeere befahren hatte, schien das nächtliche Abenteuer gut weggesteckt zu haben. Sein Gefieder war auch nicht verklebt, nur eben immer noch grün. Seine Werbekarriere konnte Konny in die Tonne kloppen. Aber wenigstens war die grüne Farbe laut Angabe des Herstellers nicht giftig.

»Ich sehe hier eher einen Verstoß der elterlichen Aufsichtspflicht«, warf Frau Senftleben ein.

»Er schlafwandelt nun mal. Wir können ihn ja wohl kaum ans Bett ketten«, empörte sich Frau Friedrich.

Herr Hopp mühte sich redlich, ein Kichern zu unterdrücken. Was ihm nicht wirklich gelang. Seine Doppel- und Mehrfachkinne zuckten. Für ihn war klar: Wilmer litt an infantiler Bettflucht. Seine Eltern mochten überzeugt sein, dass ihr Sprössling schlafwandelte, aber alle, die bei seinem Geständnis vorhin dabei gewesen waren, glaubten nicht an biologische Ursachen, sondern sahen ihm den Schalk an. Nachts, wenn seine Eltern schliefen und nicht erzieherisch eingreifen konnten, erging er sich nach Herzenslust in Dummheiten aller Art. Die Sprühdosen hatte er entdeckt, als er am Vorabend Blockflöte übte. Und er hatte herausfinden wollen, was *nachtleuchtend* bedeutete. Andere hätten vielleicht die Wand eingesprüht, nicht so Wilmer. Der hatte sich Chuck Norris dafür ausgesucht. Aus dem Kleinen würde mal ein Künstler werden – definitiv kein Musiker, aber möglicherweise ein Theatermensch. Oder eben ein Maler.

»Vielleicht war das Ihr Sohn, den Sie da gesehen haben? Er könnte sich als Gespenst verkleidet haben«, warf Frau Gelbhaar ein, weil ihre schwesterliche Solidarität keine männlichen Abkömmlinge inkludierte. »Zuzutrauen wäre es dem kleinen Racker.«

Der notdürftig hochgesteckte Man-Bun von Herrn Friedrich wackelte erbost. »Unser Sohn lag im Bett, als der Lärm losging. Ich habe selbstverständlich sofort nachgesehen.« Die Friedrichs hatten eine Juniorsuite mit Durchgangstür gebucht.

»Das war niemand, der sich mit einem Laken kostümiert hat. Und es war auch nicht der Vorhang, der im Wind wehte.« Da Frau Friedrich sich ärgerte, vergaß sie ihre Angst vor der Untoten. »Ich habe gesehen, wie Kriemhild am Fenster stand.«

»Pö«, murmelte Herr Senftleben, während er Honig auf seine gebutterten Brötchenhälften verteilte.

»Belächeln Sie das ruhig«, fauchte Herr Friedrich, »aber wo waren Sie, als die Hölle losbrach? Sie können doch gar nicht mitreden!«

»Meine Frau und ich haben den Lärm gehört. Mir haben sich die Nackenhaare aufgestellt. Als ob ein Psychopath ein Schwein abstechen würde. Meine Frau sagte zu mir, geh nachsehen, und hat mir ihr Nackenhörnchen gereicht.«

»Ihr was?«, fragte Frau Gelbhaar.

»Dieses halbrunde Kissen, Sie wissen schon. Mit der harten Füllung. Für wenn man auf Reisen ist. Meine Frau hat immer eins davon dabei. Jedenfalls hat sie mir ihr Nackenhörnchen gereicht. ›Was soll ich damit?‹, habe ich sie gefragt. ›Soll ich das Kissen dem Psychopathen reichen und ihn ab damit in die Wutecke schicken?‹«

»Das finde ich nicht lustig!«, erklärte Herr Friedrich.

»Fand meine Frau auch nicht.« Herr Senftleben grinste.

Herr Hopp dagegen schon, weswegen seine Doppelkinne erneut ins Zucken gerieten. Wie fleischfarbener Wackelpudding. Bis ihm ein ganz besonders falscher Blockflötenton aus dem

Büro schmerzverzerrte Knitterfalten ins Gesicht zauberte. Wilmer Friedrich hatte so gar kein musikalisches Talent.

Die Freundin von Frau Gelbhaar nahm die Hände vom verkaterten Kopf und sagte: »Ich kenne einen seriösen Parapsychologen, den man vielleicht fragen könnte, ob er sich das einmal anschauen und Messungen machen will. Er ist immer auf der Suche nach authentischen paranormalen Phänomenen und dokumentiert sie dann.«

Herr Senftleben schnaubte. »Na, Prost Mahlzeit!« Er sah zu Konny. »An Ihrer Stelle würde ich das untersagen. Denken Sie an Ihre Pension. Wer will schon in einem Geisterhaus absteigen?«

»Da gibt es bestimmt einige«, meinte seine Frau.

»Ja schon, aber will man diese durchgeknallten Spinner?« Er biss herzhaft in sein Honigbrötchen.

Konny hörte nur mit halbem Ohr zu. Sie funktionierte im Energiesparmodus, wenn sie keine acht Stunden Schlaf bekam. Und sie hätte keinen Whisky trinken sollen, der bekam ihr nicht. Außerdem fühlte sie sich in dem schwarzen Kartoffelsack, den sie tragen musste, weil sie ja angeblich in Trauer war, total unwohl. Konny war ein Frühlingstyp – ihre Farben, wie auch ihre Stimmungen, waren Sonnengelb, leuchtendes Orange, Tomatenrot, klares Aqua, am besten alles zusammen. Nicht Schwarz. Niemals Schwarz.

Folglich besaß sie nur ein einziges schwarzes Kleid, das in der langen Zeit des Nicht-getragen-Werdens geschrumpft sein musste. Und das nach Mottenkugeln roch.

Es nagte auch ein wenig an ihr, dass man sie umbringen wollte.

Sie hatte das Messer gesehen. Genauer gesagt, die aufblitzende Klinge. Es war natürlich theoretisch vorstellbar, dass ein Einbrecher mit gezückter Stichwaffe durchs Gelände taperte wie der Assistent von Frau Klum mit dem Zahnstocher im Mund – trotz der Gefahr, sich beim Stolpern das Teil in den Körper zu rammen. Aber kein Dieb stieg in ein Haus ein, in dem sich nachweislich Dutzende Menschen aufhielten. Na gut, nur elf Menschen, aber trotzdem: volles Haus. Somit die akute Gefahr, entdeckt und überwältigt zu werden.

Nein, Konny war fest davon überzeugt, dass sie Giesing zu dicht auf die Pelle gerückt waren und er sich davon hatte überzeugen wollen, dass die eine Schwester wirklich tot war – und um gleich auch die verbliebene andere auszuradieren.

»Ich weiß nicht, ob das hier noch die geeignete Umgebung für mein Kind ist.« Wenn Frau Friedrich nicht gerade die Kräuterteetasse festhielt, dann rang sie die Hände.

»Das ist nur allzu verständlich, Sie können gern auschecken«, hörte sich Konny sagen.

Alle schauten zu ihr auf. Welche Pensionswirtin, die etwas auf sich hielt, ließ ihre Gäste widerspruchslos ausziehen? Müsste sie nicht um jede Bettenbelegung kämpfen wie eine Löwin, die ihren Welpenwurf verteidigt? Weil ihr auf die Schnelle nichts Besseres einfiel, fügte sie hinzu: »Aber selbstverständlich müssen Sie für den kompletten Aufenthalt bezahlen, den Sie gebucht haben.«

Die Friedrichs schienen dennoch zu überlegen.

»Wenn ich Sie wäre, würde ich warten, bis mein Bekannter verifiziert hat, ob es sich um ein echtes paranormales Phänomen handelt«, meldete sich die Freundin von Frau Gelbhaar wieder zu Wort. Das Übernatürliche war offenbar ein Thema, für das sie brannte, da vergaß man auch schon mal die eigene

Schüchternheit. Und den Whisky-Kater, der ein Schlagzeugsolo gegen die Schädeldecke trommelte. Sie richtete sich kerzengerade auf. »Stellen Sie sich nur vor, es war doch keine …« Sie stockte kurz. »… äh … stressinduzierte Sinnestäuschung, sondern die Sichtung einer nachweislich okkulten Erscheinung. Dann gehören Sie – und wir alle – zu den dokumentierten Augenzeugen, wenn ein völlig neues Kapitel der Wissenschaft aufgeschlagen wird.«

»Lächerlich!«, rief Herr Senftleben und spuckte dabei Honigbrötchenkrümel. »Bleiben Sie mir nur mit diesem Schwingungsgedöns vom Leib.«

»FLOTTENFORZ!«, rief Chuck Norris von drüben aus dem Büro über das atonale Flöten von Wilmer hinweg.

Nicht zum ersten Mal dachte Konny, dass sie irgendwann die Voliere an einem anderen Ort aufbauen mussten, wo er nicht jedes Mal Trommelfelle zum Platzen brachte, wenn er vor dem Hauseingang eine menschliche Bewegung ausmachte.

Sie sah auf die Uhr.

Halb zehn in Deutschland.

Der Postbote?

Alles, flehte Konny innerlich die Schicksalsgöttinnen an, *nur nicht wieder Kommissarin Klum …*

Ungebetene Gäste: Gleich erschlagen oder vorher noch was zu trinken anbieten? Was sagt Knigge?

Vorsicht mit dem, was man sich wünscht – es könnte eintreffen!

Bloß nicht Frau Klum, bloß nicht Frau Klum, flehte Konny innerlich auf dem Weg zur Haustür.

Und weil das Schicksal sie offenbar hasste, erfüllte es ihr diesen Wunsch.

Vor der Tür stand nicht Kommissarin Klum, sondern Kommissar Tröndle.

Konny schnappte nach Luft.

Tröndle lächelte. »Moin!«

Trotz seines schwäbischen Namens kam er aus Hamburg. Durch und durch. Ein echter Fischkopf, nur ohne Schuppen. Er hatte Konny und Kriemhild kennengelernt, als sie auf der Suche nach dem Schatz des Kommodore einen Roadtrip in den hohen Norden unternommen hatten und dabei über diverse nackte Männerleichen gestolpert waren. Für die Leichen konnten die Schwestern nichts, aber den Schatz hätten sie melden müssen. Unterschwellig lebte in Konny seitdem die Angst, die Behörden könnten auf sie aufmerksam werden und den Schatz einfordern. Auch wenn niemand mehr lebte, der um ihn wusste. Also, außer Konny und Kriemhild.

»Keine Sorge«, sagte Tröndle, der berufsbedingt in anderen Menschen lesen konnte wie in einem Buch. »Ich bin nicht beruflich hier. Ich habe Urlaub und kam … äh … zufällig durch die Gegend, und weil es hier so schön ist, wollte ich ein

paar Tage bei Ihnen unterkommen. Haben Sie noch ein Zimmer frei?«
Konny stand wie erstarrt. Ihr Sprechapparat versagte ihr den Dienst. Aber alles in ihr schrie: »Nein!«
Wilmer Friedrich, der kurzzeitig pausiert hatte, um zu sehen, ob etwas Spannendes passierte, verlor das Interesse und blockflötete wieder in voller Lautstärke. Es ließ sich unmöglich heraushören, ob er *Alle meine Entchen* oder die Ouvertüre aus dem *Freischütz* zu spielen versuchte, es war einfach nur laut. Und schlimm daneben.
»PIRATENPACK!«, jodelte Chuck Norris.
»Ah, ich höre, Sie haben den Papagei behalten.« Tröndle lächelte.
Konny sagte immer noch nichts. Normalerweise, wenn ihr bei einem Mann die Stimme versagte, lag es an den Pheromonen. Aber in diesem Fall wollte sie einfach nichts mit einem weiteren Gesetzeshüter zu tun haben.
»Guten Tag, herzlich willkommen.« Lambert, der von Konny eigentlich zum Frühstücksdienst abgestellt worden war und bis eben in der Küche gewerkelt hatte, eilte auf Tröndle zu. Das war sein Job. Deswegen hatten die Schwestern ihn eingestellt. Um den Laden zu schmeißen. Damit wenigstens einer im Haus nicht nur wusste, wie man mit Gästen umzugehen hatte, und das auch umsetzte. Er schloss die Tür zum Büro, was den Geräuschpegel sofort senkte, und baute sich neben Konny auf. »Sie sind auf der Suche nach einem Zimmer? Wir haben im Haupthaus noch die Admirals- und die Prinzessinnensuite frei.«
Konny schlug unauffällig nach ihm, was er aber gründlich missdeutete. Rasch fügte Lambert hinzu: »Ich darf Ihnen

versichern, unsere Preise sind auch für die Suiten sehr zivil, und bei einem längeren Aufenthalt können wir gern über einen Rabatt reden.«

»Genau das wollte ich hören.« Tröndle trat ein und sah sich um. Seit der Sanierung waren der Eingangsbereich, die Treppe und der Flur durchaus schmeichelnd für das Auge des Betrachters. Und die Antiquitäten darin echt. »Schön haben Sie es hier.« Er hielt kurz inne und fragte dann beiläufig: »Ist Ihre Schwester auch hier?«

Konny, die immer noch in der offenen Tür stand, sah resigniert zum blauen Himmel auf. Dann kam ihr ein Gedanke. Vielleicht war das die Lösung! Sie drehte sich zu ihm um. »Ich fürchte, ich habe keine guten Nachrichten.«

Lambert realisierte, dass Konny und Tröndle sich kannten. Er bekam ein mulmiges Gefühl.

Tröndle registrierte Lamberts Betroffenheit und das für Konny unübliche schwarze Kleid. »Nein«, sagte er nur, weil er messerscharf eins und eins zusammenzählte.

»Doch. Plötzlich und unerwartet.« Konny schaute leidend.

Tröndle auch. Bei ihm war es echt.

Lambert meinte mitfühlend: »Wollen Sie sich von ihr verabschieden? Wir haben sie im Salon aufgebahrt.«

Konny wäre beinahe hintenübergekippt. »Nein, das wollen Sie nicht!«, rief sie rasch und packte Tröndle am Ellbogen. »Sie wollen Kriemhild so in Erinnerung behalten, wie sie lebendig war.«

Tröndle mit seiner jahrelangen Erfahrung im Umgang mit Leichen würde doch sofort erkennen, dass Kriemhild nicht tot war. Auch wenn sie von Natur aus immer sehr blass war und man nicht sehen konnte, wie sie atmete, solange das

Deko-Tuch nur fest genug über das Sargunterteil gespannt war.

In der offenen Tür zum Esszimmer sah man die neugierig gereckten Köpfe der Pensionsgäste. Sie hatten sich nicht in Gafferlaune an der Tür positioniert, der Winkel der Tür bot einfach nur freien Blick auf den Empfangsbereich, wenn man am Esstisch saß. Gut, die Senftlebens mussten sich dafür umdrehen, aber das tat man ja gern, wenn man dafür ein Real-Life-Drama miterleben konnte.

»Nein«, wiederholte Tröndle nochmals. Dann brach ihm die Stimme. Er arbeitete in der Mordkommission, und Tote waren sein täglich Brot, aber es blieb dennoch etwas anderes, wenn man die Toten persönlich kannte. Und extra Urlaub beantragt hatte und sechshundert Kilometer in den Süden gefahren war, um sie wiederzusehen.

Er schluckte.

»Sie wurde erschossen«, rief Frau Senftleben aus dem Esszimmer, weil sie immer gern half, wo sie nur konnte.

Man konnte förmlich sehen, wie in Tröndle ein innerer Schalter umgelegt wurde und der Bulle in ihm erwachte. »Erschossen?«

»Nein, sie … äh … starb an Kreislaufversagen.« Konny warf die Esszimmertür zu. »Bevor Sie fragen, ja, Kriemhild wurde Zeugin eines Verbrechens, aber das ist eine völlig andere Baustelle und hat nichts mit ihrem Tod zu tun.« Sie sah zur Esszimmertür und fügte leise hinzu: »Sie kennen ja die Leute. Wenn die nichts zu tratschen haben …«

Tröndle schürzte die Lippen.

»Das ändert sicher Ihre Pläne, nicht wahr? Sie wollen jetzt bestimmt weiterziehen! Man will seinen Urlaub ja nicht in einem Trauerhaus verbringen.« Konny zeigte durch die immer noch offene Haustür hinaus in die blühende, süddeutsche Landschaft.

»Ich würde mich sehr gern von Ihrer Schwester verabschieden.« Tröndle fuhr sich durch das immer noch dichte und erstaunlich dunkle Haar. »Und selbstverständlich bleibe ich bis zur Beerdigung.«

Konny zwang sich zu einem Lächeln. »Wie ... nett. Das hätte Kriemhild gefreut. Lambert, würden Sie Herrn Tröndle einchecken und ihn danach in den Salon führen?«

Sie eilte voraus. Die Tür zum Salon war abgeschlossen. Konny hatte kein Risiko eingehen wollen. Wobei das größere Risiko nicht darin bestand, dass einer der Gäste hineingehen könnte, sondern darin, dass Kriemhild herauskommen könnte. Lambert besaß den Zimmerschlüssel und Konny den Generalschlüssel. Die eingesperrte Kriemhild saß dennoch nicht in einer Todesfalle: Sollte ein Feuer ausbrechen, konnte sie immer noch durch das Fenster in den Garten klettern.

»In den Sarg, aber zackig!«, befahl Konny, als sie in den Salon stürmte.

Kriemhild saß frühstückend auf der Couch und ging auf ihrem Tablet die Mails durch. Sie wirkte verärgert. »Du hast beim Bestatter nur eine Basis-Trauerfeier ohne Extras bestellt?«

»Es musste schnell gehen und sollte nicht die Welt kosten. Und jetzt ab in den Sarg – du hast Besuch!« Konny riss Kriemhild hoch und schob sie zum Sarg. Das Tablet fiel von der Couch, landete aber weich im knöchelhohen Teppich. »Leg dich rein und stell dich tot. Und keinen Mucks, verstanden!«

»Wer ist es denn?« Kriemhild kletterte stöhnend in den Sarg –

ihrem Bein ging es schon wesentlich besser, aber wenn sie Reinhold Messners Everest-Besteigung nachstellte, nahm es ihr das übel.

»Schneller!« Konny versetzte Kriemhild einen Stoß.

Die plumpste in den Sarg, guckte ihre Schwester vorwurfsvoll an, legte sich hin und kuschelte sich ins Deko-Kissen. »Also sag schon, wer will mir die letzte Ehre erweisen?«

Konny hatte andere Sorgen. »Herrje! Zieh den Morgenmantel aus!« Sie schälte ihre Schwester gewaltsam aus dem karierten Morgenmantel und warf ihn hinter das Sofa.

Kriemhild rollte sich auf den Rücken und faltete die Hände auf der Brust. »Wer …?«

Konny klappte den Sargdeckel zu.

Keine Sekunde zu früh.

Es klopfte an die Tür. »Hier, bitte«, hörte man Lambert sagen, dann öffnete er die Tür und er, Tröndle und Amenhotep traten ein.

Der Kater war nach dieser allzu unruhigen Nacht eben erst ins Erdgeschoss gekommen. Als ob er einen inneren Radar besäße, stolzierte er hinter die Couch und machte es sich in dem noch warmen Morgenmantel bequem. Natürlich mit dem Umweg über den Couchtisch, wo er den Käse von Kriemhilds Frühstücksbrötchen stibitzte.

Tröndle nahm sehr ergriffen vor dem Sarg Aufstellung. Es schien, als sprache er ein kurzes Gebet. Konny fiel ein, dass sie Kriemhild vor lauter Stress nicht mitgeteilt hatte, dass es sich bei dem Besuch um Tröndle handelte. Was, wenn sie seine Stimme hörte und erkannte und sie mit ihm reden wollte? Vorsichtshalber legte sie die Hand auf den Sargdeckel und drückte ihn prophylaktisch nach unten.

»Kann ich sie sehen?«

»Zur Trauerfeier. Jetzt ist sie noch nicht …« *Geschminkt? Einbalsamiert? Mumifiziert?* Konny kannte den Tod nur von fern und hatte keine Ahnung, was in einem solchen Fall als glaubhafte Ausrede durchging.

»Das ist ein ziemlich großer Sarg.« Tröndle schien gleichermaßen beeindruckt wie erstaunt. »Hat Ihre Schwester zugenommen?«

Konny meinte, im Sarg ein empörtes Brummen zu hören. Um das zu überspielen, räusperte sie sich laut. »Es war eine Maßanfertigung für einen Kunden, der den Sarg dann doch nicht benötigte. Und Kriemhild bestand unbedingt auf Mahagoni, da mussten wir nehmen, was gerade auf Lager war«, plapperte Konny halbherzig. »Tropenholz«, sagte sie noch, als ob das irgendwas erklären würde.

»Das hat sie testamentarisch so verfügt«, ergänzte Lambert.

Konny warf ihm einen dankbaren Blick zu.

Und schämte sich gleich darauf unendlich dafür, den armen Herrn Tröndle dermaßen hinters Licht zu führen, als ihm eine einsame Träne über die sichtlich frisch rasierte Wange kullerte.

Sie hätte damals in Hamburg schwören können, dass Kommissar Tröndle etwas für ihre Schwester übrighatte, aber Kriemhild hatte das immer abgetan. Jetzt war überdeutlich, dass die Schmetterlinge in seinem Bauch trauerbedingt gerade alle schockgefroren wurden.

Einen kurzen Moment lang war sie eifersüchtig. Sie hatte ihren Klaus eigeninitiativ in den Wind geschossen und bedauerte das auch nicht, aber zu sehen, dass Kriemhild einen Verehrer hatte und sie nicht, war bitter. Wie so viele alte Jungfern hasste sie Pärchen. Nicht alle, nur die, denen man ihre Verliebtheit ansah. Die anderen gingen. Einzeln.

Konny seufzte.

»Ihre Schwester Kriemhild war eine ganz besondere Frau. So jemandem wie ihr begegnet man nicht oft. Eigenwillig, unkorrumpierbar, störrisch wie ein Maulesel.« Angesichts seiner Erinnerungen musste er lächeln. »Natürlich wusste ich ihre Eigenarten nicht gleich zu schätzen, unter den Umständen. Aber bei Ihrer Schwester wusste man immer, woran man ist. Was für ein Verlust.«

»Ja, wirklich sehr tragisch«, sagte eine Frauenstimme. »Darf ich Ihnen ebenfalls mein Beileid aussprechen? Auch im Namen meines Mannes?«

Tröndle war noch zu versonnen in seiner Trauer, aber Konny und Lambert drehten sich zu dem weiblichen Neuankömmling um und starrten sie entgeistert an. Sie war sehr blond, sehr barbiepuppenhaft und hinter den dunklen Sonnenbrillengläsern sehr blauäugig, wie Konny wusste.

Sie war, das sah man den Tautropfen und den glänzenden Grashalmen auf ihren Ballerinas an, offenbar durch den Garten gekommen. Außerdem hätte Chuck Norris, der in einem früheren Leben Marktschreier gewesen sein musste, sie definitiv fluchend angemeldet, wenn sie sich für den üblichen Zutritt durch den Haupteingang entschieden hätte.

»Darf ich mich vorstellen?«, sagte die Frau. »Giesing. Mechthild Giesing.«

Konny klatschte mit der flachen Hand auf den Sargdeckel, weil sie mit ihrer Zwillingsintuition deutlich spürte, wie Kriemhild in diesem Moment aus ihrer Totenstarre schreckte …

Erektion, aber am Mittelfinger …

»Diese Chuzpe, ich fasse es nicht!«

Wenn Kriemhild gekonnt hätte, sie hätte sich wie Rumpelstilzchen in den Parkettboden gebohrt. Schwungvoll – und vor Empörung völlig schmerzunempfindlich – lupfte sie die Beine über den Rand des Sarges.

»Sei gefälligst leise. Und bleib im Sarg!«, flüsterte Konny und warf die Beine ihrer Schwester ebenso schwungvoll wieder zurück in die Mahagonikiste. »Ich lasse den Deckel auf, aber wenn du rumläufst und jemand draußen auf die Regentonne klettert, kann er dich vom Garten aus sehen. Womöglich hat sie ihren Mann mitgebracht.«

»Vor dem habe ich keine Angst!«

»Ruhig jetzt. Mach auf tot!« Konny zeigte mit dem Finger, als ob sie es mit einem Hund zu tun hätte. »Ich finde heraus, was sie hier will.«

Während Kriemhild unzufrieden brummte, spechtete Konny in den Flur. Die weiblichen Gäste marschierten gerade in einer Prozession zur Haustür hinaus, während man die männlichen Gäste in der Küche lachen hörte. Tröndle stand im Garten, rauchte eine Zigarre und trauerte.

Konny eilte in den Flur, prallte gegen die Kiste der Schobers, fluchte und betrat die Küche.

Frau Giesing saß mit überschlagenen Beinen auf dem Küchentisch. Die Sonnenbrille hatte sie abgenommen. Sie streichelte Amenhotep auf ihrem Schoß. Es schnurrte, wobei sich nicht genau bestimmen ließ, ob Frau Giesing schnurrte oder der Nacktkater.

Die Herren Senftleben, Friedrich und Hopp standen im Halbkreis um sie herum und grinsten dümmlich. Man merkte Lambert an der Espressomaschine an, dass er sich gern dazugesellt hätte, aber der Espresso lief noch. »Ihr Kaffee kommt sofort«, rief er, um sich neben all den anderen Gockeln bemerkbar zu machen.

»Wie wunderbar!«, gurrte Frau Giesing.

Sie erinnerte in Aussehen und Haltung und Gebaren sehr an Jean Harlow, die laszive Hollywoodschauspielerin aus den dreißiger Jahren. Was merkwürdig war, wo man doch immer gehört hatte, dass Frau Giesing eine sehr bodenständige, schüchterne Person sei. Bodenständig, schüchtern und vor allem lichtallergisch. Das, was da gerade auf ihrem Küchentisch saß, war nichts von alledem.

Konny konnte natürlich nicht ausschließen, dass aus ihr der Neid sprach. Sie war immer schon drall gewesen, dazu unsportlich und grobmotorisch und mit wilden, dunklen Locken. Auch wenn sich die Eifersucht auf zarte Elfen mit feinem Blondhaar im Laufe ihrer sechzig Lebensjahre deutlich gelegt hatte, waren immer noch Restspuren vorhanden. Vielleicht klirrte ihre Stimme deshalb so eisig. Deswegen – oder wegen des nächtlichen Mordversuchs.

»Frau Giesing, ich staune, dass Sie das Haus verlassen konnten. Leiden Sie nicht an einer Lichtallergie?«

»Oh«, hauchten die Herren der Schöpfung mitfühlend.

Frau Giesing tat das kokett lachend ab. »Polymorphe Lichtdermatose. Furchtbar. Ich habe jahrelang wie ein Vampir gelebt – immer im Dunkeln, nur bei Nacht ins Freie, und sogar im Haus mussten wir das Licht auf die kleinste Stufe herunterdimmen.« Sie gluckste. »Aber dann fand ich einen Experten in Berlin, der mir mittels De-Sensibilisierung zurück ins Leben half. Ein echtes Wunder«, trillerte sie.

»Ah«, freuten sich die Herren.

An ihrem Aussehen allein konnte diese Massenhypnose der anwesenden Testosteronhengste nicht liegen, dachte Konny. Frau Giesing war keineswegs sexy zurechtgemacht: weiße Cargohose, hellblaue Bluse, ein neonblauer Pulli lässig über die Schultern drapiert. Ob sie ein Parfüm mit hohem Pheromon-Anteil benutzte?

Und eine simple De-Sensibilisierung gegen eine hochgradige Lichtallergie? Konny hatte noch nie von einer derart durchschlagenden Wundertherapie gehört, aber das war jetzt weder der Ort noch die Zeit, um mit Frau Giesing über alternative Heilmethoden zu diskutieren.

»Was kann ich denn für Sie tun, Frau Giesing?«, fragte Konny, immer noch mit Eiszapfen in der Stimme.

»Könnte ich kurz mit Ihnen reden? Nur ein Momentchen.« Frau Giesing rutschte vom Tisch, wobei sie sich haltsuchend am Unterarm von Herrn Friedrich festhielt – der mit Abstand Durchtrainierteste und Bestaussehende in der Küche.

Weil sie vergessen zu haben schien, dass ein Kater auf ihrem Schoß saß, plumpste Amenhotep unsanft auf den Fliesenboden. Schlagartig hatte sie einen Verehrer weniger.

»Wenn Sie mir ins Büro folgen würden?« Konny ging voraus. Frau Giesing rief »Auf Wiedersehen, es hat mich gefreut!« in die Runde aus Rad schlagenden Pfauen und tänzelte hinter Konny her. Gefolgt von Lambert, der ihr den Espresso hinterhertrug.

In dem Moment, als Konny die Bürotür öffnete und die volle Schallwellenwucht der Blockflötenattacke auf ihre Trommelfelle traf, zuckten die drei Erwachsenen erst einmal zurück.

Man konnte nicht abstreiten, dass Wilmer Friedrich Einsatz zeigte. Seit über einer Stunde übte er nun schon unermüdlich das Flötespielen. Chuck Norris in seiner Voliere wippte dazu auf der obersten Stange, wiewohl es keinen Takt gab, zu dem er hätte wippen können. Es war einfach nur entsetzlich atonal und kakophonisch. Erste Holzwürmer zogen schon aus, schleppten grummelnd winzige Köfferchen hinter sich her und warfen Konny vorwurfsvolle Blicke zu.

»Wilmer, übe bitte drüben in deinem Zimmer weiter.« Konny schob den Buben unzeremoniell aus dem Büro. »Lambert, schließen Sie die Tür hinter sich, wenn Sie gehen.«

Lambert stellte den Espresso auf den Schreibtisch, lächelte Frau Giesing noch einmal zu und verließ das Büro.

»Also, was kann ich für Sie …«, fing Konny an, aber da trompetete es in der Eingriffstasche ihres schwarzen Kartoffelsacks, der natürlich kein Sack war, sich aber so anfühlte. Das Trompeten war der Ton, mit dem Konnys Handy eingehende Textnachrichten verkündete.

Was will die Trulla von uns? Kriemhild hatte aus dem Sarg gesimst. Geduldiges Abwarten gehörte nicht zu den Stärken ihrer Schwester. Konny ignorierte die SMS.

Frau Giesing trank genüsslich einen winzigen Schluck Espresso. Dann setzte sie die Tasse wieder ab, nicht auf die Schreibtischplatte, sondern auf einen Stapel mit Rechnungen. So, wie sie dabei schaute, tat sie es in der Hoffnung, dass es Kaffeeflecke auf dem Papier geben würde. »Hören Sie auf, meinen Mann zu diffamieren!«, fing sie einleitungslos an.

Konny wollte auf unschuldig machen, aber da trompetete es in Hüfthöhe erneut.

Sag schon!, verlangte Kriemhild.

Konny wollte ihr Handy auf lautlos schalten, aber dann kam ihr der Gedanke, dass Kriemhild vor lauter Wissensdurst ihren Sarg verlassen könnte. Ganz auszuschließen war das nicht. »Einen Moment bitte.« Konny tippte ihre Antwort.

Sie droht uns. Später mehr.

Konny schob das Handy wieder in die Tasche. »Ihr Mann …«, setzte sie an, wurde aber von Frau Giesing schnöde unterbrochen.

»Sie altes Schrapnell haben öffentlich behauptet, mein Mann hätte mich erschossen. Sehen Sie mich an: Wirke ich auf Sie wie eine Tote?« Sie verschränkte die Arme.

Konny blieb stumm.

Auf den alten Fotos im Keller des Giesing-Bungalows hatte Frau Giesing noch etwas rundlicher und definitiv freundlicher gewirkt. Die langen Jahre als Vampir im Keller hatten sie ausgezehrt und zur Giftspritze werden lassen.

»Wir hatten die Polizei im Haus! Ich will mir gar nicht vorstellen, was die Nachbarn jetzt von uns denken.« Frau Giesing presste die Lippen aufeinander.

Konny sagte immer noch nichts. Das hatte sie als Journalistin gelernt: Wenn man schwieg, fühlte sich das Gegenüber zwanghaft dazu getrieben, die Stille mit Worten zu füllen – und plapperte dann oft Dinge aus, die gar nicht hätten ausgeplaudert werden sollen.

Frau Giesings Augen wurden zu schmalen Schlitzen. »Ich habe keine Ahnung, welchen Plan Sie mit dieser Verleumdungskampagne verfolgen, aber … meine Güte, schalten Sie doch gefälligst Ihr Handy aus.«

Es trompetete schon wieder.

Hä?

Konny las, was sie zuvor getippt hatte.
Sie Drohne uns. Spätestens mehrmals.
Womöglich hatte sie sich mit ihren Wurstfingern einfach vertippt, wobei Konny sowas immer gern auf die Autokorrektur schob. Es half, wenn man sich die Autokorrektur als winzigen Elf im Handy vorstellte, der so gern helfen wollte, aber in Wirklichkeit betrunken war.
»Hallo? Hier spielt die Musik!« Frau Giesing wedelte mit der Hand vor Konny herum. Sie vertrug es offenbar nicht, wenn sie nicht im Mittelpunkt des Geschehens stand.
Konny tippte *Ruhe jetzt!* und schaltete ihr Handy auf lautlos.
»Frau Giesing, Ihr Mann hat eine Frau erschossen … äh … also, zwei Frauen mit meiner Schwester. Ich weiß das, und Sie wissen das auch. Deswegen haben Sie heute Nacht einen Killer zu uns geschickt. Falls das nicht sogar Ihr Mann war.«
Konny wackelte mit den Augenbrauen. Es sollte bedeutungsschwanger wirken, erinnerte aber – mangels regelmäßigen Zupfens – an Tarantella tanzende Raupen. Der Ball lag jetzt im Feld von Frau Giesing. Die trat an die Zimmervoliere und kraulte Chuck Norris, der das widerstandslos – sogar hingebungsvoll – mit sich geschehen ließ. Weder der Kater noch der Papagei hatten einen Radar für Mörder und Mordsgesellen, dachte Konny nicht zum ersten Mal. Im Gegenteil: Je schlimmer der Charakter dessen, der sie kraulte, desto liebestrunkener gebärdeten sie sich. So verzückt, wie Chuck Norris gerade war, musste die Giesing der Teufel sein.
»Das, meine Teure, sind nur die Anschuldigungen einer verwirrten alten Frau, geboren aus der tiefen Trauer um ihre Schwester.« Frau Giesing drehte sich um. Chuck Norris machte enttäuschte Klickgeräusche. »Wer wird Ihnen glauben?«

»Das werden wir ja sehen.«
Die beiden Frauen musterten sich wie zwei Duellanten.
Weil Konny ihr Handy nicht ausgeschaltet, sondern nur auf lautlos gestellt hatte, vibrierte jetzt ihre Hüfte. Sie wollte aber verdammt sein, wenn sie den Blick abwendete. Und sie gewann.
Frau Giesing sah als Erste zur Seite, schaute zum Fenster hinaus und drohte mit ihrer silberhellen Stimme: »Sie ahnen doch sicher, wie einflussreich mein Mann ist. Er hat allerbeste Beziehungen. Wollen Sie, wegen einer Fata Morgana im Morgengrauen, Ihr Lebenswerk verlieren?«
»Drohen Sie u- ... mir?« Die Raupen tanzten wieder.
»Aber nein.« Frau Giesing sah sich im Büro um, als würde sie es auf Abhöranlagen absuchen. »Ich gebe Ihnen nur einen freundschaftlichen Rat. Verrennen Sie sich nicht in Anschuldigungen, die Sie nicht beweisen können. Sonst wären mein Mann und ich gezwungen, die besten Anwälte einzuschalten und auf Unterlassung zu klagen. Vielleicht sogar auf Schadensersatz. Weil wir psychisch von Ihren Verleumdungen zerrüttet wurden.« Sie zuckte mit den Schultern. »Das kann schnell unglaublich teuer werden. Wollen Sie das wirklich riskieren?«
Es vibrierte wieder. Konnys Nerven, ohnehin zum Zerreißen gespannt, rissen. Sie öffnete die Bürotür und brüllte: »Herrje, ich komme ja gleich!«
Frau Giesing lächelte fein. Ihr Manöver zur Entnervung des Gegners zeigte Früchte. »Ich sehe schon, die Arbeit ruft.«
Sie ging zur Haustür. Eigentlich war es mehr ein Tänzeln mit possierlichen Pirouetten, wann immer sie abbog. Bestimmt hatte sie als Kind Ballettunterricht genossen. Auf der obers-

ten Stufe der Treppe drehte sie sich noch einmal zu Konny um. Von ihrem Kokettgrinsen, mit dem sie die Männer beglückt hatte, war nichts mehr übrig. »Nochmals mein Beileid zum tragischen Verlust Ihrer Schwester. Das erinnert uns doch daran, dass wir jeden Tag genießen sollten, nicht wahr? Man weiß nie, ob man morgen früh wieder aufwacht. Das kann so unglaublich schnell gehen …«

Und dann fuhr sie sich mit der Handkante über die Kehle. Auch wenn es für Außenstehende so aussehen mochte, als würde sie nur den Knoten des Kopftuches richten wollen.

Frau Giesing lächelte fein, setzte ihre Sonnenbrille auf und tänzelte zu ihrem Wagen.

Konny fröstelte.

Viele Köche verderben die Köchin

Dreißig Grad im Schatten. In der Küche gefühlt zehn Grad mehr. Der Tag entwickelte sich zu Konnys persönlicher Kneipp-Kur.

Sie wischte sich den Schweiß von der Stirn und nahm sich fest vor, ihr Leben dringend auf die Reihe zu bekommen. Diese Temperaturen machten ihr klar, dass sie nicht in die Hölle kommen durfte – Hitze war definitiv nicht ihr Ding. Und dass sie diesen schwarzen Lappen trug, machte es nur noch schlimmer.

»Alternativ kann ich Ihnen eine Fertigpizza anbieten«, sagte sie zu Herrn Hopp, der keine Pilze mochte. Wegen deren mangelnder Bissfestigkeit. »Da kann man auch gleich auf einem Badeschwamm herumkauen«, lautete sein O-Ton, als er hörte, dass es an diesem Abend Pilzpfanne geben sollte.

»Pizza. Prima!« Er trat in den Flur und stieß mit der Schober'schen Schachtel zusammen. »Hoppla. Soll ich Ihnen die hier wegräumen?«, bot er Konny an und hob den rechten Arm, um ihr seinen Bizeps zu zeigen. »Ich schaffe das.«

»Danke, nicht nötig.«

Gleich nach dem Essen würde sie nachsehen, was sich in der Kiste wirklich befand. Aber erst brauchte sie eine Stärkung. Sie hatte an diesem Morgen nicht gefrühstückt. Und ihre weiblichen Rundungen entstanden ja nicht von allein.

Konny nahm eine Pizza Vier Jahreszeiten aus dem Tiefkühlfach, sah sich verstohlen um, klaubte die darauf befindlichen Pilze herunter und schob das Ding in den Backofen.

Voilà, für die Extrawurst war gesorgt. Für alle anderen hatte der phantastische Lambert eine Pilzpfanne gezaubert, die auf dem Herd simmerte und in die Konny die Pizzapilze warf. Aus irgendeinem Grund hatten an diesem Tag alle zusätzlich ein Abendessen gebucht: die Friedrichs, die Senftlebens, Kommissar Tröndle, Herr Hopp und sogar Frau Gelbhaar und ihre Freundin.

Lambert deckte gerade den Esstisch ein. Konny bedachte ihn mit einem mütterlichen Blick voller Stolz. Dieser junge Mann war ein Gottesgeschenk – ohne ihn hätten sie die Pension nicht wieder zum Laufen gebracht. Und nun stand er da und faltete aus den Stoffservietten kleine Schwäne, obwohl das überhaupt nicht in seiner Stellenbeschreibung stand. Diese Einsatzfreude, diese Kompetenz.

Sie seufzte. Das Leben könnte so schön sein … wenn es nur nicht so wäre, wie es war.

Konny lief hinüber in den Salon.

»Ich halte das nicht mehr lange aus.« Sie warf sich aufs Sofa.

»Vielleicht kriegt er den Dreh ja noch raus.« Kriemhild saß immer noch – oder schon wieder – im Sarg. Wegen der Hitze mit einem kleinen Klapp-Ventilator in der Hand. Sobald das alles hier vorbei war, musste Konny mit ihr über diese Besessenheit von ihrem Kuschelsarg reden. Besser noch, sie in Therapie schicken.

Der Sarg schien zu vibrieren. Wie alles im Salon. Denn drüben im Büro blockflötete schon wieder Klein-Wilmer. Vor allem laut. Konny vermochte keine Fortschritte herauszuhören. Aber für eine Karriere als *Death-Metal*-Flötist würde es reichen.

»Das meine ich nicht. Ich rede von Frau Giesing!« Konny hatte Kriemhild die Abschiedsworte von Frau Giesing nach deren Abgang verbatim – und etwas zittrig – übermittelt.

Kriemhild focht das nicht weiter an.
»Wie kannst du so seelenruhig mit deinem Handy spielen, wenn unsere Zukunft … und vielleicht unser Leben in Gefahr sind?« Konny fächelte sich mit den Handrücken Luft zu.
»Pillepalle!«, erklärte Kriemhild. »Vor diesem alten Saftsack und seinem blondierten Schwundhirn-Schnuckel habe ich keine Angst.«
»Aber was, wenn er das Finanzamt auf uns ansetzt? Wie sollen wir erklären, woher wir das Geld hatten, um die Pension zu sanieren?«
»Meine Güte, hab dich nicht so. Wir haben es angespart.«
»Angespart? Von was? Dem Haushaltsgeld, das dir der Kommodore gegeben hat?«
»Ich habe immer sehr wirtschaftlich gehaushaltet!«
»Aber doch nicht so wirtschaftlich, dass vom Gehalt eines Hochseeschifffahrtskapitäns neben den laufenden Kosten noch eine fast siebenstellige Summe übrig bleibt!«
Kriemhild hielt ihren Hand-Ventilator in Richtung ihrer Schwester. »Du bist überhitzt. Nimm eine kalte Dusche.«
Manchmal beneidete Konny ihre Schwester um deren unverwüstliche Stahlnervigkeit. Zwillinge konnten eben doch zwei völlig verschiedene Menschen sein. Oder eine von ihnen war in der Neugeborenenstation des Krankenhauses versehentlich vertauscht worden. Konny tippte ja eher auf diese Variante.
»Die Gefahr ist real!«, beharrte Konny.
»Du hyperventilierst. Setz dich hin und leg den Kopf zwischen die Knie«, riet Kriemhild, die wie eine Eins im Sarg saß und ihr Handy anstarrte. Es war ein älteres Modell, das längst hätte ausgetauscht werden müssen. Kriemhild musste es so oft auf-

laden, dass es eigentlich als Festnetztelefon durchging. Auch jetzt zog sich ein Verlängerungskabel aus dem Sarg zur Steckdose für die Stehlampe. »Auf der Online-Seite der Zeitung steht, dass dieser Automensch am Steuer einen Schwächeanfall erlitten hat und deshalb den Unfall baute. Die Polizei geht davon aus, dass er der Mörder der Frau im Kofferraum ist, weil seine Fingerabdrücke auf der Waffe gefunden wurden, die ebenfalls im Kofferraum lag und mit der die Frau erschossen wurde.« Kriemhild sah auf.

Während Konny tat, wie ihr geheißen wurde, und mit dem Kopf zwischen den Knien sah, dass unter dem Sofa dringend Staub gesaugt werden musste, überlegte Kriemhild laut: »Gut, vielleicht habe ich mich geirrt, und Giesing hat seine Frau nicht erschossen.«

Konny murmelte etwas.

»Wie bitte? Sprich deutlicher!«

Konny hob den Kopf. »Seine Frau war heute Morgen bei uns. Du hast dich also ganz bestimmt geirrt.«

»Nur in der Identität der Toten, nicht in der Tatsache an sich.« Kriemhild guckte streng. »Aber bei der Identität des Schützen bin ich mir absolut sicher – das war nicht dieser Wohlfahrt, das war Giesing! Der Wohlfahrt hat die Leiche nur entsorgt.«

Konny wollte aus der Tiefergelegten einwenden, dass nur die Fingerabdrücke des Automenschen auf der Tatwaffe gefunden worden waren, aber sie lag oft genug im Bett und schaute vor dem Einschlafen amerikanische Krimiserien, um zu wissen, dass sich so etwas leicht fälschen ließ. Giesing hatte die Tatwaffe sauber gewischt und sie dann Wohlfahrt in die toten Hände gedrückt. Oder so ähnlich.

Kriemhild grübelte. »Wenn es nicht seine Frau war, dann vielleicht seine Geliebte? Sie wurde schwanger, und das hätte seinem Ansehen in der Partei geschadet?«

Konny hob den Kopf. »O bitte, in seiner Partei gehört es doch quasi zum guten Ton, in fortgeschrittenen Jahren noch mal die eigene Virilität unter Beweis zu stellen, indem man seine Sekretärin schwängert.«

»Gut gedacht!«, lobte Kriemhild. »Rufe bei ihm im Büro an und stelle fest, ob seine Sekretärin noch lebt.«

»Ich finde, wir sollten uns jetzt etwas bedeckt halten, bis Kommissarin Klum die Morde aufgeklärt hat.«

»Wenn du es nicht machst, dann mach ich es.« Kriemhild hob ihr Handy.

»SEEHUNDKACKE!«, krähte Chuck Norris über die infernalischen Blockflötentöne von Wilmer hinweg.

»Runter«, befahl Konny, sprang auf und warf den Sargdeckel zu.

Keine Sekunde zu früh.

Anklopfen und Eintreten waren für die Freundin von Frau Gelbhaar eins. »Ich hoffe, ich störe nicht.«

Konny setzte einen milden Gesichtsausdruck auf. In ihr tobte die Panik. Weil das Verlängerungskabel immer noch aus dem Sarg ragte …

Aber die junge Frau bemerkte das nicht. »Ich habe Eckbert angerufen. Er kommt morgen. Sie haben doch noch ein Zimmer für ihn?«

»Eckbert?«, fragte Konny, führte die Frau in den Flur und schloss die Tür hinter sich.

Prompt prallte sie wieder gegen die Kiste. »Aua.« Sie rieb sich den Hintern.

Die Gelbhaar-Freundin kümmerte Konnys Schmerz nicht weiter. »Eckbert Quint, der Parapsychologe, von dem ich sprach.«

»Ah.« Konny wollte gerade zu einer langen Rede, besser gesagt: Ausrede, anheben, warum dieses Haus keinen Geisterjäger brauchte, aber Lambert kam ihr zuvor. Dieser Mann besaß das feine Gehör einer Fledermaus. Und konnte sich ebenso schnell, wenn auch nicht ganz so flatternd, anschleichen.

»Sie haben Glück, vorhin ist zwar noch ein Gast zu uns gestoßen, aber wir haben hier im Haupthaus noch eine Suite frei.«

»Hier im Haupthaus?«, quietschte Konny. Nicht gut, nicht gut, dachte es in ihr.

»Perfekt«, freute sich dagegen die junge Frau. Sie folgte Lambert an die Rezeption.

Konny ging in die Küche. Es duftete herrlich nach Lamberts Pilzpfanne und nach Käse. Letzteres musste an der Pizza für Herrn Hopp liegen.

»Kann ich helfen?« Kommissar Tröndle stand in der Tür zum Esszimmer. Er hatte sich umgezogen und trug jetzt einen dunklen Anzug. »Ich würde mich gern nützlich machen, das lenkt ab.«

Der arme Mann. Da wollte er in seinem Alter der Liebe noch einmal eine Chance geben, fand aber die Frau, die seinem Herzen den Glauben an Romantik zurückgegeben hatte, tot vor. Konny überlegte, ob sie ihn einweihen sollten.

»Wer hat denn die Pizza in den Backofen geschoben?« Tröndle ging neben ihr in die Knie.

»Ich«, sagte Konny stolz. Ihre Leistungen in der Küche mochten wenige sein, aber was sie machte, machte sie …

»Die liegt falsch herum auf dem Gitterrost.«

Konny fiel schlagartig wieder ein, dass sie die Pizza mit dem Belag nach unten in den Ofen geschoben hatte. Der Käse schlierte auf die herabgefallenen Salamischeiben. Herr Hopp würde sich mit einem Käsebrot begnügen müssen.

»Mögen Sie Pilzpfanne?«, fragte Konny Herrn Tröndle.

»Habe ich eine Wahl?« Er grinste.

Essen Sie, worauf immer Sie Appetit haben, und wenn Ihnen jemand deshalb Vorhaltungen macht, dann essen Sie den auch!

»Guten Appetit!«

Tröndle, der sich als wahrer Meister der Kochkunst erwiesen hatte, schaute zufrieden in die hungrige Tischrunde. Er hatte die Pilzpfanne mit echter Butter und ein paar Kräutern und womöglich mit Geheim-Ingredienzien aufs Köstlichste abgerundet – Konny hatte testen dürfen und konnte die Köstlichkeit bezeugen. Lambert hatte allen aufgetragen. Herr Hopp bekam ein von Tröndle in aller Eile zubereitetes Omelett mit Kräutern, ebenso wie Wilmer, der entsetzt gerufen hatte: »Pilze? Ich will aber keine Pilze essen. Da wohnen Schlümpfe drin!«

Amenhotep saß unter dem Tisch und wartete darauf, dass jemand Mitleid mit ihm bekam und ihm etwas abgab. Wobei sein wohlgerundetes Bäuchlein, prall wie eine Tonne, nicht den Eindruck erweckte, als würde er in diesem Haushalt Hunger leiden.

Konny setzte sich an das freie Kopfende. Seit frühesten Kindertagen, als sie mit ihren Eltern, ihren Großeltern mütterlicherseits und ihrer Schwester hier ihre Tante besucht hatten, der die Villa einst gehört hatte, war in diesem Esszimmer keine so große Runde mehr einvernehmlich beim Abendessen versammelt gewesen.

Und weil alle ein Mittagsschläfchen gehalten hatten, war auch niemand mehr verkatert und grantig.

»Lecker«, lobte Herr Friedrich.

Lambert und Tröndle nickten geschmeichelt.

»Ja, wirklich sehr fein«, sagte Konny.

Frau Gelbhaar und ihre Freundin nickten mit vollen Mündern.

»Schmecke ich da Koriander heraus?«, wollte Herr Senftleben wissen. »Ich koche auch und darf sagen, dass ich einen sensiblen Gaumen besitze.«

Lambert, der ursprünglich nur zwei Dosen Champignons in eine Lache aus Olivenöl gegossen hatte, sah zu Tröndle, dem eigentlichen Zauberer am Herd.

»Richtig erkannt. Aber nur den Hauch einer Prise. Wenn man Koriander nicht mit Fingerspitzengefühl einsetzt, wird er schnell allzu dominant. Ich habe auch noch etwas Kreuzkümmel dazugegeben.«

Für Konny waren das böhmische Dörfer. Sie schmeckte nur heraus, dass es wirklich vorzüglich war.

Dazu gab es verschiedene Brotsorten, die Lambert noch rasch vom besten Bäcker der Stadt geholt hatte. Die Senftlebens gehörten zu den Menschen, die ihre Brotscheiben ordentlich mit guter Butter bestrichen, Herr Hopp verzichtete auf Butter und brach sein Brot. Dabei krümelten ihm Teile unter den Tisch. Was den scharfen Augen von Amenhotep nicht entging. Man hörte zufriedenes Schmatzen.

Konny sagte dazu nichts. Sie war schon froh, dass sich keiner der Anwesenden über Tiere im Esszimmer beschwerte. Oder darüber, dass es an einem für die Jahreszeit so ungewöhnlich heißen Tag eine heiße Pilzpfanne gab.

Außer ihr und Tröndle war niemand vollständig bekleidet. Die Männer trugen teilweise Bermudashorts und in einem Fall –

keine Namen, aber die Shorts waren so senfgelb wie sein Name – sogar ein Netzhemd. Die Frauen hatten sich in bunte Trägerkleidchen gehüllt. Sogar Lambert hatte sich für eine leichte Leinenhose und ein weißes Hemd entschieden, das er weit offen trug. Obwohl alle Fenster im Haus offen standen, ging kein Luftzug.

Konny dachte ganz kurz an Kriemhild. Der Hand-Ventilator würde bei dieser Hitze nicht viel bringen. Im Salon herrschte eine Hitze wie in einer Sauna kurz nach dem Aufguss. Deswegen hatte Kriemhild auch auf Konnys Angebot verzichtet, ihr etwas zu essen zu bringen.

»Das sind aber nicht nur Champignons, oder?«, erkundigte sich Frau Gelbhaar und inspizierte den deutlich unchampignösen Pilz auf ihrer Gabel.

Lambert schüttelte den Kopf, kaute schneller, schluckte und meinte dann: »Nein. Da ich nicht genug Dosen hatte, habe ich noch ein paar der Pilze hinzugegeben, die ...« Er verstummte abrupt und senkte den Blick.

»Die meine Schwester gesammelt hat, bevor sie ...« Auch Konny verstummte. Für die eine oder den anderen am Tisch mochte es möglicherweise unpassend sein, die Pilze einer vermeintlich Toten zu essen. Auf diesen Gedanken war Konny leider zu spät gekommen. In diesem Leben würde sie es sich auch nicht mehr angewöhnen, erst zu denken und dann zu reden.

»Kannte Kriemhild sich mit Pilzen aus?«, fragte Tröndle.

»O ja, bei Pilzen konnte ihr keiner etwas vormachen«, rief Konny rasch. »Sie war da immer sehr vorsichtig.«

Frau Gelbhaar ließ den Pilz auf ihrer Gabel trotzdem unter den Tisch rutschen. Den Boden erreichte der Pilz nicht, Amenhotep war schneller als die Schwerkraft.

Konny entging das natürlich nicht. »Sie müssen sich wirklich keine Sorgen machen. Sehen Sie – ich esse mit Gusto!« Sie spießte mehrere Pilze auf und schob sie sich in den Mund. »Mmmmh«, murmelte sie.

Sie tat nicht nur so. Sie wusste mit absoluter Sicherheit, dass Kriemhild eine sehr gewissenhafte Pilzsammlerin mit viel Erfahrung war. Aber …

Mitten im Kauen hielt sie inne.

Der Korb mit den Pilzen hatte offen in der Küche gestanden. Jeder hätte sich daran zu schaffen machen können. Und hätte beispielsweise ein paar hochgiftige Fliegenpilze daruntermischen können.

Siedend heiß fiel Konny ein, dass Frau Giesing an diesem Morgen durch den Garten gekommen sein musste. Der Dreck an ihren Ballerinas sprach eine deutliche Sprache. Wenn sie aber das Haus durch die Hintertür betreten hatte, dann war sie auch an der offenen Küchentür vorbeigekommen. Hatte dort den Korb gesehen. Vielleicht war das von Anfang an ihr Plan gewesen. Warum sonst hätte sie sich durch den Garten anschleichen sollen? Die Polizei hatte ihrem Mann ja gesagt, dass Kriemhild beim Pilzsammeln angeschossen worden war …

Konny schluckte. Allerdings schluckte sie trocken. Die Pilze spuckte sie zurück auf ihren Teller.

Alle am Tisch erstarrten.

»Was ist los?«, fragte Tröndle, mit seiner offiziellen Kommissarstimme.

»Lambert, haben Sie gesehen, ob sich Frau Giesing heute Morgen in der Küche zu schaffen gemacht hat?«

»Ja, ich habe sie in der Küche angetroffen.« Lambert nickte. »Dann habe ich sie zu Ihnen in den Salon geschickt.«

Konny spürte, wie ihr alle Farbe aus dem Gesicht wich. Sie sah in die Runde.

Keiner kaute mehr – außer Wilmer –, aber noch wirkte keiner wirklich besorgt. Sie sah zu Tröndle.

»Meine Schwester wurde vorgestern angeschossen, als sie hier in der Nähe Pilze sammelte. Von einem Mann namens Giesing. Dessen Frau war heute Morgen hier. Und hat uns ... mich ... bedroht. Sie sagte wortwörtlich, ich solle das Heute genießen, weil ich nicht wissen könne, ob ich morgen wieder aufwache, das könne unglaublich schnell gehen.«

Tröndle legte Messer und Gabel aus der Hand, sagte aber nichts.

»Wie bitte?«, rief Herr Senftleben. »Wollen Sie damit andeuten, dass ...« Er schaute auf seinen Teller, den er zu drei Vierteln leer gegessen hatte.

Konny hätte nicht geglaubt, dass dieser Netzhemdträger und Weberknechtphobiker so schnell eins und eins zusammenzählen konnte.

»Was ist, wenn sie giftige Pilze untergemischt hat? Damit es wie ein Unfall aussieht?«

»Oh. Mein. Gott.« Frau Friedrich riss den Teller ihres Sohnes zur Seite, obwohl Wilmer ja gar keine Pilze gegessen hatte, sondern ein Kräuteromelett. Das war der mütterliche Beschützerinstinkt, der wirkte auch unreflektiert und automatisch.

»Immer mit der Ruhe«, sagte Tröndle und hob beschwichtigend die Hände. »Das scheint mir doch sehr weit hergeholt.«

»Da!«, gellte die Freundin von Frau Gelbhaar und zeigefingerte unter den Tisch. »Die Katze ist tot. Sie hat einen meiner Pilze gegessen, und jetzt ist sie tot.«

Alle beugten sich zur Seite, um unter die Tischplatte schauen zu können.
Und ja, unter dem Tisch lag Amenhotep. Reglos. Sein Bäuchlein hob und senkte sich nicht.
Konny sprang so rasch auf, dass ihr Stuhl nach hinten kippte.
Alle sprangen auf. Mit Panik im Gesicht.
»Lassen Sie uns jetzt die Ruhe bewahren.« Kommissar Tröndle sah sich um. »Lambert, sammeln Sie die Reste der Pilzpfanne ein und geben Sie sie in einen Plastikbeutel«, befahl er. »Herr …« Er sah zu Herrn Hopp.
»Hopp«, sagte der.
»Herr Hopp, Sie sind der Einzige, der keine Pilze gegessen hat. Sie müssen jetzt vor allem einen kühlen Kopf bewahren. Können Sie einen VW-Bus lenken?«
Hopp nickte.
»Gut, dann fahren Sie uns.« Er drehte sich zu Konny. »Sie verständigen die Notrufzentrale. Die sollen im Krankenhaus Bescheid geben, dass wir kommen.« Er sah sich um. »Keine Panik, die meisten giftigen Pilze sind relativ harmlos und führen nur zu Brechdurchfall. Wir begeben uns jetzt alle ins Krankenhaus zu einer Blutuntersuchung.«
»Ich habe neulich erst gelesen, dass der Knollenblätterpilz dem Champignon verblüffend ähnlich sehen soll«, meldete sich Senftleben zu Wort und schnalzte mit dem Träger seines Netzhemdes. »Dieser Knollenblätterpilz soll dermaßen toxisch und organschädigend sein, dass man schon nach kleinsten Mengen sofort eine Lebertransplantation braucht.«
Frau Friedrich und die Freundin von Frau Gelbhaar fingen an zu weinen.

Tröndle schüttelte vorwurfsvoll den Kopf in Richtung Senftleben. Das kümmerte den nicht weiter.

Herr Senftleben schaute sich vielmehr skeptisch um und zählte ab. »Ob die im hiesigen Provinzkrankenhaus neun Lebern auf Halde haben oder müssen wir Streichhölzer ziehen?«

Triumphzug. Nur ohne Triumph. Und ohne Zug.

Mitternacht.

Nebel.

Die müden Helden kehrten heim. Immerhin lebten sie noch.

Wilmer saß im VW-Bus von Kommissar Tröndle direkt hinter Herrn Hopp. Eine Weile traute er sich nicht, aber dann streckte er doch sein Ärmchen weit nach vorn und zupfte an dem tuffigen Haarbüschel, das vor ihm über der Kopflehne des Fahrersitzes wippte. Das Haar erwies sich als echt, nicht als Teddybär-Füllung. Wilmer hatte im Grunde damit gerechnet, war aber trotzdem enttäuscht. Zur Sicherheit zupfte er nochmal. Diesmal fester.

»Huch!« Herr Hopp verriss vor Schreck den Lenker, und der VW-Bus machte einen Schlenker ins Grün.

Keinen der Erwachsenen kümmerte es, ob Hopp wirklich wie ein Mädchen kreischte, weil ihm unverhofft am Haupthaar gezogen wurde, oder ob er einfach nur den kleinen Wilmer entertainen wollte, der sich die letzten Stunden im Krankenhaus entsetzlich gelangweilt hatte. Sie alle kämpften mit den Folgen dessen, was sie gerade durchlebt hatten. Genauer gesagt, durchlitten.

»Ich habe noch nie etwas so Großes im Mund gehabt«, stöhnte Frau Senftleben.

Herr Senftleben öffnete den Mund, um etwas zu sagen, aber sie erklärte lautstark und final: »Noch nie!«

Herr Senftleben verstummte schmollend. Allen war klar, worauf er hatte anspielen wollen. Männer! Wenn Kerle menst-

ruieren könnten, würden sie mit der Größe ihrer Tampons prahlen.
Eigentlich hatte der junge Arzt in der Notaufnahme erklärt, dass man heutzutage keine Mägen mehr auspumpte, weil es keine wirklich hinreichenden Belege zur Wirksamkeit der Gift-Elimination gab. Außerdem wollte er erst die toxikologischen Befunde abwarten. Aber dann drohte unter den Pensionsgästen eine hysterische Panik auszubrechen, ausgelöst durch Konnys unnachgiebige Forderung: »Ich will sofort eine Magenspülung!« Alle wollten sie daraufhin eine haben, sogar Tröndle und Lambert, die eigentlich die Stimmen der Vernunft waren.
So wurde also Herr Hopp mit Wilmer in die Krankenhaus-Cafeteria geschickt, wo die beiden sich an Kuchen und Süßigkeiten gütlich taten. Und wegen des Zuckerrausches war Wilmer auch zu dieser späten Stunde immer noch hellwach und hyperaktiv. Gott sei Dank hatte niemand seine Blockflöte eingepackt.
Das Display von Tröndles Handy leuchtete auf. Obwohl Konny die Pensionswirtin war, hatte der diensthabende Arzt sich in allen Dingen immer an Tröndle gewandt. Das war purer Sexismus. Oder lag darin begründet, dass Tröndle als Einziger relativ gefasst blieb und so etwas wie gesunden Menschenverstand ausstrahlte.
»Ist das das Krankenhaus?«, rief Frau Friedrich. »Weiß man schon mehr?«
Der Arzt hatte versprochen, sofort eine Textnachricht zu schicken, sobald das Ergebnis der Blutuntersuchungen vorlag.
»Nein. Das ist nur der Alarm für den Akku. Der ist gleich leer.«

Frau Friedrich seufzte. Die Unsicherheit setzte ihr zu.

Herr Hopp fuhr sehr langsam und umsichtig. Die Straße sah man nur, wenn der Nebel kurzzeitig aufriss. Was er selten tat. Es war, als würden sie auf einem fliegenden Teppich mitten durch eine Wolke reisen. Wilmer war begeistert und drückte seine Nase an der Scheibe platt.

»Hier rechts«, sagte Konny, die die Strecke auswendig kannte. Herr Hopp bog von der Landstraße auf die Zufahrt zur Pension.

Die Scheinwerfer des Wagens gaben sich redlich, aber größtenteils vergeblich Mühe, sich durch den Nebel zu kämpfen. Doch plötzlich schien sich der Nebel wie der Vorhang einer Theaterbühne zu heben, und die Pension tauchte in ihrer ganzen Jugendstilschönheit vor ihnen auf.

Auf den ersten Blick zog nur die Außenleuchte im Kolonialstil neben dem Haupteingang die Aufmerksamkeit auf sich. Sie flackerte.

Das Haus selbst – ebenso wie die umgebaute Scheune – schien wie mit Weichzeichner hinskizziert und war nicht deutlich auszumachen.

Doch dann …

War da nicht eine Bewegung oben vor dem Bullauge vom Schlafzimmer des Kommodore?

Konny blinzelte.

Sie saß vorn neben Hopp, dahinter Tröndle und die Friedrichs, gefolgt von den Senftlebens und den Gelbhaars eine Reihe weiter. Lambert kauerte ganz hinten im Gepäckablagebereich.

»Was ist das da?«, fragte Wilmer und zeigte zur Pension.

Hopp trat sofort auf die Bremse. Nicht abrupt, aber doch so, dass er nicht versehentlich das Reh überfuhr, das möglicherweise auf der Zufahrt zur Pension stand. Er hatte es den anderen nicht gesagt, aber eigentlich war er nachtblind. Und wenn ein Nachtblinder auf Nebel traf, resultierte daraus im Grunde ein Blinde-Kuh-Spiel.

Als der VW-Bus stand, beugten sich alle vor und schauten zum Haus.

»Ich sehe nichts …«, meinte Tröndle. Aber dann sah er es doch.

Zeitgleich mit Frau Friedrich, die gellend aufschrie.

Jetzt sahen es die anderen auch.

Es war weiß. Und schwebte. Mit dem Kopf nach unten. Oben, am Bullauge des ehemaligen Zimmers des Kommodore.

»Das Gespenst«, flüsterte die Freundin von Frau Gelbhaar.

Konny wusste natürlich, dass es ihre Schwester sein musste. Und wenn Konny nicht gerade unter höllischen Schmerzen für den gesamten Schluckapparat der Magen ausgepumpt worden wäre, dann wäre sie womöglich auch etwas mitfühlender gewesen. So presste sie nur genervt die Lippen zusammen. Kriemhild schien sich weit aus dem Fenster zu beugen. Und offenbar lösten sich schwerkraftverursacht die Haarnadeln, mit denen sie ihren eisengrauen Zopf wie einen Heiligenschein um ihren Kopf gesteckt hatte, denn nun flatterte nicht nur ihr Nachthemd, sondern auch ihre Haare.

»Ist das nicht … Kriemhild?«, fragte Tröndle und klang fassungslos.

»Mein Gott, es ist der Geist Ihrer Schwester«, hauchte die Freundin von Frau Gelbhaar.

»Nein …«, stotterte Konny. Sie stotterte, weil der Anblick sie verwirrte. Wie konnte Kriemhild mit dem Kopf nach unten aus dem Fenster hängen? Wer hielt sie fest? Und warum strampelte sie nicht mit Armen und Beinen, sondern schien in der Luft zu stehen? Als ob Hans Klok seinen Zaubertrick mit der schwebenden Jungfrau vollführte? War das ein Traumbild? Konny zwickte sich, um mehr Realitätsnähe zu erzielen.

»Die Tote geht um«, hauchte Frau Senftleben und bekreuzigte sich.

»Unsinn«, rief Tröndle. Der VW-Bus stand nicht mehr wirklich weit vom Haus entfernt. Der Kommissar öffnete die Tür und sprang aus dem Wagen. »Kriemhild!«, gellte er.

Was immer da aus dem Bullauge hing, es verschwand augenblicklich im Zimmer.

Tröndle marschierte los. Die anderen sprangen ebenfalls aus dem Wagen und setzten ihm nach. Bis auf Konny und Lambert.

»Was machen wir jetzt?«, fragte Lambert heiser. Er hatte das Auspumpen am schlechtesten von allen vertragen.

Konny zuckte mit den Schultern. »Es war abzusehen, dass wir diese Charade nicht lange durchhalten können. Kommen Sie, klären wir das Ganze auf.«

Tröndle schritt zielstrebig auf die Pension zu. Hinter ihm die Pensionsgäste, wie verängstigte Schafe, die ihrem Hirten folgten. Dann kam lange nichts. Zu guter Letzt Konny und Lambert.

»Die werden alle ihr Geld zurückverlangen«, prophezeite Konny düster.

»Für erbrachte Leistungen geht das nicht mehr. Aber wenn die morgen geschlossen abreisen, können wir ihnen eher nicht den vollen Preis berechnen.« Lambert schluckte.

Sie holten die anderen an der Haustür ein, weil beim panikartigen Aufbruch keiner an den Schlüssel gedacht hatte. Lambert, dessen Generalschlüssel an seinem Gürtel befestigt war, öffnete die Tür.

»VERSIFFTE PIRATENBANDE!«, begrüßte sie Chuck Norris eher halbherzig als lautstark. Der Papagei, der aus dem Tiefschlaf kam.

Ganz kurz staunte Konny, dass die Kiste der Schobers nicht mehr im Flur stand, aber die anderen drängten weiter.

Alles in allem hatten sie vom Wagen bis in den Flur eine gute Minute gebraucht. Selbst wenn Kriemhild wie ein Wiesel auf Speed auf allen vieren die Treppe hinuntergespurtet wäre, hätte ihr die Zeit nicht gereicht, um in den Sarg zu klettern. Also, vielleicht hätte sie es – trotz Hinkebein – bis in den Sarg geschafft, aber dann hätte sie gekeucht und gehechelt, und nicht einmal ein Deko-Tuch aus Beton hätte vermeiden können, dass man sie atmen sah.

Aber als die Truppe in den Salon stürmte, Frau Friedrich das Licht einschaltete und Herr Friedrich den Sargdeckel mit Schwung aufriss …

… lag Kriemhild leichenblass und absolut reglos auf den Kissen, die Hände in ihrer üblichen Mumienstellung über der Brust gekreuzt, den eisengrauen Zopf so makellos wie immer um ihren Kopf geschlungen. Nicht einmal Pharao Ramses sah in diesem Moment so tot aus wie Kriemhild. Mausetot.

Konnys Unterkiefer glitt auf. Sie presste entsetzt die Hand vor den nunmehr weit offenen Mund.

Die Freundin von Frau Gelbhaar fiel in Ohnmacht.

Gerade rechtzeitig für Amenhotep, der – sehr lässig und sehr lebendig – in den Salon geschlendert kam, kurz an ihrem Hals schnupperte und sich dann schnurrend auf ihrem Gesicht ablegte …

Tag vier

Konnys Kummerkastenkolumne

Liebe Kummerkasten-Konny,
ich bin ein Mann, der nur zufällig auf die Seite dieser Online-Frauenzeitung geraten ist, aber ich wende mich trotzdem an Sie. Neulich haben Sie wieder einmal geschrieben, für die Männer sei das Altern einfacher – sie hätten im Altersheim die freie Auswahl und seien Objekte der Begierde. Ich als Mann habe aber auch meine Ängste vor dem Älterwerden: Haarausfall, Impotenz, dritte Zähne, Taubheit, Inkontinenz. Nach einigen Jahren als Witwer bin ich nun zu einem Neuanfang bereit, aber immer, wenn ich eine nette Dame kennenlerne und es ›zur Sache gehen‹ soll, werde ich nervös, weil ich nun mal kein viriler junger Kerl mehr bin. Und dann werfe ich das Handtuch.

M.

Lieber Mann,
erstens: Wir leben in einer Zeit, in der Sie ruhig zugeben dürfen, dass Sie eine Frauenseite lesen.
Zweitens: Falls Sie es noch nicht gemerkt haben – Sex passiert im Kopf. Ihre Geschlechtsgenossen sind zu einem großen Prozentsatz Augenmenschen und suchen etwas, das sie optisch anspricht. Wir Frauen sind mehrheitlich anders drauf: Wir verlieben uns in jemand, der uns zum Lachen bringt, auch wenn er mehr Haare in den Ohren als auf dem Kopf hat. Wir schmelzen bei einer sonoren Stimme dahin, auch wenn der Besitzer der Stimme sich wegen Harndrang alle zehn Minuten entschuldigen muss und in die Fliesenabteilung eilt. Ge-

ben Sie uns eine Chance – fassen Sie Ihre Sorgen ruhig in Worte, bevor es ›ernst‹ wird. Ich bin mir sicher, dass Ihre Befürchtungen grundlos sind. Und Ihre Auserwählte wird sich Ihnen ihrerseits mit ihren Sorgen anvertrauen – ich sage nur: Hängebrüste!

Ihre Konny

Who do you call?
GHOSTBUSTERS! (Ray Parker Jr.)

Konny hatte schon wieder nicht durchgeschlafen. Sie war nur hin und wieder in unruhigen Sekundenschlaf gefallen. Schlafen – das war ja auch unheimlich. Selbst, wenn man nicht in einem Sarg nächtigte, so wie es Kriemhild die letzten Stunden getan hatte. Nein, schlafen war grundsätzlich schaurig. Wie könnte es auch anders sein? Man legte sich in einen dunklen Raum und spielte tot, ohne zu wissen, ob man je wieder aufwachte, und das Unterbewusstsein ließ einen Film laufen, aus dem man nicht wegzappen konnte. Wenn Konny in dieser Nacht die Augen schloss, sah sie nur Horrorfilme. Gruselig! Kein Wunder, dass sie kein Auge zubekam.

Womöglich lag das aber nicht nur an den Ereignissen der letzten Tage, sondern auch daran, dass sie mit einer fremden Frau im Bett lag.

Genauer gesagt: mit Gabi.

Sie hatte einfach nicht gewusst, wohin mit ihr.

Nachdem alle anderen zu Bett gegangen waren, hatte Konny Chuck Norris aus der Voliere geholt und auf das Treppengeländer gesetzt, damit er anschlug, falls Tröndle – der ja als Einziger im Haupthaus untergebracht war – sich anschleichen sollte. Und dann hatte sie sich ihre Schwester vorgeknöpft. »Was zum Teufel hast du da getrieben?«

Kriemhild war natürlich unbußfertig. »Das könnte ich dich fragen! Mich hier völlig allein zurückzulassen. Einfach so.«

Bei dem überstürzten Aufbruch nach dem Abendessen hatte Konny in ihrer heillosen Panik dummerweise vergessen, Kriemhild von der möglichen Giftattacke durch Frau Giesing in Kenntnis zu setzen. Und weil der Akku ihres Handys leer war, hatte sie auch die unzähligen SMS von Kriemhild nicht beantwortet. Konny guckte zerknirscht.

»Genau! Im Grunde bist du wieder mal an allem schuld«, erklärte Kriemhild. »Ich fand mich völlig allein wieder. Also habe ich das Esszimmer und die Küche aufgeräumt – wer, bitte schön, hat diese Riesensauerei mit der Pizza im Backofen verbrochen?« Kriemhild hob eine Augenbraue, Konny blieb stumm. »Dann habe ich die Post hereingeholt. Ich hätte ehrlich etwas mehr Anteilnahme erwartet. Gerade mal sieben Trauerkarten, alle von hiesigen Einzelhändlern!« Kriemhild schnaubte. Es war echt ärgerlich, wenn man tot war und es keinen kümmerte. »Und jedes Mal, wenn ich durch den Flur kam, habe ich mir das Schienbein an der blöden Schachtel der Schobers angeschlagen. Also habe ich mich durch das Füllselmaterial gekämpft, und was lag drin? WAS LAG DRIN?« Kriemhilds Stimme schraubte sich kontinuierlich höher. Das war der Empörung geschuldet. »Diese unsägliche Gabi Lehmann!«

Der Kommodore und Kriemhild hatten jahrzehntelang eine funktionierende Ehe geführt. Hatte Kriemhild geglaubt und diese Verbindung auch nach dem Ableben des Kommodore nicht als vorüber betrachtet. In seiner Urne war er stets an ihrer Seite. Vor kurzem hatte sie allerdings erfahren, dass die Sexpuppe aus Silikon, die er – mit ihrem Einverständnis – auf seinen Fahrten über die Weltmeere dabeihatte, um sich nicht in jedem Hafen eine Braut suchen zu müssen, nach einem lebenden Vorbild geformt worden war: Gabi Lehmann, Ex-Stripperin und Yoga-Lehrerin. Kriemhild war aus allen Wolken gefallen. Der Kommodore hatte seine Sexpuppe nicht nur nach deren Vorlage benannt – er hatte auch noch eine Kette mit dem Schriftzug *Gabi* gekauft und der Puppe um den Hals gelegt. Der Nimbus der Heiligkeit, den sie dem Kommodore nach dessen Tod hatte angedeihen lassen, war daraufhin schlagartig verpufft. Die marineblaue Urne, in der seine Asche – genauer gesagt: seine Ersatzasche – ruhte, kam in den riesigen Eichenschrank im Keller, wo sie allmählich einstaubte. Und die Erinnerung an den menschelnden Kommodore, befleckt wie sie war, verblasste.

Irgendwann – sie waren gerade in Hamburg – hatten sie ihre Nachbarn, die Schobers, gebeten, die Sexpuppe aus ihrem Keller zu holen und an den ehemaligen Schiffsjungen des Kommodore zu schicken. Was diese auch getan hatten. Allerdings war Silikon-Gabi wie ein Bumerang zurückgekehrt. Die Schobers hatten versehentlich eine falsche Adresse angegeben, und nach vielen Irrungen und Wirrungen kam Gabi wieder da an, von wo sie losgeschickt worden war – auf dem Bauernhof der Schobers. Woraufhin die Schoberin Gabi ihrer rechtmäßigen Eigentümerin zurückbrachte. Die sie aber partout nicht haben wollte.

»Und warum hast du Gabi aus dem Fenster gehalten?«

Kriemhild zuckte mit den Schultern. »Es war ein Reflex. Ich habe den Karton in mein Zimmer getragen, er war ja nicht schwer, nur sperrig, und oben ausgepackt. Damit mich keiner sieht, falls ihr unterdessen wiederkommen würdet. Ja, und dann der Schock. Gabi zu sehen und sie aus dem Fenster werfen zu wollen war eins. Ich wollte sie aus dem Haus haben, sie im freien Fall zerschmettern. Aber in dem Moment seid ihr aufgetaucht.«

Konny war viel zu erledigt gewesen, um ihrer Schwester weitere Vorhaltungen zu machen. Was mit Gabi geschehen sollte, würde sie irgendwann anders entscheiden.

Und jetzt, nach einer viel zu kurzen, schlaflosen Nacht, sah sie auch nur rasch in aller Herrgottsfrühe nach Kriemhild, die in ihrem Sarg lag und selig wie ein Baby schlummerte. Chuck Norris saß auf dem aufgeklappten Deckel des Sarges und schlief ebenfalls. Und Amenhotep lag auf Kriemhilds Brust und erledigte sein allmorgendliches Säuberungsritual. Seine Zunge schleckte hingebungsvoll abwechselnd über seine unbefellte Haut und über Kriemhilds Dekolleté.

Konny schloss die Tür zum Salon und ging in die Küche, um sich einen Kaffee zu machen. Obwohl sie noch vor zwölf Stunden geglaubt hatte, nie wieder etwas essen zu wollen, bekam sie einen nachgerade unstillbaren Appetit, als sie die Milch aus dem Kühlschrank holte und dabei einen halben Gouda sah. Sie verputzte ihn an Ort und Stelle. Natürlich biss sie nicht in der offenen Kühlschranktür hinein, sie setzte sich an den Küchentisch. Sie war Gourmand, kein Schwein.

»Moin.«

Konny zuckte zusammen. Tröndle trug einen gestreiften Morgenmantel und einen leidenden Gesichtsausdruck.

»Guten Morgen, Herr Tröndle. Auch einen Kaffee?« Konny stand rasch auf, den Mund noch voller Gouda, und führte Tröndle am Ellbogen ins Esszimmer. Von der Küche aus konnte er den Salon einsehen, und sie wollte nicht das Risiko eingehen, dass er sah, wie Kriemhild nach dem Aufwachen herausgestürmt kam.

»Ah, Sie haben sich aus Hamburg ein Erinnerungsstück mitgebracht.« Er zeigte mit dem Kopf zum Kamin, über dem eine Meerjungfrau an der Wand hing. Keine echte – eine geschnitzte. Die Galionsfigur war über 200 Jahre alt. Vor ein paar Monaten hatte sie Konny und Kriemhild das Leben gerettet, als sie sich aus ihrer Verankerung löste und einem irren Mörder auf den Kopf plumpste. Die Meerjungfrau hatte nur eine kleine Kerbe abbekommen. Der Kopf des Mörders hingegen einen Schädelbasisbruch, der nicht wieder zu flicken war. So was verbindet. Konny und Kriemhild hatten sie dem Museum gegen eine erkleckliche »Spende« abgekauft und sie bei sich zu Hause aufgehängt.

»Unser Schutzengel«, sagte Konny nur.

Tröndle nickte.

Ein feiner Mann, dachte Konny, wenn auch – für sie untypisch – völlig ohne Begehrlichkeiten. Wenn das hier alles vorüber war, hoffte sie, dass Tröndle und Kriemhild ihre Liebe zueinander entdeckten und miteinander glücklich wurden.

Die Pendeluhr im Flur schlug sieben Mal.

»Setzen Sie sich, Herr Tröndle, ich mache uns Kaffee. Möchten Sie schon etwas essen?«

»In diesem Leben kriege ich keinen Bissen mehr hinunter.«

Konny schluckte den Rest des Goudas, den sie wie ein Hamster in ihrer Backentasche gehortet hatte, und eilte in den Flur. Zur Sicherheit wollte sie die Tür zum Salon abschließen. Aber erst sah sie noch mal nach Kriemhild. Normalerweise war es Kriemhild, die im Morgengrauen aus den Federn sprang, um sich voller Elan in ihr Tagewerk zu stürzen. Aber dieser Sarg machte etwas mit ihr. Sie schlief immer noch, leise schnarchend, in die Satin-Füllung gekuschelt. Amenhotep stand auf den Hinterbeinen neben ihr und schlug tastend mit der rechten Pfote nach dem mittlerweile erwachten Chuck Norris, der wiederum mit seinem Schnabel nach der Pfote schnappte. Die beiden mochten sich, es war nur Spiel. Auch wenn man nie ganz sicher sein konnte, ob aus Spiel nicht ganz schnell Ernst werden könnte und nichts weiter von ihnen übrig bleiben würde als ein paar Krallen und ein Haufen grauer Federn. Zur Sicherheit hob Konny den protestierenden Amenhotep aus dem Sarg. Kriemhild wachte nicht auf, drehte sich nur um.

Konny schloss die Tür, setzte ihren Liebling auf dem Boden ab, setzte Kaffee auf, trat ins Esszimmer und …

… erstarrte.

Es zeigte sich, dass es von Nachteil war, wenn Chuck Norris – die lebende Haustürklingel – nicht auf seinem Posten war.

Im Esszimmer standen die Gelbhaars. Mit einem Fremden.

»Er ist da!«, jubelte die Freundin von Frau Gelbhaar und zeigte auf einen riesigen Schlaks von Mann in einem beigebraunen Anzug und mit einer ungezähmten, blonden Löwenmähne. »Ich habe gleich alle geweckt. Die anderen kommen jeden Moment.«

»Ich bin die ganze Nacht durchgefahren. Eine solche Chance bietet sich nicht oft!«, sagte der hagere Riese. »Eckbert Quint. Doktor.« Er reichte Konny seine Visitenkarte. Auf der nichts weiter stand als *Dr. Eckbert Quint, Experte für paranormale Phänomene.*

Er sah gut aus. Wenn man auf menschliche Lichtmasten stand. Konny hatte geglaubt, Parapsychologen wären allesamt hässliche Kerle mit Alters-Akne und einem Toupet, das aussah wie etwas, das sie aus einem Duschablauf gefischt hatten. Aber Quint war eigentlich ein hübscher Kerl, und seine Haare schienen echt.

»Wie ich höre, geht in diesem Haus Außergewöhnliches vor sich«, sagte Quint und presste die Kuppen seiner Pianistenfinger aneinander. »Das ist hochinteressant.«
»Also …« Konny wusste ehrlich nicht, was sie darauf sagen sollte. Ihn abwimmeln? Das würde seine Neugier nur verstärken? Ihm recht geben? Was würde er dann im Haus anstellen wollen? »… äh …«
»Ihre tote Schwester spukt«, flüsterte die Freundin von Frau Gelbhaar, als sei sie Konnys Souffleuse. »Der Leichnam ist im Salon aufgebahrt.«
»Bemerkenswert«, flötete Quint. »Darf ich sie sehen?«
Konny sah ihre Felle davonschwimmen.
Lambert trat ein. Obwohl ihn die Gelbhaars vor gerade mal fünf Minuten aus dem Schlaf gerissen hatten, war er vollständig bekleidet und sah aus, als sei er einem Herrenmagazin entsprungen. Mit einem einzigen Blick erkannte er Konnys Dilemma. »Guten Morgen, Sie müssen unser Neuzugang sein. Herzlich willkommen. Darf ich kurz Ihre Daten aufnehmen? Dann gibt es Kaffee für alle.«
Lambert Kaiser. Held. Das würde Konny dereinst eigenhändig in seinen Grabstein meißeln.
»Ich setze frischen Kaffee auf«, rief sie, obwohl sie das gerade schon getan hatte, und eilte in die Küche und von dort zum Salon. »Wach auf!« Sie walkte ihre Schwester wach. »Der Paradingsbums ist da!«
Kriemhild rieb sich die Augen.
»Wenn wir nicht auffliegen wollen, musst du dich mucksmäuschenstill verhalten. Ich versuche, ihn nicht hier reinzulassen, aber ich kann für nichts garantieren. Hast du kapiert?«
Kriemhild gähnte. »Ich muss mal.«

»Verkneif's dir. Oder pinkele in die Bodenvase. Du kommst hier nicht raus.«

Konny ließ Chuck Norris auf ihre Schulter klettern und schloss den Sargdeckel.

Als sie mit dem frisch gebrühten Kaffee ins Esszimmer zurückkam, geriet sie mitten hinein in eine Bürgerkriegsschlacht. Lambert hob entschuldigend die Schultern. Er konnte nichts dafür. Die Senftlebens und die Friedrichs waren wie die Hunnenhorden eingefallen und hatten sich auf Quint gestürzt. Der stand mit einer Wünschelrute vor dem Fenster.

Senftleben – in Jogginghose und Netzhemd, anzunehmenderweise dem Outfit des Vortages – erklärte gerade: »Das ist doch alles Humbug.«

»Wollen Sie leugnen, dass es mehr zwischen Himmel und Erde ...«

»Ja«, schnitt Senftleben Quint das Wort ab. »Ich leugne.«

»Ich auch.« Herr Friedrich verschränkte die Arme und nahm eine Rapper-Pose ein.

Quints Wünschelrute zitterte. Womöglich nicht nur, weil Quint direkt über einer Wasserader stand, sondern auch, weil der Parapsychologe innerlich brodelte. Ihn nicht ernst zu nehmen, hieß, ihn gegen den Strich zu bürsten.

»Ich bin Wissenschaftler am Institut für paranormale Phänomene und arbeite streng empirisch. Meine interdisziplinären Untersuchungen werden auch von Naturwissenschaftlern anerkannt.«

Wilmer und Amenhotep starrten Mann und Rute fasziniert an. Amenhotep stellte dabei Nanubis, den ägyptischen Gott der Verwunderung, nach. Er reckte sein nacktes Köpfchen erst in die Höhe, legte es dann schräg und maunzte.

Senftleben, der sich direkt unter der Meerjungfrau aufgebaut hatte, schlug mit der Faust auf den Kaminsims. Konny hoffte sehr, dass die Verankerung dieses Mal halten würde. »Humbug, sage ich. Bei uns in der Stadt gab es angeblich auch ein Haus mit einem Poltergeist. Aber dann stellte sich heraus, dass es die pubertierende Tochter war, die nachts mit Gegenständen um sich warf.«

»Ja bitte, widerlegen Sie meine Argumente ruhig mit einem Einzelbeispiel aus Ihrem erweiterten Bekanntenkreis.« Quint wirkte düpiert.

»Parapsychologe als Beruf, echt jetzt. An der Stelle, wo andere ein Gehirn haben, hat bei Ihnen doch ein Zirkus seine Zelte aufgeschlagen, oder?«, brummte Senftleben und rollte mit den Augen.

Frau Senftleben zupfte ihren Mann am Bund der Jogginghose, aber der hatte sich in Rage geredet. »Poltergeister, Reiki, Kristallpendeln, Tarotkarten – das ist doch alles Quatsch. Und Feng-Shui.« Senftleben lachte auf. »Feng-Shui ist nichts weiter als eine Ausrede, um alles, was im Leben schiefläuft, auf falsch stehende Möbel zu schieben!«

Die Freundin von Frau Gelbhaar plusterte sich auf. »Ich finde …«

»Schon gut, meine Liebe«, sagte Quint. »Ich weiß mit derart unqualifizierter Kritik umzugehen.« Er stutzte – und schaute auf die Wünschelrute in seinen Händen, die immer noch zuckte, jetzt aber anders.

»Sie schlägt aus«, sagte Quint. »Ich spüre hier starke Verwerfungen.«

Was er als Nächstes spürte, war Amenhotep, der sich aus seiner Sitzhaltung heraus nach oben katapultierte, um seine

Krallen in die Wünschelrute zu schlagen, als wäre sie eine Maus.

Weil Quint aber just in diesem Moment seine Wünschelrute zur Seite legen wollte, trafen Amenhoteps Krallen nicht auf Draht, sondern auf Quints Weichteile.

Der Arme schrie auf.

Nichts eint Männer schneller, als mitansehen zu müssen, wie einem von ihnen die Kronjuwelen zerquetscht werden.

Während sich die Frauen zurückzogen, um sich für den Tag zu richten, holte Senftleben Eiswürfel, und Lambert trug Attentäter Amenhotep ins Büro hinüber.

Konny seufzte und betrachtete mitfühlend das schmerzhaft verzerrte Gesicht des Paranoikers. Bestimmt litt er unter der Krallenattacke im Schritt, aber sicherlich auch unter der Ungläubigkeitsattacke von Netzhemd Senftleben. Sie nahm etwas Rundes vom Kaminsims und reichte es ihm.

»Hier, das ist der Anti-Stress-Ball meiner Schwester. Sie können ruhig damit spielen, das beruhigt tatsächlich. Er ist so gut wie neu. Kriemhild benutzt ihn nie. Sie sagt, er sei zu weich, er würde gar nicht weh tun, wenn sie ihn jemandem an den Kopf wirft …«

Ich hoffe, der Kerl, der die Autokorrektur erfunden hat, schmort in der *Hallo*!

Konny liebte ihre Rundungen. Es hatte ein paar Jahrzehnte gedauert, aber nun fand sie sich genau richtig und wollte auch so bleiben, wie sie war. Dazu musste sie nur auf ihren Körper hören, der sagte ihr, was er brauchte. Und wenn ihr Körper gestresst war, brauchte er Schokolade und Kekse und alles, was Blätterteig hatte.

Und ja, Konny war gestresst: Ihre Schwester als Leiche auszugeben, während sie nebenher zu beweisen versuchte, dass ein angesehener Bürger der Stadt jemanden ermordet hatte, bevor der wiederum ihr das Lebenslicht ausblasen konnte, stellte schon eine respektable Zerreißprobe für ihr Nervenkostüm dar.

Als Konny nach dem Frühstück ihr Handy aus dem Schlafzimmer holte, wo sie es aufgeladen hatte, fand sie 22 entgangene Anrufe und 48 Textnachrichten vor. Die Anrufe ignorierte sie – wer etwas Wichtiges zu sagen hatte, meldete sich noch einmal. Von den 48 Textnachrichten stammten 46 von Kriemhild, die sie gleich löschte. Eine SMS kam vom Bestatter, der dringend um Rückruf wegen der Trauerfeier bat, die tags darauf stattfinden sollte. Und eine von Kommissarin Klum.

Konny drückte die Kurzwahl.

»Wie geht es Ihnen?« Ähnlich wie Kriemhild kannte auch die Kommissarin nur zwei Stimmlagen: Bühnenflüstern und Nebelhorn. Dazwischen gab es nichts.

»Ich versuche, die Ohren steif zu halten.« Konny saß im Büro und kraulte abwechselnd Chuck Norris, den sie aus der Voliere gelassen hatte, und Stubenarrestkater Amenhotep. »Sie haben versucht, mich zu erreichen?«

»Ja richtig. Ich habe Neuigkeiten für Sie.«

»Zum Stand der Ermittlungen gegen Giesing?«

»Wann habe ich Ihnen jemals den Eindruck vermittelt, ich würde Ihnen völlig regelwidrig Einzelheiten aus laufenden Ermittlungen mitteilen?«

Konny musste lächeln. Frau Klum ähnelte Kriemhild nicht nur stimmlich, sondern auch in ihrem Wesen so sehr, dass vermutlich *sie* die Zwillingsschwester war, die im Krankenhaus vertauscht worden war, und Konny war das untergeschobene Kuckuckskind. Eine Theorie, die sie bei Gelegenheit überprüfen musste.

»Nein, es geht nicht um den Fall«, fuhr die Kommissarin fort. »Ich soll Sie von meinem Mann grüßen. Weil er Sie nicht erreicht hat, hat er mich gebeten, Ihnen auszurichten, dass Sie ihn doch bitte einmal anrufen sollen.«

Konny bekam ein schlechtes Gewissen. Der arme Herr Hirsch. Sie verabschiedete sich von seiner Frau und meldete sich umgehend bei ihm. Per Facetime. Denn natürlich konnte man mit einem Aphasiker nicht telefonieren.

»Wie geht es Ihnen, lieber Herr Hirsch?«

Sie erwischte ihn in der Physiotherapie. Er rief der Therapeutin ein entschlossenes »Nieselregen. Wanderschuhe. Sammelbüchse« zu, dann eilte er mit dem Handy davon. Im Bildhintergrund konnte Konny den entgeisterten Gesichtsausdruck der Frau ausmachen.

»Meine Güte, halt, ich wollte Sie nicht aus Ihrem Terminplan reißen.« Sie sah nur den Linoleumboden der Reha-Klinik und hörte ihn atmen. »Ist etwas passiert? Ist es so dringend, dass es nicht bis nach der Therapie warten kann? Herr Hirsch?«

Aber Konny musste sich gedulden, bis Herr Hirsch sein Zimmer erreicht hatte. Dort hatte er einige Karteikarten vorbereitet. Schreiben konnte er nämlich hervorragend.

Ich habe Gefälligkeiten eingefordert, stand auf der ersten Karte, die er vor die Kameralinse seines Handys hielt.

Hinter der Karte sah man die braunen Augen und buschigen, ergrauten Augenbrauen von Herrn Hirsch.

Konny spürte ein Kribbeln. Herr Hirsch war der ehemalige Filialleiter der hiesigen Volksbank gewesen und hatte immer noch beste Connections zu seinen ehemaligen Kollegen.

Giesing löst alle seine Konten auf, las Konny auf der nächsten Karte.

»Giesing löst alle seine Konten auf?«, rief sie.

Er hat eine Generalvollmacht von seiner Frau.

»Eine Vollmacht? Für ihre Konten?«

Die Augenbrauen von Herrn Hirsch wackelten. *Die letzte Barauszahlung erfolgt übermorgen*, stand auf der dritten Karte. Das *über* hatte Herr Hirsch durchgestrichen. Offenbar stammten die Karten von gestern.

»Morgen bekommt Giesing den Rest des Geldes?«, fragte Konny.

Herr Hirsch nickte, legte die Karten beiseite und hob sieben Finger hoch.

»Sieben? Sieben was? Sieben Stellen … insgesamt über eine Million?«

Er nickte zufrieden. Mit den meisten anderen Menschen erwies sich die Kommunikation als äußerst schwierig, aber Konny verstand ihn.

»Herr Hirsch, Sie sind großartig! Das beweist, dass Giesing die Fliege machen will. Damit muss man ihn doch zur Strecke bringen können!«

Hirsch schüttelte den Kopf.

Konny seufzte. »Stimmt, es ist dubios, wenn er all seine Einlagen zu Geld macht, beweist aber nicht, dass er die Frau im Wald ermordet hat. Und überhaupt würde es doch mehr Sinn machen, wenn er seine eigene Frau ermordet, um an ihr Geld zu kommen. Nicht irgendwelche Fremdfrauen ...« Nachdem Kriemhild in seinem Büro angerufen hatte, stand zumindest fest, dass die Tote nicht Giesings Sekretärin sein konnte. »Gibt es denn Neues zu diesem Wohlfahrt?«

Hirsch schüttelte erneut den Kopf. Er kritzelte etwas auf die Rückseite einer der Karten. *Nicht aufgeben!*

Konny lächelte. »Nein, tun wir nicht.«

Aber das war leichter gesagt als getan. Sie konnten nicht noch einmal in Giesings Bungalow einsteigen. Wenn da etwas zu finden gewesen wäre, hätte Frau Klum es entdeckt. Blieb also nur abzuwarten, bis Giesing einen Auftragsmörder schickte?

Es klopfte an die Tür.

»Entschuldigen Sie, wenn ich störe.« Eckbert Quint trat ein. »Alles in Ordnung mit Ihrem Zimmer?«

Und mit Ihren Weichteilen?, wollte sie fragen, ließ es aber.

»Bestens, bestens.« Er hielt einen kleinen Kasten in der Hand, der einen Summton von sich gab. Chuck Norris, der nur anschlug, wenn er das Gefühl hatte, etwas zu verpassen oder ignoriert zu werden, und folglich bislang brav den Schnabel gehalten hatte, kletterte von Konnys Schulter, wo er sehr entspannt Körperpflege betrieben hatte, und hüpfte auf den Schreibtisch, wo er Quints Messgerät näher war. Dann legte er den

Kopf schräg, als wolle er sich den Summton einprägen. Konny ließ ihn gewähren. Es wäre der Himmel auf Erden, wenn Chuck Norris von nun an, statt zu fluchen, einfach nur summen würde.

»Niedliches Kerlchen«, meinte Quint. »Das hier ist übrigens ein Messgerät für die elektromagnetischen Wellen im Haus. Ich hoffe, es ist Ihnen recht, wenn ich so kurz nach dem Ableben Ihrer Schwester meine Untersuchungen durchführe. Aber in den ersten drei Tagen nach dem Exitus ist die Präsenz der Toten noch am deutlichsten zu spüren. Frau Meitner sagte mir, dass Kriemhild gewaltsam zu Tode kam. Vielleicht will sie uns etwas mitteilen?«

Im Badezimmer zwischen Büro und Salon hörte man Wasserrauschen. Kriemhild ließ offenbar das Badewasser ab. Wenn sie der Welt etwas mitteilen wollte, dann dass Hygiene wichtig war. Auch und gerade für Tote.

Konny setzte einen unverbindlichen Gesichtsausdruck auf. »Hochinteressant, Ihre Arbeit, Herr Quint.«

»Doktor«, korrigierte er.

»Doktor.« Sie stand auf und nahm ihn am Ellbogen. »Darüber müssen Sie mir unbedingt ausführlicher erzählen. Aber kommen Sie doch mit hinaus in den Garten. Unser Herr Kaiser hat selbstgemachten Eistee bereitgestellt. Es ist so ein schöner Tag. Sollte meine Schwester tatsächlich spuken, dann sicher eher nachts als tagsüber, oder? Genießen Sie bis dahin die Vorzüge unserer Pension.«

Quint ließ sich von ihr durch den Flur in den Garten führen. Dort gab es seit kurzem einen kleinen, weißen Pavillon mit einer Hollywoodschaukel, diversen Stühlen und einem filigranen Tisch.

Auf der Hollywoodschaukel hatte es sich schon die Freundin von Frau Gelbhaar mit angezogenen Beinen gemütlich gemacht, aber auch die Stühle wirkten einladend und dank der Polster sitzfleischbequem. Das Ehepaar Friedrich stand drüben am Hang und genoss den Ausblick ins Tal. Wilmer war zum Elektrozaun gelaufen, der den Garten von der Schafwiese der Schobers trennte, und fütterte drei künftige Wollpullis mit altem Brot.

»Darf ich Ihnen Herrn Quint anvertrauen?«, fragte Konny.

»Doktor«, korrigierte Quint.

»Gern«, sagte die Freundin.

Konny goss Eistee in die beiden Kristallgläser. Für ihre Gäste nur das Beste.

Die junge Frau wischte über ihr Handy. »Ich schaue mir gerade die Fotos an, die ich von der Pension gemacht habe.« Sie drehte ihr Handy, und Konny erkannte auf dem Display nicht nur die Villa, sondern davor auch jemanden, den sie sich unbedingt näher ansehen wollte.

»Oh, wie schön, könnten Sie mir dieses Foto schicken?«

Die Gelbhaar-Freundin stutzte. »Dieses hier? Da habe ich Schönere.«

»Nein, genau das.«

Gleich darauf landete das Foto in der Inbox von Konnys Handy. Sie zog es mit zwei Fingern größer. Es zeigte die Villa in ihrer ganzen Pracht. Und davor stand, sehr gut zu erkennen, Frau Giesing bei ihrem Besuch gestern früh. Eine Frontalaufnahme ohne Sonnenbrille. Wie sie gerade etwas in ihr Handy tippte.

Konny legte die Stirn in Falten.

Was stimmte nicht an diesem Bild?

Das Ende ist nah – lasst uns schnapseln und fröhlich sein

Amenhotep stellte ja gern einmal Spielfilmtitel nach. An diesem Abend war es: *Django – Leichen pflastern seinen Weg*. Eine Spur aus Mäusekadavern zog sich vom Eingang der Pension zur Kellertreppe.

Hätte Konny darin ein Omen sehen sollen?

Stattdessen sammelte sie die Leichen und Leichenteile nur rasch ein, bevor die Gäste zum Abendessen kamen.

Wilmer wurde nach dem Essen ins Bett gesteckt. Zu seiner allergrößten Verdrossenheit. Dass die Blockflöte nirgends aufzufinden war – und, wenn es nach Konny ging, auch niemals wiedergefunden werden würde –, gab ihm den Rest. Herr Friedrich passte auf den kleinen Racker auf, damit ihn niemand stehlen konnte, wenn er so allein in der umgebauten Scheune lag. Herrn Friedrich war das ganz recht: Er hielt Parapsychologie nämlich auch für Humbug. Er machte es sich mit einer Pfeife und einem guten Buch gemütlich und war's zufrieden.

Die anderen saßen rund um den Esszimmertisch und sahen gespannt zu Eckbert Quint – Verzeihung: *Doktor* Eckbert Quint.

Als wäre er ein Zauberkünstler und würde jede Sekunde einen weißen Hasen aus seinem nicht vorhandenen Zylinder ziehen.

Die Pendeluhr im Flur schlug zehn.

Amenhotep und Chuck Norris hatten es sich in dem Fauteuil vor dem Kamin gemütlich gemacht. Chuck saß auf der Lehne,

Amenhotep hatte sich auf der Sitzfläche eingerollt. Er hatte sich beim Abendessen reihum bei den Gästen durchgebettelt und brauchte jetzt seinen Verdauungsschlaf.

Der Kamin war natürlich nicht befeuert. Weil nach der Bullenhitze des Tages in der Ferne ein Gewitter aufkam, waren die Fenster geschlossen.

Frau Senftleben strickte mit schwitzigen Fingern eine Socke.

»Kann ich den Herrschaften noch etwas anbieten?«, fragte Lambert in die Runde. »Knabberzeug? Kaffee? Einen Likör?«

»Für mich gern ein Schnäpschen«, rief Herr Hopp.

Es hatte Fertig-Pizza gegeben – richtig herum in den Ofen geschoben. Auf Wunsch sämtlicher Gäste. Als ob sie sich abgesprochen hätten. Was sie nicht hatten. Aber in diesem Haus würden sie nichts Selbstgekochtes mehr zu sich nehmen, nur noch Fertignahrung aus dem Supermarkt, aus nicht angebrochenen Packungen.

»Herr Tröndle?«, wandte sich Lambert an den Kommissar. »Wo Sie doch nicht im Dienst sind?«

Der nickte.

»Ich nehme auch einen«, sagte Herr Senftleben.

»Dreimal Schnaps, kommt sofort.« Lambert hatte den Globus, in dem sich die Hausbar befand, ins Esszimmer geschoben. Nun klappte er ihn auf.

»Trinken Sie doch einen mit, Herr Lambert. Geht auf mich! Schnäpse dürfen nie in ungerader Zahl gekippt werden, alte Männerweisheit«, rief Senftleben.

Lambert schaute bedauernd. »Danke, aber ich kann nichts trinken. Alkohol steigt mir zu Kopf. Ich gehöre zu der Sorte Mensch, die eigentlich nur ein Bier trinken wollen und dann drei Wochen später in Hong Kong ganzkörpertätowiert und mit Vollbart aufwachen.«

Die Männer lachten.

»Müssen wir den Raum abdunkeln?«, fragte Frau Friedrich.

»Sollen wir uns an den Händen fassen?«, bot die Freundin von Frau Gelbhaar an.

Die beiden lieferten sich einen Wettstreit darum, wer sich bei Quint am besten und nachhaltigsten einschmeichelte.

»Das ist doch keine Séance«, widersprach Frau Senftleben. »Oder? Wir beschwören doch keine Toten herauf, oder? ODER?«

»Alles Mumpitz!«, erklärte Herr Senftleben, zog sich aber mit seinem Schnapsglas nicht auf sein Zimmer zurück. Es machte viel mehr Spaß, eine Geisterbeschwörung vor Ort zu trollen, als fernab im Bett zu liegen und die ganzen ätzenden Kommentare nur so für sich zu denken.

Quint wiegelte ab. »Nein, nein, wir beschwören niemanden. Ich bin kein Okkultist, sondern Parapsychologe. Und führe eine absolut wissenschaftliche Untersuchung durch. Bei Licht. Mit TÜV-geprüften Messgeräten.«

Es summte, aber das war nicht das Messgerät von Quint, sondern Chuck Norris. Der Graupapagei besaß eine nachgerade übernatürliche Fähigkeit, sich Wörter – und Töne – in Nullkommanichts zu merken und originalgetreu wiederzugeben. Mehr Übernatürliches gab es – zum Bedauern der Anwesenden – vorerst nicht.

Quint notierte sich in seinem Laptop alles Mögliche – von der Raumtemperatur über die Luftfeuchtigkeit bis hin zu den Handynummern von Frau Friedrich und der Freundin von Frau Gelbhaar.

»Ich hätte mir einen höheren Entertainmentfaktor erwartet«, beschwerte sich Herr Senftleben, als es schon auf elf Uhr ging und er den dritten Schnaps intus hatte. Sie hatten sich zwar erst am Vorabend betrunken, aber wenn die Leber erst mal in Übung war, musste man das ausnützen. Fand er.
»Es tut mir leid, wenn ich Ihre Sensationslust nicht befriedigen konnte«, sagte Quint, dem gar nichts leidtat. »Aber das hier ist eine exakte Wissenschaft, kein Horrorfilm mit Spezialeffekten.«
»Was machen Sie mit den Daten?«, wollte Konny wissen.
»Ich werte die Daten von jetzt – einem völlig normalen Moment – mit den Vergleichsdaten aus, die ich sammle, sobald die paranormalen Phänomene einsetzen.«
Konny nahm sich fest vor, Kriemhild einzubläuen, dass sie in dieser Nacht keine Daten liefern würde.
»Und wenn heute Nacht nichts geschieht?«, wollte Frau Gelbhaar wissen, die sich die Wartezeit mit einem Kreuzworträtsel vertrieb. »Was, wenn es heute Nacht nicht zu paranormalen Phänomenen kommt?«
»Es. Gibt. Keine. Paranormalen. Phänomene.« Herr Senftleben schwenkte sein leeres Schnapsglas. Lambert goss nach.
»Es gibt *immer* paranormale Phänomene, wir nehmen sie nur nicht wahr. Das Übernatürliche ist ja nichts anderes als Naturgesetze, die wir noch nicht verstanden haben«, erklärte Quint, und als ob die Natur ihm recht geben wollte, brachte exakt in diesem Augenblick ein gewaltiger Donner die Scheiben zum Klirren, und rund um die Pension blitzte und wetterleuchtete es.
»Schnell, bevor der Regen kommt«, rief die Freundin von Frau Gelbhaar. Konny verstand die Panik nicht. Es waren nur

wenige Meter vom Haupthaus zur Scheune, aber vielleicht schrumpelte die junge Frau ein, sobald sie nass wurde.
Herr Senftleben nahm Lambert die Schnapsflasche ab. »Setzen Sie sie auf meine Rechnung. Kommen Sie, Höppschen – lassen Sie uns das drüben beenden.«
Frau Senftleben stopfte ihr Strickzeug in ihre Tasche und folgte den beiden Männern.
»Wenn Sie mich nicht mehr brauchen …« Lambert sah zu seiner Chefin.
Konny schüttelte den Kopf. »Gute Nacht, Lambert.«
Er verließ als Letzter das Haus und drückte die Tür fest ins Schloss.
Tröndle, der immer noch bei seinem ersten Schnaps war, blieb sitzen, weil er ja Haupthausbewohner war.
Quint packte seine Messgeräte ein.
»Es tut mir leid, dass wir Sie völlig umsonst herbestellt haben«, sagte Konny. »Wir waren alle sehr angespannt. Da kann es schon mal zu Sinnestäuschungen kommen.«
»Völlig umsonst? Aber nein.« Quint schaute von oben auf Konny herab. Keineswegs herablassend, nur einfach deshalb, weil er um so vieles größer war als sie. »Es ist ja noch früh am Abend. Und wenn so viele Menschen etwas gesehen haben zu glauben …«
»Ist es Massenhysterie?«, warf Tröndle ein.
Quint lächelte. »Möglich. Aber die Anspannung, die Sie spüren, wie Sie selbst sagen, liegt unter anderem auch an den elektromagnetischen Schwingungen hier im Haus. Die sind exorbitant.«
Konny und Tröndle sahen sich automatisch um, als könnten sie die Schwingungen irgendwo in der Ecke sitzen sehen. Sie

sahen aber nur den ausgesummten Chuck Norris und den erschöpften Mäusejäger Amenhotep, die beide den Schlaf der Gerechten schliefen und sich auch dadurch nicht stören ließen, dass draußen Starkregen einsetzte und die Tropfen lautstark gegen die Fensterscheiben klopften.

»Man liest nie, dass Gespenster bei Regen spuken.« Tröndle stand auf. »Ich lasse Sie also in der Zuversicht zurück, dass Sie sicher sind, liebe Konny.« Er nickte ihr zu. »Doktor Quint.« Dann ging er die Treppe hinauf in sein Zimmer.

Und auch Quint nahm seinen Koffer. Er sah ein bisschen aus wie ein Handlungsreisender, der ihr einen Staubsauger oder ein Küchenmixgerät oder ein Jahresabonnement für eine Gartenzeitung andrehen wollte. »Ich weiß, Sie belächeln meine Arbeit alle. Aber das macht mir nichts aus. Man lachte auch über die Gebrüder Wright.« Er wartete ihre Antwort gar nicht erst ab, sondern zog sich nach oben auf sein Zimmer zurück.

Konny seufzte schicksalsergeben.

»Meine Güte, was haben die Leute für ein Sitzfleisch. Ab sofort verbieten wir den Gästen, sich nach 21 Uhr noch im Haupthaus aufzuhalten.«

Kriemhild trat ein. Sie biss in die kalte Pizza-Ecke, die sie aus der Küche mitgebracht hatte, und ging zur Tür, die in den Flur führte.

»Was machst du da?« Konny stand auf.

Kriemhild redete nie mit vollem Mund. Also zeigte sie mit der freien Hand nach oben.

»Du schläfst heute Nacht nicht in deinem Zimmer!« Konny stemmte die Hände auf die Hüften. »Bist du des Wahnsinns? Da oben sind Tröndle und Quint. Die kriegen das doch mit.«

Kriemhild schluckte und sagte: »Dann schlafe ich eben im

Sarg. Ich muss aber trotzdem hoch, meine Kleider für morgen holen.«

Konny stutzte. »Was für Kleider?«

»Für die Trauerfeier.«

Manche Dinge, die die Ohren hören und ans Gehirn weiterleiten, werden vom Gehirn als ›nicht zustellbar‹ wieder zurückgeschickt. Konny quietschte. »Ich höre ja wohl nicht richtig – du willst zu deiner eigenen Trauerfeier gehen?«

Kriemhild nickte.

»Spinnst du? Sobald dich wer erkennt, ist es aus mit der Feier!«

»Ich mache mich unkenntlich.« Kriemhild zuckte mit den Schultern und ging los.

Konny riss sie zurück ins Esszimmer und schloss die Tür. »Womit denn, bitte schön? Mit einer Nasenprothese aus Knetgummi und einer Perücke? Wir haben hier nicht die Ressourcen der Maske einer Babelsberger Filmproduktion. Und ich sag's dir gleich: Kopftuch und Sonnenbrille reichen nicht aus!«

»Mach dir nicht in die Hose, wer soll mich erkennen, wenn ich ganz hinten sitze? Ich will doch nur Mäuschen spielen. Hören, was der Pfarrer zu sagen hat.«

Als ob es einen Pfarrer gäbe. Konny hatte sich für die abgespeckte Version mit dem absoluten Minimum entschieden: ein einziger Kranz, etwas Musik von einer CD, Abschiedsworte durch sie. »Es ist nur eine Farce, nicht deine echte Trauerfeier! Du bleibst zu Hause!«

»Bleibe ich nicht! Ich bin die Ältere. Was ich sage, geschieht.«

»Dein Alter ist total unangemessen für dein Verhalten. Und

du bist nicht Yul Brynner als Pharao von Ägypten, von wegen ›so soll man es schreiben, so soll es geschehn‹.«

Es blitzte. Und donnerte.

Kriemhild hatte den Vorteil, dass sie seit drei Tagen nichts anderes tat, als entspannt herumzuliegen. Konny dagegen war übernächtigt und mit den Nerven am Ende. Der Ausgang dieser Schlacht war eigentlich abzusehen.

Doch wie immer kam es anders, als man dachte: Kriemhild legte eine Kehrtwende ein.

»Du bist die Einzige, die mir glaubt. Die Einbrüche mit mir durchführt und Trauerfeiern für mich organisiert. Du bist meine Rückendeckung und mein Fels in der Brandung …« Kriemhild bekam tatsächlich feuchte Augen. »Mir wird jetzt erst bewusst, was ich an dir habe.«

»Hast du getrunken?«, argwöhnte Konny.

»Nein. Komm, lass dich drücken.« Kriemhild nahm ihre kleine Schwester in den Arm. »Du hast recht. Bis wir das alles ausgestanden haben, bleibe ich hier im Haus.«

Als kleines Mädchen hatte sich Konny oft gewünscht, ihre Schwester würde einen Tick emotionaler sein. Später hatte sie diesen Wunsch als unerfüllbaren Wunschtraum abgeschrieben. Aber die Umstände hatten aus Kriemhild einen anderen Menschen gemacht. Konny umarmte fester. »Ich hab dich lieb, Schwesterherz.«

»Ich dich auch. Geh jetzt zu Bett. Ich lege mich in meinen Sarg. Und dann schlafen wir.«

Konny stieg müde, aber glücklich die Treppe hoch. Sie schaute über das Geländer und sah Kriemhild, die ihr zuwinkte und dann im Salon verschwand. Sie löschte das Treppenlicht.

Ruhe kehrte im Haus ein.
Draußen tobte der Sturm.
Und natürlich hätte Konny misstrauischer sein sollen!

Wer Parapsychologen sät, wird Ektoplasma ernten

Gefühle, die man nachts um drei Uhr hat, tun immer so, als wären sie für die Ewigkeit.

Wenn man ängstlich aufschreckt – grundlos, ohne gealpträumt zu haben, einfach nur so –, dann erweckt die Angst den Eindruck, als hätte sie die Weltherrschaft übernommen und man könnte ihr niemals wieder entkommen.

Konny schaltete die Nachttischlampe ein.

Und schrie auf. Im Sessel neben dem Fenster saß eine Gestalt und starrte sie an.

Erst als ihr Halbschlafzustand durch den Adrenalinausstoß in einen Hellwachzustand überführt worden war, wurde ihr klar, dass es nur Silikon-Gabi war. Die sie selbst in den Sessel gepflanzt hatte, um irgendwann später über die Zukunft der Puppe zu entscheiden.

Konny stand auf.

Das Gewitter war weitergezogen.

Wenn sie nicht schlafen konnte, ging Konny normalerweise in die Küche und aß Reste. Was man nachts isst, geht ja angeblich sofort auf die Hüfte. Wobei Konny zu gern glauben wollte, dass, wenn man etwas aß und keiner es sah, es keine Kalorien hatte. Das hatte sie auf einem Glückskeks gelesen.

Auch jetzt fand sie, dass ein kleiner Imbiss ihr guttun würde. Außerdem hatte sie Durst. Um sich einen Weg zu sparen, schulterte sie Gabi. Die musste in den Keller. Sie wollte nicht noch einmal wegen der Sexpuppe kurz vor einem Herzinfarkt stehen.

Konny stieg im Zeitlupentempo ins Erdgeschoss, um das Knarzen der Stufen zu minimieren und dadurch die Männer nicht zu wecken. Licht musste sie keins einschalten – überall steckten Nachtlichter in den Steckdosen. Sie überlegte, ob sie erst in den Keller sollte, aber ihre ausgetrocknete Kehle verlangte nach Wasser. Also schlappte sie durchs Esszimmer in die Küche. Chuck Norris schlief tief und fest auf der Rückenlehne des Ohrensessels, Amenhotep war nirgends zu sehen. Irgendwo wurde wohl gerade einer Maus der Garaus bereitet.
Mit Gabi über der Schulter – die Silikonpuppe wog nur so viel wie ein Modell und schien sich Konnys Körperform anzupassen wie eine Schaummatratze – füllte sich Konny ein Glas mit Leitungswasser und trank mit großen Schlucken. Wie Geschwister so waren, verlangte auch der Magen sein Recht, nachdem die Kehle bekommen hatte, was sie wollte.
Dummerweise gab es in der Küche keine Reste. Zumindest keine leckeren, wie Pizza. Nur Gemüse.
Immerhin fand Konny eine Partypackung Kartoffelchips. Das war eine echte Herausforderung, selbst für eine erfahrene Snackerin.
Jede Chipstüte war *eine* Portion, auch die Partypackung. Chipse musste man nämlich immer sofort aufessen, wenn man die Packung aufgerissen hatte, sonst verloren sie ihre Chipshaftigkeit. »Magen, wappne dich«, sagte Konny und öffnete die Tüte. Wie viele Kalorien waren das jetzt? Zehntausend?
Es musste anstrengend sein, die eigene Kalorienzufuhr ständig zu kontrollieren. Wie gut, dass sie nicht diätete wie Herr Hopp. Sollte sie jemals abnehmen wollen, bräuchte sie jemand, der 24/7 hinter ihr herlief und ihr das Essen aus der Hand schlug.

Konny fand es schön, dass sie weibliche Rundungen besaß. Das waren ja auch keine Speckröllchen – das war ein externer Speicherplatz für mehr Bauchgefühl.
Und dieses Bauchgefühl sagte ihr in diesem Moment, dass etwas faul war im Staate Dänemark …
Konny legte die Chipstüte auf den Küchentisch und schlich zur Tür, die in den Flur führte. Merkwürdig, die Tür zum Garten war geschlossen, aber davor hatte sich eine kleine Pfütze gesammelt. Tropfte es durch die Decke? Konny streckte die Hand aus.
Sei nicht albern, schalt sie sich. Sie zog am Knauf der Hintertür, nur um auf Nummer sicher zu gehen, dass sie abgeschlossen war, aber sie ließ sich – Überraschung! – problemlos öffnen. Jemand hatte ein Stück Klebeband über den Riegel geklebt. Die Tür ließ sich schließen, rastete aber nicht automatisch ein.
Und die Pfütze stammte von jemandem, der aus dem nassgeregneten Garten ins Haus gekommen war!
In unter einer Sekunde schlug der Panikpegel von Konny voll aus. Es war ihr egal, wen sie damit weckte, sie schrie »Kriemhild!«, rannte in den Salon und schaltete das Deckenlicht ein.
Der Sarg war aufgeklappt.
Und leer!
Nicht völlig leer, um genau zu sein. In der kuscheligen Auskleidung lag Nacktkater Amenhotep.
Und neben Amenhotep klebte ein Post-it-Zettel: *Komme gleich wieder.*
Ihre verflixte Schwester hatte sie reingelegt!
Konny wollte sich aufregen, wollte wie das HB-Männchen in die Luft gehen oder sich wie Rumpelstilzchen in den Parkett-

boden bohren, aber sie kam weder zu dem einen noch zu dem anderen.
Etwas sprang Konny von der Seite an und stach zu. Konny wirbelte herum, sah einen schwarz gekleideten Ninja vor sich, der ein Messer in der linken Hand hielt. Sie schrie erneut. Aber nicht vor Panik, sondern um sich – wie ein Samurai – Mut anzuschreien. Mit aller Kraft schleuderte sie Gabi gegen den Angreifer und rannte in den Flur.
Wo sie mit Tröndle zusammenstieß.
»Großer Gott!«, stammelte er und starrte auf ihren Oberarm. Sein Entsetzen lag vermutlich nicht darin begründet, dass der Angreifer Konnys Haut aufgeschlitzt hatte, eher darin, dass diese Haut tätowiert war. Im Suff hatte sich Konny in Hamburg bei ihrem letzten Abenteuer einen Kraken stechen lassen. Keinen süßen Oktopus, wohlgemerkt, sondern ein Untier aus den Tiefen des Ozeans. Jetzt sah es so aus, als würde diesem Krake ein Sabberfaden aus Ketchup aus dem Maul hängen.
»Da drin! Er hat ein Messer!« Konny zeigte in den Salon.
Tröndle war bewaffnet. Nicht mit einer Waffe, aber mit dem Mut derer, die schon schlimmere Situationen gemeistert hatten. Er stieß die Tür genau in dem Moment auf, als man Glas splittern hörte.
Der Ninja hatte Gabi mit aller Kraft gegen die Fensterscheibe geschleudert, und sprang jetzt hinaus. Gleich darauf hörte man neben dem Haus einen Motor aufheulen.
Konny hielt sich den blutenden Arm und spähte in den Salon.
Tröndle stand vor dem leeren Sarg. »Wo ist Ihre Schwester?« Er drehte sich zu Konny um.
Das war eine gute Frage. Die sie nicht beantworten konnte.

»Ja!«, hörte man Eckbert Quint im Flur gellen. »Jaaaa!« Es klang orgasmisch.
Tröndle und Konny stürmten hinaus. Quint stand am Fuß der Treppe und hielt etwas, das wie ein Richtmikrofon aussah, vor sich. »Solche Werte hatte ich noch nie!« Er sah auf, dann nach oben zum Treppenkopf, woraufhin er erstarrte und in Zeitlupe das Richtmikrofon sinken ließ. »Mein … Gott …«, stammelte er.
Das Licht im Erdgeschoss war eingeschaltet, nicht aber das im Treppenhaus und im oberen Flur. Darum lag der Treppenkopf im Dunkeln.
»Sehen Sie das?«, rief Quint. »Sehen Sie das?«
Etwas stand dort oben und reflektierte das Licht. Es war eine menschenähnliche Gestalt, von Kopf bis Fuß aus Silber. Nur der Augenbereich war schwarz und schien seelenlos auf sie herabzustarren. Filmfan Konny dachte im ersten Moment an Klaatu, den riesigen Robotermenschen aus *Der Tag, an dem die Erde stillstand.*
Was immer es war – ob Geist oder Alien –, es blieb reglos stehen.
»Das ist unglaublich!«, rief Quint. Er zielte mit dem Richtmikrofon auf die Erscheinung. Sein Messgerät schlug wie ein Geigerzähler aus.
Auf die Idee, die Treppe nach oben zu laufen und sich das silberne Wesen zu schnappen, kam er nicht.
Tröndle dagegen schon.
Aber da ging das Licht aus.
Tröndle, der sich mit den ungleich hohen Stufen nicht auskannte, stolperte und stöhnte. »Scheiße!«, fluchte er leise und rieb sich den Knöchel.

»VERSOFFENES LUMPENPACK!«, fluchte deutlich hörbarer Chuck Norris aus dem Esszimmer in die Dunkelheit des Flures hinaus. Er war gerade aus dem Schlaf erwacht und sauer, weil die Menschen wieder mal ohne ihn die ganze Action genossen. »AUF DIE PLANKE, REIN INS MEER! AUF DIE PLANKE, REIN INS MEER!«

Und dann summte er …

Drei Muskeltiere gegen die Zombie-Apokalypse

Als das Licht wieder anging, war der Spuk vorbei.
Chuck Norris kam sehr relaxt und interessiert in den Flur spaziert. Er sprang auf den Rücken von Quint, der in die Knie gegangen war, um das Mikrofon abzulegen und seine Daten auf dem Messgerät abzulesen, und knabberte an dessen Ohrläppchen.
»Das ist fabelhaft!« Quint freute sich wie ein Kind. Dann sagte er ergriffen: »Ich habe noch nie eine physische Manifestation erlebt! Das macht etwas mit einem. Man bleibt … verändert zurück, nicht wahr? Spüren Sie das auch?«
Tröndle saß auf der Treppe und stöhnte. »Ich spüre nur, dass ich mir den Knöchel verstaucht habe.«
Konny, die das Licht sowohl aus- als auch wieder eingeschaltet hatte, schämte sich ein bisschen. »Ich desinfiziere rasch meine Wunde. Danach kümmere ich mich um Ihren Knöchel. Legen Sie schon mal Eis drauf! Herr Quint, helfen Sie ihm, Sie sind doch Doktor.«
»Ich habe nicht in Medizin promoviert, sondern in …«
Aber da war Konny schon auf und davon.
Im Salon war es aufgrund der eingeschlagenen Scheibe deutlich ausgekühlt. An einer der Scherben entdeckte Konny Blut. Wer immer dieser Ninja war, unverwundbar war er nicht.
Konny ging zum Sarg, um Amenhotep herauszuheben und in Sicherheit zu bringen – er sollte auf gar keinen Fall Glassplitter in die Pfoten bekommen.
Der Sarg roch streng. Amenhotep hatte anscheinend die di-

versen Pizza-Häppchen nicht vertragen, die er beim Abendessen stibitzt hatte. Jedenfalls hatte er sie in großen Teilen in die Satin-Fütterung erbrochen.
Konny trug ihn durch das Badezimmer ins Büro hinüber und legte ihn auf seinem Kratzbaum ab.
Zurück im Bad, begutachtete sie im Spiegel über dem Waschbecken den aufgeschlitzten Kraken. Sie hatte Glück gehabt. Es handelte sich zwar um einen recht großen Schnitt, aber es waren nur Haut und Oberarmfleisch aufgeschlitzt, keine Blutbahnen durchtrennt. Konny war Hypochonder, aber selbst sie musste sich eingestehen, dass die Wunde nicht weiter schlimm war und auch nicht genäht werden musste. Sie befand sich direkt unter den Augen des Kraken – sollte eine Narbe bleiben, würde es auf ewig so aussehen, als würde der Cephalopode lächeln. Es war allerdings ein fieses Lächeln.
Konny träufelte Antiseptikum auf den Schnitt und versuchte, sich einarmig ein Pflaster auf die Wunde zu kleben.
»Kann ich helfen?«
Die Stimme klang blechern unter dem Helm. Es war Klaatu.
Konny zuckte mit keiner Wimper.
»Würdest du mir verraten, was du in meinem Ski-Outfit machst?«
Sie hatte Kriemhild sofort erkannt. Und auch den silbernen Einteiler, den sie – inklusive Helm, Handschuhen und Stiefeln – damals in Österreich notgekauft hatte, als sie sich im Winterurlaub in einen feschen Tiroler verliebt hatte, dessen Herz fürs »Schifoarn« schlug. Konny, absolut unsportlich, wollte zumindest ihre gute Absicht bekunden. Oder doch

wenigstens beim Après-Ski so tun, als hätte sie den ganzen Tag auf der Piste verbracht. Aber es war gegen Ende der Saison gewesen und im ganzen Wintersportort gab es nur noch einen einzigen Skianzug in Konnys Größe. Die silberne Farbe trug enorm auf, und sie erinnerte stark an das Michelin-Männchen. Der Tiroler hatte sich folglich null beeindruckt gezeigt und hatte sein Herz und seinen Körper einer der Kellnerinnen an der Hotelbar geschenkt. Konny hatte den Anzug seitdem nie wieder getragen. Deshalb verströmte er auch die Aura der Vernachlässigung. Und roch muffig.

»Ich habe mich nach oben geschlichen, um herauszufinden, ob es nicht doch etwas gibt, was mich unkenntlich genug macht, um morgen an meiner Trauerfeier teilzunehmen.«

Konny legte genervt den Kopf in den Nacken. Nichts lenkt einen besser vom Schmerz einer Stichwunde ab als eine Zwillingsschwester, die nicht mehr alle Tassen im Schrank hat.

Sie richtete den Kopf wieder auf und streckte den Arm aus, an Kriemhild vorbei, quer durch den Salon und hinaus in den Garten.

»Da«, sagte sie.

Kriemhild drehte sich um, kniff die Augen zusammen und schaute. »Was da? Das zerbrochene Fenster?«

»Nein, weiter hinten. Da ganz weit hinten. Genau da hast du deinen verdammten Verstand verloren!« Konny zog den Arm wieder ein und schaute genervt. »Im Skianzug zu deiner Trauerfeier? Echt jetzt? Meinst du nicht, dass das ein klitzekleines bisschen … ich weiß nicht … auffällig wäre?«

Kriemhild nahm ihr das Pflaster ab, drückte die Schnittwunde zusammen und klebte es punktgenau darüber.

»Du bist so blöd, dass es weh tut«, sagte sie. »Natürlich wollte

ich nicht im Skianzug zur Trauerfeier. Ich habe mich nur durch all deine Sachen probiert, weil mir langweilig war.«
Aber selbstverständlich hatte Kriemhild mit dem Gedanken gespielt, ob man den Skianzug nicht als Motorradkluft ausgeben und sie auf Konnys Harley zur Trauerfeier fahren könnte …
»Hast du auch Gabi in mein Zimmer geschmuggelt, während ich schlief?«
»In meinem Zimmer will ich dieses Dings nicht haben!«
Konny zuckte zusammen, weil Kriemhild das Pflaster so grob auf ihre Wunde drückte. »Hast du das Kaminrohr wieder als Rutschstange zweckentfremdet oder wie bist du im Skianzug in den Salon gekommen?«
»Das geht wunderbar. Die Stiefel und die Handschuhe habe ich von oben in den Komposthaufen geworfen. Kannst sie bei Gelegenheit rausklauben.«
Konny brummte etwas Unverständliches.
Tröndle artikulierte sich da schon verständlicher.
»Ich freue mich sehr, Sie lebend zu sehen, Frau Kriemhild.« Er hatte sich – trotz verstauchtem Knöchel – lautlos angehumpelt. »Oder sind Sie ein Geist?«
»Eher ein Zombie, der alles niedermacht, was ihm in den Weg kommt.« Konny war zu erschöpft, um sich in Fassungslosigkeit darüber zu ergehen, dass Tröndle ihrem Geheimnis auf die Spur gekommen war. Obwohl sie doch die Tür zum Salon hinter sich abgeschlossen hatte.
Also gut, sie musste es einfach wissen.
»Wie sind Sie hier hereingekommen? Ich habe die Tür zum Salon abgeschlossen.«
Tröndle nickte. »Genau das hat mich ja stutzig gemacht.

Glücklicherweise gibt es seit kurzem einen neuen Eingang zum Salon.« Er zeigte mit dem Daumen nach hinten zu der eingeschlagenen Fensterscheibe.

Weil Kriemhild nichts sagte, was ungewöhnlich war, erzählte Konny Tröndle daraufhin alles – dass Kriemhild einen Mord mitangesehen hatte, dass die Polizei ihr nicht glauben wollte, dass der Mörder immer noch frei herumlief und es auf sie abgesehen hatte, weswegen Kriemhild sich tot stellen musste.

»Und das vorhin? Ich habe Sie schreien gehört, und dann zerbarst die Scheibe.«

Konny atmete tief aus. »Das muss Giesing gewesen sein. Oder ein angeheuerter Killer. Aber wohl doch eher Giesing. Er hat schon auf mich gewartet, als ich in den Salon kam.«

Tröndle kratzte sich am Kopf. »Völlig verrückt.«

»Wer? Wir?« Kriemhild fand in ihrer Empörung ihre Stimme wieder.

»Ja, Sie! Und die ganze Situation.« Tröndle humpelte mit schmerzverzerrtem Gesicht zum Sofa und setzte sich auf die Lehne. »Gleich morgen früh mache ich mich mit dem Fall vertraut. Mal sehen, ob es nicht einen vernünftigeren Weg gibt, den Mann zu überführen.«

»Wir haben Ihre hiesige Kollegin, Frau Klum, auf den Fall angesetzt. Das wird reichen«, erklärte Kriemhild kühl.

Konny surfte dagegen auf einer Welle der Erleichterung zu ihm. »Sie wollen uns helfen? Ich bin so froh!« Sie schüttelte ihm die Hand. »Jetzt, wo Giesing den leeren Sarg gesehen hat und weiß, dass Kriemhild nicht tot ist, können wir die Trauerfeier absagen.«

»Die Trauerfeier absagen?«, rief Kriemhild. »Geht's noch! Ich will bei meiner Beerdigung dabei sein, und wenn es das Letzte ist, was ich tue!«

Prophetische Worte werden ja oft ganz beiläufig geäußert …

Tag fünf

Konnys Kummerkastenkolumne

Liebe Kummerkasten-Konny,
warum ist das Leben so unfair? Warum sehe ich mit siebzig aus wie das harmlose Großmütterlein von nebenan und Helen Mirren spielt sexy Auftragskillerinnen in Action-Filmen wie R. E. D.?

Die unzufriedene Oma

Liebe Oma,
wie sahen Sie denn mit 30 aus? Ebenso rassig und sexy wie Helen Mirren mit 30? Die Frau ist nach der Menopause nicht schlagartig zu einem heißen Feger mutiert, sondern war immer schon eine elf auf einer Skala von eins bis zehn. Sie ist nur in späten Jahren mehr in unser Bewusstsein gerückt.
Nun zu Ihnen: Liegt die Oma-Aura an Ihrer Kleidung oder an Ihrem Charakter? Bei der Kleidung kann Ihnen ein Personal Shopper helfen. Beim Charakter wird es schon schwieriger. Mit 30 hätten Sie noch eine persönlichkeitsverändernde Generalüberholung machen können, aber mit 60 ist der Zeitpunkt gekommen, endlich »Ja!« zu sich zu sagen, so wie Sie sind. Harmlos und großmütterlich. Natürlich ist es nie zu spät – für gar nichts: Nehmen Sie Schauspielunterricht (oder lernen Sie den Umgang mit Handfeuerwaffen), reisen Sie – nur mit Handgepäck – einmal um den Globus, rauben Sie eine Bank aus, damit Sie sich von einem Schönheitschirurgen umoperieren lassen können, als seien Sie ein Mafia-Boss auf der Flucht vor dem FBI.
Ich glaube, ich weiß, was Sie schreckt: Das alles ist mit einem

Heidenaufwand verbunden. Geben Sie dem Schicksal nicht die Schuld, wenn Sie den Hintern nicht hochkriegen.

Aber wollen Sie das alles wirklich oder sind Sie nur medial gehirngewaschen? Gehen Sie öfter mal hinaus in die Natur, atmen Sie tief durch, lesen Sie ein gutes Buch, und stellen Sie in aller Ruhe fest, ob die Person, die Sie sind, nicht eigentlich ganz wunderbar ist. Ich bin sicher, die Menschen in Ihrem Umfeld finden es großartig, dass Sie die Wohlfühl-Aura einer harmlosen Oma ausstrahlen – in Ihrer Nähe fühlen sie sich wohl, sicher und gut aufgehoben. Genießen Sie das!

Ihre Konny

Kriemhilds Trauerfeier: Willkommen zu Völlerei und Leberschmerz

»Möchten Sie die Tauben vor der Harfenistin oder danach?«

Konny war jetzt in einem Alter, in dem sie so ziemlich alles tierisch nervte und sie gleichzeitig nichts mehr wirklich kratzte – dieses Oszillieren zwischen Flammenwerfer und Altersmildheit machte sie ganz kribbelig. In diesem Moment war die Stimmungslage jedoch eindeutig: Der feuerspuckende Drache in ihr reckte sein Haupt.

»Wie bitte?«, donnerte sie so laut, dass sich die Floristinnen und der Techniker, der die Mikrofonanlage aufbaute, zu ihr umdrehten.

Konny stand mit dem Bestatter am Eingang zur ›Halle des Abschieds‹, wie der Saal neben dem Krematorium genannt wurde.

Fünfzig Meter weiter rollte das rein männliche Team des Bestatters gerade den unhandlichen Mahagonisarg durch einen Seiteneingang in den gekachelten Lobbybereich, der die Abschiedshalle mit dem Krematorium verband. Die Bestattergehilfen waren allesamt verhuschte Gestalten, der Sarg dagegen war wuchtig und erinnerte im Größenvergleich an die Titanic.

Nach langer Diskussion lag Kriemhild darin. Trotz geharnischter Einwände durch Tröndle und Konny bestand sie darauf und hatte ihren Willen auch durchgesetzt.

»Wenn alles vorbei ist, klappe ich den Deckel auf und steige heraus.«

Konny warf die Arme in die Luft. »Wie ein Springteufelchen? Die Leute werden uns reihenweise infarkten.«
Hinter Kriemhilds Rücken hatten Tröndle und Konny abgesprochen, dass sie nach der Feier und vor der Überraschungsattacke die Anwesenden auf den Schock vorbereiten würden. Bis dahin war Tröndle der Wächter über den Sarg und auch jetzt humpelte er mit dem Krückstock von Herrn Hirsch hinter dem Sarg her.
»Ich habe die Anweisungen Ihrer Tante trotz der knappen Zeit so gewissenhaft wie möglich befolgt«, sagte der Bestatter jetzt zu Konny. Er las von seinem Klemmbrett ab: »Zu Beginn sieben weiße Tauben als Symbol für den Geist, der zum Himmel strebt. Eine Harfenistin, die das Lieblingslied Ihrer Schwester spielt. Einen konfessionslosen Trauerredner (männlich!) für die Abschiedsrede. Danach einen Kinderchor, ebenfalls mit dem Lieblingslied. Ein Stehpult mit Mikrofon für diejenigen aus der Trauergemeinde, die ein paar Abschiedsworte sprechen wollen. Und natürlich einen Dudelsackspieler für das *Auld Long Syne* am Ende.« Er ließ das Klemmbrett sinken. »Während der eigentlichen Einäscherung, zu der es Häppchen gibt, spielt ein Geigenquartett auf.« Er sah auf seine Uhr. »Die Herren stecken noch im Stau. Das macht aber nichts, bis zu ihrem Auftritt haben wir ja noch zwei Stunden Zeit.«
Konny starrte ihn an. Ihr fehlten die Worte.
»Ach ja«, fügte er hinzu. »Die Schlachterei Hergert übernimmt, wie gewünscht, das Catering. Vorab ein Sektstehempfang und, wie gesagt, Häppchen zur Kremierung gereicht.«
»Hier muss eine Verwechslung vorliegen«, fing Konny an und kratzte sich in der linken Achselhöhle. Sie trug seit vorgestern denselben Kartoffelsack, weil sie nämlich nur ein ein-

ziges schwarzes Kleid besaß. Bei der anhaltenden Hitze war nicht auszuschließen, dass sie müffelte. Obwohl sie einen halben Flakon ihres Lieblingsparfüms und eine ordentliche Sprühdosis Febreze auf sich verteilt hatte. Mittlerweile beschlich sie die Ahnung, dass sie allergisch auf den schwarzen Fetzen reagierte. Es juckte sie am ganzen Körper. »Wir hatten nur eine einzige Tante, und die ist tot.«

Der Bestatter hob die Augenbrauen. »Das ist ganz gewiss keine Verwechslung. Ihre Tante Kriemonny, nach der Sie und Ihre Schwester benannt wurden. Ich habe mich ja im ersten Moment auch gewundert, als sie gestern früh anrief, aber sie hat die Kostenvoranschlagssumme per Expressüberweisung beglichen.«

Konny presste die Lippen zusammen. Die Altersmilde war komplett vergessen, nur der Drache war noch übrig. Der hätte auch gespien, aber in diesem Moment fuhr ein Taxi vor. Wilmer Friedrich und Herr Hopp – unter dessen Sonnenbrille dunkle Augenringe hervorlugten – stiegen aus. Klein-Wilmer hielt etwas Längliches in der Hand.

»Guten Morgen. Es freut mich sehr, dass Sie zur Trauerfeier kommen. Das wäre doch nicht nötig gewesen.« Konny schenkte den beiden ein Lächeln. Unter großer Kraftanstrengung.

»Ich bitte Sie, wir lassen Sie doch in Ihrer Trauer nicht allein«, sagte Herr Hopp und nahm die Sonnenbrille ab. »Wir beide sind nur noch rasch in die Stadt gefahren, um eine Blockflöte zu kaufen.«

»Sie haben *was?*«

»Eine Blockflöte gekauft. Damit Wilmer sich mit einem kleinen Ständchen von Ihrer Schwester verabschieden kann. Er hat extra geübt.«

Genau aus diesem Grund sollte man fremden Männern keine kleinen Kinder anvertrauen.
»Das wäre doch nicht nötig gewesen«, wiederholte Konny.
»Wo sind denn die anderen?« Herr Hopp äugte über Konnys Schulter hinweg in den leeren Saal.
»Bei den Häppchen«, sagte der Bestatter und zeigte auf eine Tür am anderen Ende.
»Toll. Häppchen.« Wilmer wuselte los.
Im Zickzack fädelte er sich durch die Anordnung von sechs hüfthohen Bodenvasen mit … waren das echte Chrysanthemen?
»Wo haben Sie denn die Blumen her?«, fragte Konny.
»Oh, die mussten wir einfliegen lassen. Aber es hat sich gelohnt. Sieht es nicht wunderbar aus? Ich hatte noch nie eine so beeindruckende Trauerfeier.« Der Bestatter war selbst gerührt. Ein Mitglied seines Teams ging gerade durch den Saal und entzündete die – gefühlt hunderttausend – Teelichter.
»Was hat das alles gekostet?«, verlangte Konny zu wissen. Sah sie da etwa gerade den Rest vom Schatz des Kommodore vor sich? Investiert nicht in ihren Lebensabend, sondern in grausam geschmacklosen Kitsch?
Die Antwort darauf blieb dem Bestatter erspart, denn der Rollwagen, auf dem die exorbitant gutaussehende Harfenistin ihre Harfe transportierte, hatte sich auf dem gepflasterten Weg zur Abschiedshalle verhakt, und sie brauchte Hilfe. Die ließ ihr zwar schon der durchtrainierte Dudelsackspieler im Kilt angedeihen, aber der Bestatter wollte zu gern auch Hand anlegen.
Am Rollwagen, nur am Rollwagen …
»Wenn Sie mich kurz entschuldigen würden?«

Konny brummte zunehmend verärgert in sich hinein, kratzte sich am Ausschnitt und betrat die Halle.
Aus dem Nebenraum kamen die weiblichen Pensionsgäste, alle kauend und mit Häppchen in der einen und einem Glas Sekt in der anderen Hand: Frau Senftleben, Frau Friedrich und die Gelbhaars.
Dicht gefolgt von den Männern, die alle dunkle Sonnenbrillen zu ihren dunklen Anzügen trugen und in dieser Formation und Aufmachung an die *Blues Brothers* erinnerten. Das lag am Kater. Nicht an Nacktkater Amenhotep, sondern am Schnapskater. Schnapseln ist und bleibt nun mal ein Hochleistungssport und ist nichts für Amateure. Aber manche müssen das eben auf die schmerzhafte Art lernen. Und manchmal gleich mehrmals.
»Wie schön, dass Sie da sind«, sagte Konny zu ihren Gästen, weil sich das so gehörte.
»Kompliment zum Catering«, lobte Frau Senftleben. »Sogar mit Karte. Sehr elegant.« Sie hatte sich eine laminierte Speisekarte unter den Arm geklemmt, vermutlich um sie als Erinnerung mitzunehmen.
»Ja, lecker Häppchen«, gab ihr Mann ihr recht. Er trug natürlich wieder seinen dunklen Jogginganzug. »Ich esse nur das, was die meisten Buchstaben in der Allergenverordnung hat – da kann man sicher sein, dass es schmeckt.« Er hob ein Stück Weißbrot mit Salami, einem gelblichen Mayonnaiseklecks und einer Gurke hoch.
»Ich bin froh, dass es Ihnen gefällt. Suchen Sie sich doch einen guten Platz aus. Gern ganz vorn. Wir haben ja keine Familie mehr.«
Alle nahmen freudig die vordersten Plätze mit der besten

Sicht auf die Show in Beschlag. Die sexy Harfenistin und der knackige Dudelsackspieler in seinem kurzen Kilt versprachen mehr als nur Hörgenuss.

Konny holte sich auch ein Glas Sekt, das brauchte sie jetzt. Sie sah zu, wie sich die Halle doch langsam füllte. Die Schobers kamen, die Zeitungsfrau, der Postbote und die Müllmänner, weil Kriemhild – seit sie Geld hatte – sehr daran glaubte, für deren essentielle Hilfestellung im Alltag ein üppiges Trinkgeld zu geben, und das nicht nur an Weihnachten. Lambert kam mit Doktor Quint, der übernächtigt, aber glücklich wirkte. Frau Klum brachte Herrn Hirsch mit. Und ihren Lederjackenassistenten. Und dann kam noch eine Gruppe von fünf Senioren, die Konny nicht kannte. Der Bestatter hatte sie aber schon vorgewarnt, dass es einen Trupp Trauerfeier-Groupies gab, die an allen Beerdigungen teilnahmen, ganz egal, wer unter die Erde kam.

Bedauerlicherweise war das schon die gesamte Gäste-Ausbeute. Kriemhild war kein Mensch, der leicht Freundschaften schloss. Oder sie pflegte. Konny wurde schwer ums Herz. Sie schwor sich, ihrer Schwester von nun an auch eine Freundin zu sein.

Neben ihr räusperte sich jemand. Es war Tröndle. »Kriemhild möchte, dass Sie ihr ein Glas Sekt bringen«, flüsterte er ihr ins Ohr.

Konny rollte mit den Augen. »Den kann sie doch im Sarg nicht trinken.«

»Ich habe mit dem Team des Bestatters gesprochen – die glauben, dass Sie dort allein und ungestört ein letztes Mal von Ihrer Schwester Abschied nehmen wollen. Es ist keiner mehr dort.«

Konny seufzte. »Na gut.« Sie sah auf ihre Armbanduhr und kratzte sich in der Ellbogenbeuge. »Aber dann legen wir los. Ich bin froh, wenn das alles vorbei ist.«

»Ach ja«, fügte Tröndle noch hinzu. »Sie sollen mit dem Handy ein Foto von der Trauergemeinde machen, damit Kriemhild sich die Trauernden ansehen kann. Über das Loch im Sarg kann sie zwar alles hören, aber nichts sehen.«

Noch in der Nacht hatte Tröndle eine Sperrholzplatte über das klaffende Fensterloch im Salon befestigt und bei dieser Gelegenheit auch gleich zwei Luftlöcher in den Sarg gebohrt.

»Sekt, Handyfoto, was denn noch?«, brummte Konny.

»Häppchen, sie möchte auch was zu essen.« Tröndle lächelte entschuldigend.

Konny legte den heiligen Schwur, ihrer Schwester eine Freundin zu sein, ad acta. Kriemhilds Schwester zu sein war anstrengend genug. Sie schoss ein Handyfoto von der versammelten Trauergemeinde – gar nicht so einfach, alle aufs Bild zu kriegen: Die erste Reihe war voll besetzt, dann kam lange nichts, in der Mitte saßen die Schobers, dann kam wieder lange nichts, und dann kamen die Zusteller und Müllmänner und rechts außen die Trauerfeiergroupies. Der Bestatter hätte ruhig ein paar Stühle entfernen können, damit es nicht so leer aussah. Und wegen der Panoramascheibenfront gab es auch noch Gegenlicht. Egal, sie hatte ein Beweisfoto.

Anschließend ließ sich Konny von den Caterern ihr Glas neu auffüllen und verschwand hinter dem Vorhang, der die Doppeltür verbarg, die in den Krematoriumsvorraum führte. Der Konny an einen Schlachthof erinnerte: alles gefliest und nach Desinfektionsmittel riechend.

Sie sah sich um, mehrfach, dann klappte sie den Sargdeckel auf. Ein beißender Geruch stieg ihr entgegen – es roch immer noch ein wenig nach Katzenerbrochenem.

»Hier, du Gierschlund.«

Kriemhild richtete sich auf. Sie trug ihr bestes Kleid. Ein dunkelgrünes Brokatkleid mit Fellkragen, das sie von ihrer Mutter geerbt hatte und das sonst nur höchst selten ausgeführt wurde – früher an den Geburtstagen des Kommodore, wenn sie in ein gutes Restaurant gingen, und einmal sogar in die Oper. »Keine Serviette?«

»Nein. Kleckere einfach nicht.«

Kriemhild brummte. »Na gut. Hast du ein Foto gemacht? Wie sieht es aus?«

»Es sieht aus, als hättest du zigtausend Euro dafür verbraten! Du hast sie doch nicht mehr alle.«

»Reg dich ab. Bei deiner Trauerfeier werde ich dereinst auch nicht knausrig sein. Und jetzt zeig schon!« Kriemhild schob sich das Lachshäppchen quer in den Mund und streckte die Hand aus.

Konny öffnete die Fotodateien und reichte ihr das Handy.

»Wie nett, die Schobers. Und Herr Gülcün und Herr Hammacher. Und Frau Zelter.« Kriemhild schien zufrieden. »Sogar die Klum. Ich wundere mich, dass die da ist. Bestimmt hat sie nur ihren Mann vorbeigebracht. Ich glaube, sie mag mich nicht.«

»Das hat nichts mit mögen oder nicht mögen zu tun. Sie findet dich grässlich.«

»Ich frage mich, warum? Ich nehme doch kaum von ihr Notiz.«

»Und das wäre dann Hinweis Nummer eins …«

Kriemhild gab ihr das Handy zurück. »Wenn du nachher Fotos von der Trauerfeier machst, dann achtest du aber bitte auf etwas mehr Qualität.«

Konny nahm sich vor, gar keine Fotos zu schießen. Nun gerade nicht! Sie schob das Handy in die aufgenähte Tasche des Kleides, und weil sie sich dabei mit dem rechten Ellbogen an der juckenden Hüfte kratzte, vergoss sie kostbares Nass in den Sarg.

»Pass doch auf! Als ob du zwei linke Hände hättest!« Kriemhild tupfte die Tropfen trocken.

Zwei linke Hände! Das war es!

»Mein Gott, das war es, was mir komisch vorkam, als ich das Foto von Frau Giesing vor der Pension sah!«

»Hm?« Kriemhild sah auf.

»Als Frau Giesing uns besuchte. Oder besser: heimsuchte. Das Foto, auf dem sie mit links in ihr Handy tippt!« Konny schossen die Gedanken so schnell durch den Kopf, dass sie sie nicht in zusammenhängende Worte fassen konnte. »Im Vergleich zu all den Fotos bei ihr zu Hause im Keller.«

Aus der Abschiedshalle hörte man Gläser klingen und ganz leise die Stimme des Bestatters: »Liebe Angehörige und Freunde, nehmen Sie bitte Ihre Plätze ein. Es geht gleich los.«

»Wir können später reden. Meine Trauerfeier beginnt. Hach, ist das aufregend!« Kriemhild lächelte – ein höchst seltenes Vorkommnis, vergleichbar mit einer totalen Sonnenfinsternis oder dem Vorbeiflug des Halley'schen Kometen –, leerte ihren Sekt und drapierte sich in den Sarg. »Mach den Deckel zu.«

»Verstehst du denn nicht?«, flüsterte Konny und kratzte sich im Kreuz.

Kriemhild brummte ungnädig. »Was soll ich verstehen? Artikuliere dich doch mal deutlich!«

Konny hechelte beinahe vor Aufregung. »Sie tippt einhändig mit links! Sie ist Linkshänderin. Weißt du nicht, was das heißt?«

Kriemhild wusste es nicht. Aber Konny.

»Die echte Frau Giesing ist tot. Unsere Frau Giesing ist gar nicht Frau Giesing! Deshalb hat der Hund sie auch gebissen!«

Jemand klatschte. Es war nicht Kriemhild.

»Sehr gut erkannt.«

Konny und Kriemhild drehten sich um.

Und blickten direkt in den Lauf einer Waffe.

Grüß Gott, ich bin Ihr Mörder!

Konny und Kriemhild waren nicht aktiv auf der Suche nach dem Drama. Das Drama fand sie immer von ganz allein.

»Nur ein einziger Laut, und Sie sind tot«, fauchte Kurt Giesing. »Und Sie wissen ja, wie gut ich schießen kann.«

Angesichts der Tatsache, dass Kriemhild nur einen Streifschuss davongetragen hatte, obwohl er sie töten wollte, musste die Antwort auf die Frage wohl lauten: nicht so rasend gut.

»Damit kommen Sie nicht durch.« Konny nahm all ihren Mut zusammen. »Die Abschiedshalle ist voller Polizei.«

»Die Abschiedshalle ist so gut wie leer«, wusste die Frau zu berichten, die sie als Frau Giesing kennengelernt hatten. Sie war gerade damit beschäftigt, einen Besen so zwischen die Haltegriffe der Doppeltür zu stecken, dass man sie von der Halle aus nicht öffnen konnte.

Die beiden mussten durch den Hintereingang gekommen sein, der direkt auf den Friedhof führte. Warum gab es in einem Krematorium nur so viele Türen? Es war ja nicht so, als ob man Fluchtwege für die Toten bräuchte.

Giesing und die falsche Frau Giesing waren beide reisefertig gekleidet – in Cargohosen und Polohemden und angesagten Sneakern.

»Man wird wissen, dass Sie es waren, wenn Sie uns jetzt töten«, behauptete Kriemhild.

»Ja und? Sobald wir uns um Sie gekümmert haben, holen wir das restliche Geld und setzen wir uns in ein Land ab, das keinen Auslieferungsvertrag mit Deutschland hat.«

»Warum müssen Sie uns dann umbringen?«

»Weil es noch 24 Stunden bis Rio sind und wir bis dahin keinen Ärger mehr gebrauchen können.«

»Und außerdem ist es uns ein inneres Bedürfnis!« Die falsche Frau Giesing baute sich neben ihm auf und schaute die Schwestern verächtlich an. »Und übrigens, Ihre Schlussfolgerung ist zwar richtig, aber Ihr Lösungsweg nicht – wenn man kein Dinosaurier ist wie Sie beide, dann kann man auch als Rechtshänderin mit dem linken Daumen Textnachrichten tippen.« Sie lächelte maliziös. »Tja dann, arrivederci. Sie hätten Ihre Schnüffelnasen eben nicht in unsere Angelegenheiten stecken sollen!«

»Du kennst dich mit der Technik aus, sagst du, Gitte?«

Sie nickte und lief zu der Theke, die als Schaltzentrale für die Einäscherungen diente. Gleich mehrere Computer standen darauf. »Ich hab hier gejobbt, Kurtischatz.«

Konny und Kriemhild sahen sich an. Die telepathische Kommunikation unter Zwillingen war zwar eine Mär, aber sie kannten sich einfach schon sehr lange und daher auch sehr gut – außerdem sprachen in Momenten größter Lebensgefahr Blicke Bände.

»Sie sind doch ein erfolgreicher Mann, dem alle Türen offen stehen. Mussten Sie Ihre Frau wirklich umbringen?«, wollte Kriemhild von Giesing wissen, während Konny möglichst unauffällig in die Seitentasche mit dem Handy griff.

»Du bist diesen beiden Omas keine Erklärung schuldig, Liebling«, rief ihm die ›Gitte‹ von der Theke zu.

Aber wie bei so vielen Hobbymördern war sein Erklärungsbedürfnis groß, und irgendwie wollte er die Wartezeit überbrücken. »Mein Gott, sie war doch sowieso suizidal. Ich habe ihr einen Gefallen getan. Kurz und schmerzlos.«

Konny bekam das Handy zu fassen, aber im Blindflug würde sie niemals die Geheimzahl eingeben können. Sie wandte sich ein wenig zur Seite und schaute unauffällig nach unten.
»Und das alles für dieses Betthäschen?« Kriemhild klang persönlich getroffen. Obwohl sie noch vor einer Woche weder die tote Frau Giesing noch deren untreuen und mörderischen Mann gekannt hatte. Aber seit sie wusste, dass ihr Kommodore jahrelang hinter ihrem Rücken fremdgegangen war, drückte sie bei Ehebruch kein Auge mehr zu.
»Mechthild hat sich seit Jahren nicht mehr anfassen lassen«, brummte Giesing verbittert.
»Weil sie krank war«, warf Konny jetzt ein.
»Gut und schön, ich hatte ja auch Verständnis für sie, aber *ich* war nun mal nicht krank und hatte Bedürfnisse. Hat sie dafür Verständnis aufgebracht? Nein! Im Gegenteil, als ich mich anderweitig umgesehen habe, hat sie Zoff gemacht. Frauen! Wie man sich auch dreht und wendet, es ist ihnen nie recht.«
Verallgemeinerungen – immer eine gute Ausrede.
Immerhin musste man ihm zugutehalten, dass er seine langjährige Ehefrau nicht durch ein jüngst volljährig gewordenes Betthäschen ersetzte. Diese Gitte war eine Trophy-Schönheit, aber bestimmt nicht viel jünger als er.
Der Krematoriumsofen hinter ihnen sprang an.
»Warum haben Sie sich nicht einfach scheiden lassen?« Kriemhild spielte auf Zeit, während Konny ihr Handy zum Leben erweckte.
»Scheidung? Wie steht man denn als Politiker da, wenn man sich von seiner kranken Frau trennt? Und außerdem gehörte das ganze Geld ihr, und sie hat mehr als deutlich gemacht,

dass sie mir keinen Cent abgeben würde.« Giesing war immer noch empört. Er plusterte sich auf. »Wie sollte ich denn über die Runden kommen? Was glauben Sie, was man als Staatsdiener bekommt? Nicht genug. Und dafür muss man auch noch die Häme der Medien und undankbarer Bürger ertragen. Ich habe ihr noch gut zugeredet, aber sie stellte sich stur.«

»Ach so, dann war Ihre Frau an ihrer Ermordung also selbst schuld?« Kriemhild verschränkte die Arme. »Und Sie haben sie einfach durch ein anderes Modell ausgetauscht.« Sie sah zu der falschen Giesing, die mit den Computern beschäftigt war.

Giesing zuckte mit den Schultern. »Mechthild war seit über drei Jahren nicht mehr öffentlich unterwegs. Gitte ist ihre beste Freundin. Sie ist zu uns gezogen, um bei Mechthilds Pflege zu helfen. So kamen wir uns näher.«

»Ja klar. Gitte ist eine Gute, und Ihre Liebe ist vom Schicksal so gewollt. Ha!« Kriemhild spuckte die Worte beinahe aus. »Sie konnte nichts dafür – diese Gitte entspricht einfach Ihrem Beuteschema. Sah sie vorher schon so aus oder haben Sie sie nach Ihrer Frau modelliert?«

»He, ich bin nicht operiert!«, rief Gitte.

»Verärgere sie nicht«, murmelte Konny leise.

Kriemhild war noch nicht fertig. »Wie haben Sie Ihre Frau aus dem Haus bekommen? Warum sie nicht einfach im Keller erschießen und gut?«

»Ich habe ihr erzählt, es gäbe einen neuen Spezialisten, der ihr helfen könnte. Und eigentlich wollte ich sie im Wald vergraben, aber da mussten ja Sie auftauchen.«

»Man hätte Ihre Frau irgendwann gefunden.«

»Sicher doch.« Giesing zuckte mit den Schultern. »Aber ursprünglich musste sie nur aus dem Weg, bis ich an das Geld gekommen war. Gitte und ich hatten von Anfang an vor, uns abzusetzen. Es war ein perfekter Plan. Bis Sie kamen und auch noch die Polizei auf uns hetzten. Ich habe meinem Freund Philipp eine enorme Summe geboten, wenn er mir ein Alibi gibt.«

Kriemhild nickte, Konny fingerte an ihrem Handy herum. Gleich hätte sie es geschafft …

»Es war zugegebenermaßen äußerst lästig, dass Sie beide bei uns herumgeschnüffelt haben. Das machte Philipp nervös. Also hat Gitte ihn final abserviert, während ich bei einer Veranstaltung war. Die perfekte Lösung. Doch Sie beide wollten einfach keine Ruhe geben. Unser Banker informierte uns, dass es ›Anfragen‹ bezüglich meiner Konten gegeben hätte. Warum konnten Sie sich nicht einfach so lange gedulden, bis wir in Brasilien waren?«

»Wir hätten uns im Vorfeld definitiv besser absprechen sollen«, hämte Kriemhild.

»Es ist so weit«, rief die falsche Giesing aus dem Büro.

Giesing hatte mittlerweile genug Dampf abgelassen. »He, altes Fräulein, was glauben Sie, was Sie da machen? Her mit dem Handy!«

Er trat näher und drückte Konny den Lauf der Pistole zwischen die Rippen.

Auf diese Entfernung hätte sie ihn mit einem gezielten Kickbox-Tritt oder einem wuchtigen Handkantenschlag ausknocken können … aber sie war weder Kickboxerin noch Boxprofi. Giesing hatte recht: Sie war ein altes Fräulein. Konny reichte ihm ihr Handy.

Er schleuderte es gegen die gekachelte Krematoriumswand.

Giesing lächelte. »Eigentlich hatten wir anderes mit Ihnen vor, aber Sie haben uns mit Ihrem putzigen Doppelsarg auf eine Idee gebracht.« Er trat wieder einen Schritt zurück und wedelte mit der Pistole auf und ab. »Los, rein da!«, sagte er zu Konny.

Konny sah ihn fassungslos an.

»Auf geht's!« Giesings Gesichtsausdruck wurde ernst.

Kriemhild hatte ein Déjà-vu-Gefühl. Genauso hatte er an jenem Morgen ausgesehen, als er seine Frau erschoss. »Komm rein«, sagte sie zu ihrer Schwester.

»Etwas mehr Tempo!«, rief die falsche Frau Giesing.

»Ist ja gut, Mechthild.«

»GITTE!«

»Ist ja gut, Gitte.«

Nicht unriskant, die neue Frau in seinem Leben, die wusste, wie leicht es war, einen Mann zu erschießen, mit dem Namen seiner verstorbenen Frau anzusprechen. Giesing sollte sich entweder besser konzentrieren oder von nun an stets eine Kevlar-Weste tragen …

»Was haben Sie mit uns vor?«, fragte Konny.

Giesing grinste und zeigte mit dem Kinn hinter Konnys Rücken.

Sie drehte sich um. Die Ofenmuffe öffnete sich, und man sah ein Meer aus Flammen.

Das konnte doch unmöglich sein Ernst sein? Er wollte sie kremieren?

Und immer, wenn man denkt, es kann gar nicht schräger kommen, kommt es schräger.

Aus der Abschiedshalle hörte man Musik aufbranden – Harfenmusik. Und der Kinderchor sang dazu mit glockenhellen Stimmen:

Komm mit mir ins Abenteuerland
Auf deine eigene Reise …

Komm mit ins Abenteuerland

»Musst du immer alles so negativ sehen? Mein Gott, hin und wieder hilft es, wenn man sein Oberstübchen auspessimistet!«

»Wir liegen in einem Sarg und werden gerade in einen Verbrennungsofen geschoben. Wann, wenn nicht jetzt, hätte ich Grund, pessimistisch zu sein?«

»Du weißt, was ich von unreflektierten Widerworten halte?«

»Ich weiß leider Gottes, was du von allem hältst. Wann hast du jemals einen Gedanken für dich behalten?«

Kriemhild sah sie giftig an. »Jetzt gerade!«

»Weißt du, was du bist?«

»Direkt, offen und ehrlich?«

»Eine miesepetrige Kackbratze!«

Im Sarg auf dem Weg in den Hochofen hätte sich anderes angeboten: ein Gebet, beispielsweise, oder Bemühungen im Stil von MacGyver, den Sargdeckel mit nichts weiter als einer Haarnadel zu öffnen. Konny und Kriemhild entschieden sich für Geschwisterzoff.

»Wenn's hier drin nicht zappenduster wäre, könntest du sehen, dass ich dir meinen Mittelfinger entgegenstrecke.«

»Ach ja? Ich habe beide Mittelfinger erhoben, nur damit du's weißt!«

In der Abschiedshalle begleitete mittlerweile der Kinderchor die Harfenistin.

Komm mit mir ins Abenteuerland / Und tu's auf deine Weise, hörten sie ihn singen.

»Ich will noch nicht sterben«, konstatierte Konny. Sie klang weniger verzweifelt als erbost. Warum musste es in diesen letzten Minuten ihres Lebens nach Katzenerbrochenem riechen? Warum juckte dieser unsägliche, schwarze Kartoffelsack? Warum starb sie einsam und allein? Nun ja, nicht allein, ihre Schwester war dabei, aber Konny hatte immer gehofft, sie würde im hohen Alter von 102 Jahren im Bett eines Luxushotels sterben, neben ihrem knackigen, 87-jährigen Lover, und mit einem Glas Champagner in der Hand …

»Du stirbst nicht«, erklärte Kriemhild, während der Sarg zu rollen begann. Konny meinte, die nahende Hitze spüren zu können, und so gern sie ihrer Schwester glauben wollte, es gelang ihr einfach nicht.

Da ging ein Licht im Sarg an.

»Du bist nicht die Einzige, die ein Handy hat«, erklärte Kriemhild. Und gleich darauf: »Lambert, ich bin's. Schnell, kommen Sie mit der Kommissarin ins Flammarium. Giesing und seine Geliebte sind hier und schieben uns gerade im Sarg in den Verbrennungsofen.«

»Was?«, rief Lambert.

»Keine Fragen, los schon!«, kommandierte Kriemhild.

»Ruhe, da drin!« Giesing schlug mit der Faust auf den Sarg. Er konnte nicht hören, was sie redeten, aber durch die eingebohrten Luftlöcher bekam er mit, dass sie sich unterhielten. Wenn er geahnt hätte, dass auch Kriemhild ein Handy hatte, wäre er sicher geflohen, so aber schob er weiter. Was schweißtreibend für ihn war. Wegen der Hitze im Krematorium – und weil der Sarg mit den beiden Untoten gefühlt eine Tonne wog.

Draußen in der Abschiedshalle brach die Hölle los. Jeder andere hätte vielleicht geglaubt, Kriemhild mache einen Scherz.

Oder hätte, selbst wenn er ihr geglaubt hätte, erst einmal verwundert dagesessen und überlegt, was denn nun zu tun sei. Nicht so Lambert Kaiser, Concierge!

Er sprang auf, rief Kommissarin Klum im Laufen zu, dass Konny und Kriemhild in den Verbrennungsofen geschoben werden sollten, scheiterte an der Tür hinter dem Vorhang und lief dann sofort aus dem Haupteingang zum Nebeneingang. Die Kommissarin, den Lederjackenassistenten und den humpelnden Tröndle im Gefolge.

Vor Schreck flatterten jedoch die Tauben unkontrolliert los, weil ihr Betreuer den Korb versehentlich öffnete, die Harfenistin griff in die falschen Saiten, der Dudelsackspieler ließ seinen Dudelsack fallen, was der mit einem unschönen Quietschen quittierte, und der Kinderchor schrie gesamtheitlich auf.

Wilmer amüsierte sich großartig. Er packte seine neue Blockflöte aus und blies.

»Ich komme!«, rief Lambert, als er in die Vorhalle des Krematoriums stürmte.

Giesing versetzte dem Rollwagen mit dem Sarg einen letzten Stoß, so dass er auf dem vollautomatischen Fließband landete, dann versuchte er zusammen mit Gitte, durch die Hintertür zu fliehen.

Der Lederjackenassistent und Frau Klum setzten ihnen nach.

Lambert sah den klaffenden Schlund des Verbrennungsofens, aus dem Flammen züngelten. Er wusste, dass dort drin Temperaturen bis eintausend Grad Celsius herrschten.

Und genau dorthin war der Mahagonisarg unterwegs. Auch ohne Giesing.

Tröndle wollte den Sarg zurückhalten, war aber nicht stark

genug. »Schalten Sie dieses Scheißteil aus!«, brüllte er Lambert zu, der in der Schaltzentrale vor den Computern stand.

»Das sind Hightech-Bedienerschaltflächen. Ich weiß nicht, wie.«

»Da muss doch ein Handbuch liegen!«

Lambert blätterte nur oberflächlich darin. »Ja, aber seit Stephen Hawking tot ist, gibt es niemand mehr, der clever genug wäre, es zu enträtseln.« Er drückte wahllos auf sämtliche Tasten. *Ruhig bleiben, Lambert*, mahnte er sich. Das hatte ihn zu einem so außerordentlich guten Concierge gemacht, dass er immer die Ruhe bewahrte und mit Besonnenheit und Haltung einen Schritt nach dem anderen machte. Er sah auf die Bildschirme. Also gut. Wo war ein Icon für einen Notfallabbruch?

Im Sarg wurde es unterdessen infernalisch heiß. Und die Luft wurde knapp.

Tröndle warf sich gegen den Sarg, um ihn vom Rollband zu kippen, aber der Kommissar wog nicht genug, um das mit Schwestern gefüllte Monstrum zu fällen.

»Falls doch was schiefgehen sollte«, meinte Kriemhild im Innern lapidar. »Du warst eine gute Schwester. Es war nie langweilig mit dir.«

Konny schniefte. Der Geruch nach Erbrochenem und der ständige Juckreiz waren vergessen. Es war der Moment für große Gefühle und bewegende Abschiedsworte. »Und du ….«, fing sie an.

Da tat es einen Ruck, und der Sarg blieb stehen.

Gott sei Dank.

Lambert hatte es geschafft und den richtigen Knopf gefunden. Er ließ sich auf einen Bürostuhl fallen und seufzte erleichtert.

Tröndle schlug den Sargdeckel auf. Er war krebsrot im Gesicht.
Heiße Luft schlug den Schwestern entgegen.
Sie setzten sich auf.
Konny seufzte. »Ich könnte dich umarmen.«
Kriemhild brummte: »Du weißt, was ich immer sage – warum sich umarmen, wenn man sich einfach kräftig die Hand schütteln kann.«
Und das taten sie dann auch, während hinter ihnen die Höllenflammen tobten …

Konnys Kummerkastenkolumne

Liebe Kummerkastenkolumnistin,
ich bin alt. Das kriege ich oft zu hören. Und das empfinde ich zunehmend auch so. Mir schwimmen so langsam die Felle davon. Und außerdem ist mein Leben immer noch ein Chaos. Von Altersweisheit ist weit und breit nichts zu sehen.

Eine deprimierte Versagerin

Liebe Deprimierte,
niemand wird einfach dadurch alt, dass er eine bestimmte Anzahl Jahre gelebt hat. Wir werden alt, wenn wir unsere Träume aufgeben. Die Zeit sorgt vielleicht dafür, dass wir Falten bekommen, aber erst wenn wir unsere Begeisterungsfähigkeit und unsere Neugier verlieren, kriegt unsere Seele Falten.
Das Leben ist – entgegen andersartiger Meldungen – kein Wettbewerbssport. Es gibt keine Verlierer!
Lieben Sie das Chaos, das Ihr Leben ist. Das Chaos ist unser Freund. Das ganze Universum ist pures Chaos – selbst die Galaxien treiben ziellos herum. Alles ordentlich zu haben heißt also, nicht im Einklang mit dem Universum zu stehen.
Die Seele altert nie. Ihre Seele tanzt. Dazu brauchen Sie keine beweglichen Knochen. *Sie* sind die Musik.
PS: Sagen Sie den Leuten, die Sie für alt erklären und abschreiben wollen, was Sie empfinden. Warten Sie damit nicht, bis Sie auf Ihrem Totenbett liegen. Womöglich sind Sie

dann nämlich zu schwach, um noch den Mittelfinger zu heben …

Herzlichst, Ihre Konny

Tag sechs und alle Tage danach

Älter ist wie jung, nur besser!

Tröndle und Kriemhild saßen auf der Hollywoodschaukel und tranken Eistee. Es war sein vorletzter Urlaubstag, morgen musste er zurück nach Hamburg.

Die Sonne schien. Eine Amsel zwitscherte. Auf der Schafwiese blökte der Hammel.

»Sind Sie verheiratet?«, fragte Kriemhild betont beiläufig.

»Geschieden.«

Schweigen.

»Heutzutage scheitern ja viele Ehen.«

»Richtig. Meine eben auch.«

»Darf man fragen, warum?«

»Wir waren uns über die Anzahl der Teilnehmer nicht einig.«

»Was für Teilnehmer?«

»An der Ehe.«

»Kenn ich, wie bei mir. Nur dass ich es erst herausgefunden habe, als ich schon Witwe war.« Kriemhild neigte nicht zum Seufzen. Falls dem nicht so gewesen wäre, dann hätte sie es jetzt getan. »Ich weiß nicht, ob ich noch mal heiraten will.«

Tröndle guckte enttäuscht.

»Aber ich kann mir definitiv vorstellen, jemanden so lange mit meinen Eigenarten im Alltag in den Wahnsinn zu treiben, bis einer von uns beiden stirbt.«

»Ich würde dich niemals betrügen«, sagte Tröndle ernst.

Die Sonne schien immer noch. Der Hammel war verstummt.

»Vielleicht komme ich dich einmal in Hamburg besuchen.«

»Das wäre schön.« Tröndle lächelte.
Kriemhild ebenfalls. »Passt es dir nächste Woche?«

*

Nichts wird jemals fertig. Nichts ist jemals erledigt. Alles verwandelt sich in etwas anderes, das dann auch nicht fertig wird. Leben ist Bewegung.
Dachte Lambert, als ihm die ausnehmend hübsche Bordbegleiterin der Singapore Airlines in ihrer Dienstuniform mit Batikmuster Champagner nachschenkte.
»Thank you.«
Zwei reizende alte Damen, die ihm gewissermaßen Ersatzgroßmütter geworden waren, vor dem Feuertod zu retten, hatte etwas mit ihm gemacht. Ihm war klar geworden: Seine Flugphobie war nicht in Stein gemeißelt. Er war stärker als seine Angst. Er hatte es mit Mördern, Parapsychologen und Blockflötenterroristen zu tun bekommen – und alles heil überstanden. Über die nächste Bewerbung würde er nicht *Lebenslauf* schreiben, sondern »Was bisher geschah« …
Noch am selben Tag hatte er seinem ehemaligen Arbeitgeber gemailt, dass er wieder zur Verfügung stünde. Und wie es der Zufall wollte, war die Stelle in Singapur schon wieder frei geworden, weil der Interims-Concierge das tropische Klima nicht vertrug.
Und nun saß er hier. Nicht wirklich relaxt, das wäre wohl zu viel erwartet, aber – auch dank des Dom Pérignon – ohne Panikattacke.
Er wusste es noch nicht, aber nachdem er seine Flugangst überwunden hatte, wurde aus ihm ein begeisterter Weltrei-

sender. Wann immer es ihm seine Arbeit in dem Luxushotel erlaubte, nahm er sich ein paar Tage frei und flog nach Beijing, Tokio und Sydney.
Und von überall schickte er Ansichtskarten in die alte Heimat: *Für Konny, Kriemhild, Amenhotep und Chuck Norris – Wish you were here – Euer Lambert*

*

»Eine Freundin von mir war auf einer Kreuzfahrt«, sagte Frau Gelbhaar, »und als sie zurückkam, habe ich sie gefragt: Na, wie war's? Sie meinte: Tja, ich habe nicht gekotzt. Und seitdem ist das für mich das Maß aller Dinge.«
»Wenn Sie nicht kotzen müssen, ist es okay?«, hakte Herr Hopp nach.
»Exakt.«
Frau Gelbhaar und ihre Freundin nickten.
»Trifft auf mich nicht zu – ich musste nach unseren Whisky- und Schnapsnächten beide Male kotzen. Aber das war es mir wert.« Herr Senftleben kratzte sich am Brusthaar und grinste. »Ich hatte lange nicht so viel Spaß im Urlaub wie mit euch«, rief er in die Runde.
Herr Hopp tätschelte den Kopf von Klein-Wilmer. »Ich freue mich, dass ich dir die Musik nahebringen konnte. Ich werde deine künftige Karriere aufmerksam verfolgen.«
Herr und Frau Friedrich sahen sich nur an. Sie hatten bereits ausgemacht, dass die neue Blockflöte an der nächstbesten Autobahnraststätte ausgesetzt werden würde.
»Wäre es nicht schön, wenn wir alle in Kontakt blieben?«, rief Frau Senftleben. »Wir sollten unsere Adressen austauschen.«

Was sie auch taten.
Aber selbstverständlich trennten sich ihre Wege für immer. Die natürliche Lebenszeit einer Urlaubsbekanntschaft endet in dem Moment, wenn man sich aus dem Auto ein letztes Mal zuwinkt. Alles andere ist pervers und von der Natur so nicht vorgesehen.

*

Dr. Eckbert Quint war Kummer gewohnt. Er fand es dennoch nicht lustig, es nicht mit einem genuin paranormalen Phänomen zu tun gehabt zu haben.
Wie sich herausstellte, waren die ungewöhnlichen Messwerte der elektromagnetischen Felder in der Pension auf die neue Heizungsanlage zurückzuführen.
Seine Enttäuschung war aber vergessen, als es sein Buch *Sie sind mitten unter uns – Ein Mann auf Du und Du mit dem Paranormalen* auf die Sachbuch-Bestsellerliste schaffte.
Derzeit ist er in Verhandlung für eine Nachmittagssendung in einem der dritten Programme. Arbeitstitel: *Doktor Quint erklärt uns Himmel und Erde und alles dazwischen.*

*

Der Bestatter wollte den Sarg nicht zurücknehmen. *Vom Umtausch ausgeschlossen* galt eben nicht nur für Unterwäsche, sondern auch für Särge. Zumal der Sarg zwei Bohrlöcher aufwies und schon angekokelt war. Und ziemlich streng roch.
Kriemhilds Liebe zu dem übergroßen Mahagonisarg, die zeitweise so heftig in ihr gepocht hatte, dass sie sich schon über-

legte, ihr Bett zu entsorgen und stattdessen im Sarg zu schlafen, erlosch nach den Erlebnissen im Krematorium schlagartig.
Der Sarg kam folglich in den Keller.
Konny deponierte Silikon-Gabi darin. Und – weil noch Platz war – auch die Urne des Kommodore. Konny fand das romantisch. Aber sobald Kriemhild das sah, würde sie wohl einen Flammenwerfer kaufen und damit den Sarg und womöglich gleich die ganze Pension abfackeln …

*

»Ich springe schon lange nicht mehr über jedes Stöckchen, das man mir hinhält«, erklärte Konny.
»Altersweisheit?«
»Rücken!«
Die Aufnahme-Assistentin nickte. »Sie müssen aber trotzdem bitte mit dem Vogel den Hindernis-Parcours ablaufen.«
Konny und Chuck Norris nahmen an der Audition für das Werbeclip-Shooting teil. Lena Kern hatte ihr am Telefon versichert, dass es überhaupt gar kein Problem darstelle, dass Konny an einem Ausschlag litt und Chuck Norris grün eingesprüht war. »Es geht nur darum, seine Kameratauglichkeit zu testen«, hatte sie gesagt. »Wenn er sich bewährt, wird er einfach wieder umgesprüht. Und wie Sie aussehen, ist ohnehin egal.«
Konny war davon ausgegangen, dass sie mit Chuck Norris allein im Studio sein würde, aber nun saßen fünf andere Halter und Halterinnen mit ihren Papageien in der Garderobe – alle

anderen Vögel waren ausgebildete Showvögel mit jahrelanger Erfahrung.
»Meine Xena war schon Covergirl für das Magazin *Papageien*«, hatte eine Frau geprahlt.
Ein anderer hatte sich erkundigt, warum Konny so rot und Chuck Norris so grün war und ob das eventuell ansteckend sein könnte. Sie hatte ihm versichert, dass sie an einer Mottenpulverallergie litt und Chuck Opfer eines kindlichen Farbexperiments geworden war – kein Grund zur Sorge für niemanden.
Trotzdem wollte niemand in der Nähe von ihr und Chuck Norris sitzen.
Konny, die sehr zuversichtlich gewesen war, glaubte mittlerweile nicht mehr an die Fernsehkarriere von Chuckie. »Ich soll wirklich über diese Parcours-Stangen hüpfen?«
»Genau.« Die Assistentin nickte. »Das wird später im Spot genauso ablaufen, nur mit einem Schauspieler. Ihr Papagei darf dabei nicht flattern. Zur Belohnung gibt es für ihn am Ende des Parcours das Leckerli, das beworben werden soll.«
»Aha.«
Das war nicht das Problem. Sie traute sich nur nicht zu, es über die Stangen zu schaffen.
Der Kameramann trat auf Konny zu. »Sind wir so weit?«
Konny schluckte. Sie holte tief Luft.
Das rote Licht an der Kamera leuchtete auf.
Die Assistentin hielt die Klappe hoch und rief: »Chuck Norris, die Erste.«
»Und Action.«
Bis zu diesem Moment war Chuck Norris der vorbildlichste Graupapagei von allen gewesen. Interessiert, freundlich, und

vor allem still. Aber natürlich war das zu schön, um wahr zu sein.

Kaum lief die Kamera, breitete er die Flügel aus, ging kurz in sich und ratterte anschließend sein volles Repertoire herunter. Alle gefühlt hundert Flüche, die ihm der Smutje beigebracht hatte. Immer nur kurz unterbrochen von dem Summen, das er von Quints Messgerät gelernt hatte.

»KOSAKENZIPFEL! SAUBANDE! NIXENFÜRZE!!«

Rock-Musiker bringen es bei ihren Konzerten auf 115 Dezibel, Flugzeugmotoren erreichen 140 Dezibel, und ein Gewehrschuss direkt neben dem Ohr produziert 165 Dezibel.

Aber alles verblasst neben Chuck Norris. 194 Dezibel. Mindestens.

Das war der Freibeutergeist der Meere.

MAST- UND SCHOTBRUCH!

Danksagungen

Bei der Erstellung dieses Buches kamen keine Möpse, Dobermänner, Perser, Nacktkater, Hamster oder Graupapageien zu Schaden. Möglicherweise haben wir ein paar Weberknechte und Parapsychologen verärgert, aber mehr nicht.
Ich danke den üblichen Verdächtigen sowie NIL von LovelyBooks für ihren Kummerkastenanfragenvorschlag und Frau Löffler vom *Althoff Hotel Am Schlossgarten.*

Es »spuken«:

Konny und Kriemhild: Zwillingsschwestern, nicht eineiig, sechzig plus
Amenhotep: meist schlecht gelaunter Nacktkater
Chuck Norris: fluchender Graupapagei mit maritimer Vergangenheit
Lambert Kaiser: neuer »Geschäftsführer« der K&K-Pension

Kurt Giesing: Ehrenbürger, Millionär, Mörder
Mechthild Giesing: Ehefrau, früher Charity-Lady, jetzt menschenscheu
Gitte Hübner: beste Freundin von Mechthild Giesing
Philipp Wohlfahrt: Autohausbesitzer, Schulfreund von Giesing, Helfershelfer

Herr Hirsch: aphasischer Gärtner
Kommissarin Klum: Frau von Herrn Hirsch mit der Lizenz zum Ermitteln
Kommissar Tröndle: Hamburger mit süddeutschem Migrationshintergrund
Dr. Eckbert Quint: Experte für paranormale Phänomene
Die Hotelgäste: die Senftlebens, Wilmer Friedrich und seine Eltern, Klarinettist Herr Hopp, Frau Gelbhaar und ihre Freundin

Div. Nebenfiguren, u. a. bekannte Gesichter wie das Ehepaar Schober vom Bauernhof nebenan und die »Ampel«, junger Polizist mit Neigung zum Rotwerden

NF 395/1/4.18